毒が変えた天平時代

藤原氏とかぐや姫の謎

船山信次
Shinji FUNAYAMA

原書房

毒が変えた天平時代
藤原氏とかぐや姫の謎

目次

第2章 天平の幕開け——平城京遷都、長屋王の変、光明子の立后など 069

第3章 天平の最盛期とその終焉——藤原四兄弟の台頭と死から称徳天皇の死まで 125

はじめに

奈良時代は日本の歴史の中で大変に特殊な時代である。大陸の唐の文化をもろに受けた極彩色の時代と言えよう。飛鳥時代の天智～天武～持統天皇から、元明天皇へ引き継がれた時代に奈良への遷都が行われ、その後、元正～文武～聖武～孝謙～淳仁（淡路廃帝）～称徳天皇（孝謙の重祚）と続き、律令制と天皇制が定着していく。このうち、持統・元明・元正・孝謙・称徳天皇は女帝である。

本書の表題にも使われている天平という元号は、聖武天皇の后である光明皇后が立后した西暦七二九年にはじまった。この元号の典拠として、中国の周時代から秦・漢時代の礼に関する諸説を集め、礼に関する理論や実際を記録した『禮記（らいき）』が挙げられている。『禮記』はいわゆる五経（詩経・書経・禮記・易経・春秋）のひとつである。そして、「天平」という元号の起源は、この中の文言「家齋而后國治　國治而后天下平」（家族が和合してこそ国家が安らかに治まる。国家が安らかに治まってこそ、天下が平和になるのである）に基づくとされている。[1]

天平という文言は大変におだやかで平和な良い語感を持つ。しかしながら決して穏やかな時代ではなく、何かと騒がしい時代であった。

天平時代には遣唐使を介して当時の先進国である唐から様々な事物とともに薬物がもたらされ、また、毒を使用した暗殺と思われる事例も認められることから、毒と薬にまつわる話題に着目してこの時代を眺めていったところ、見えてきたことがある。それは、一見、全く関係のないと思われることであるが、別名を『かぐや姫の物語』として日本人によく知られている『竹取物語』と天平時代と毒との関連である。この物語は、平安時代中期の西暦一〇〇〇年ころに成立した紫式部の『源氏物語』において、すでに「物語の粗」と言われているほど古い作品とされるが、この物語について二つの点が気にかかった。

まず、ひとつは『竹取物語』の成立時期についての疑問である。従来、この物語が成立したのは平安時代初期と考えられてきた。しかしながら、その時代背景は奈良時代であるということは認められている。であるならば、素直にこの物語がつくられたのも奈良時代と考えてみた方が自然ではないか、ということである。周辺の事柄を知ったり考えたりすればするほど、この物語は奈良時代に作られたものであり、その背景の中心は天平年間であると思うようになった。よく言われるような「平安時代の王朝文学」などでは決してないと思う。

そして、もうひとつ気にかかったことは、『竹取物語』は一般には、ほのぼのとしたおとぎ話と

1　史跡足利学校企画展、二〇一九年、資料展示リストパンフレット

みなされることが多いが、実は、この物語は恋情と怨念、そして種々の告発を含む大人の書ではないかということである。この点で、古くから三太郎として知られる『浦島太郎』や『金太郎』、『桃太郎』の話などとは大分趣きが異なり、また、三太郎の話がいずれも男子が主人公であるのに対し、『竹取物語』は女性が主人公であることも特徴的である。

もとより『竹取物語』という表題は妙であるし、「かぐや姫」も語感はとても良いものの、妙な名前である。これらの件を私はずっと不思議に思っていた。この物語は決しておとぎ話などではなく、奈良時代の藤原一族への怨念と憎悪の、そして、かぐや姫のモデルとなった女性たちへの恋情とあわれみの物語であると考えるようになった。一般に「記紀万葉」と並び称される古典のうち、『万葉集』は『古事記』や『日本書紀』のような正史には書かれぬ内容を含んでいるいわば怨念の書であるという説があるが、私は『竹取物語』も『万葉集』と同様に怨念の書ではないかという考えに至った。

筆者は薬学を専攻したことから、奈良東大寺の『正倉院』に収蔵されている生薬（正倉院薬物）には学生時代からある程度の興味を持っていたが、その後、その一部を英文総説にて紹介するプロジェクトに関わる機会を得たことから、本格的に興味を持つようになった。この経験をした上で『竹取物語』を再度ながめると、その背後には正倉院薬物の存在もあったのではないかという歴史的事実に気がついた。そして、歴史上の事実と突き合わせることにより「かぐや姫」のモデルは、「孝謙天皇・光明皇后・藤原宮子皇太夫人（こうたいぶにん）・楊貴妃」の合体であろうと結論するに至った。さらに、この物語に出てくる翁のモデルは「藤原不比等」であり、嫗のモデルは「県犬養三千代」

であろうと推定した。また、従来、五人の貴公子のうち、くらもちの皇子のモデルは「藤原不比等」とされることが多かったが、私はそのモデルを「藤原仲麻呂」と考える。これらについては本書を読み進められたら合点がいくと思う。

この物語（原物語というべきか）の作者は、当然、これらの登場人物すべてと接触のあった、そして、とくに藤原仲麻呂には散々煮え湯を飲まされた当時の文化人であるに違いないと考えた。そうするとその作者としては、おそらく光明皇后の依頼によって孝謙天皇の皇太子時代の家庭教師をつとめ、藤原宮子のためにおかれた中宮職の長官もつとめ、遣唐使として二回に渡って渡唐し、おそらく楊貴妃にも見えただろう「吉備真備（まみ）」の名前が自然に浮かんできた。

本書では「天平の毒と薬」に関連する事物と人々についての歴史をながめながら、ここにあげたような各結論に至った経過について順次述べていきたいと思う。

第1章では天平時代の毒や薬についての考察、第2章と第3章は天平時代の人間模様と事件、そして、第4章では天平年間を舞台としていると思われる『竹取物語』の登場人物のモデルの考察や作者の推定などについてまとめた。

第一章

天平の毒の正体——遣唐使と正倉院薬物

奈良時代の医療において、重い病気に対抗する手段としての有用な薬はなく、神仏にたよる他はほとんどなかったといってよい。高貴な人々は本人や身内に重い病を得ると寺を建立したり、写経させたり、仏像を造像・安置して、僧侶に読経させたりしていた。このような状況のもとに建立された寺のひとつに奈良の薬師寺もある。

一方、毒として、はっきりと効果の出るものの存在は知っていたと思われる。七五七年に施行された養老律令においては、鴆毒(ちんどく)、冶葛(やかつ)、附子(ぶし)、烏頭(うず)の四つの毒の名前があげられている。また、恐ろしくて強い病に打ち勝つには強い毒が必要という思想も大陸から入ってきていた。なお養老律令は七〇一年に制定された大宝律令の文言を変えた程度のものといわれるので、四つの毒についてはすでに八世紀以前には知られていたと考えられる。

またこの時代、皇后宮職の施薬院(せやくいん)とは別に、朝廷には医薬に関する役所として、皇室の医薬や香料のことを掌る内薬司(中宮省に属する)と、より広く薬物・療病・薬園のことを管轄する典薬寮（宮内省に属する）とがあった。典薬寮の規模は内薬司より大きく、直営の薬草園があり、薬園師二名、薬園生六名が七五戸の薬戸を半数ずつ一年交替で使役して薬草の栽培を行っていた。ただし、これらの薬は主として朝廷のためのものであって、民衆にはほとんど縁のないものであった。

奈良時代の情況を見ると、そこに、唐から遣唐使の手によって渡来した毒や薬も歴史の動きに大きく関わり合いをもっていたのではないかと思われるふしがある。毒や薬がこの時代の人々とどのように関わっていたのか、また、これらの人々と『竹取物語』がどのように関わっていたのかを含めて順を追って述べていきたい。この章では、古代の毒と薬と歴史にまつわる話をしたいと思う。

古代の医療と大仏建立

古代の医療

古代における医療の中心は加持祈禱にあったと思って間違いない。何かの病に取り憑かれた際に頼れるのは祈りであったというわけである。平安時代中期に清少納言が著した『枕草子』でも、「病は」の段で、病気の人が出た際に加持祈禱（僧侶の読経）がなされた様が「うへにも聞しめして、御読経の僧の、声よき、給わせたれば……」などと描かれている。

天武天皇（?〜六八六）の皇后であった鸕野讃良皇后（のちの持統天皇、六四五〜七〇二）は、天皇の病気平癒願いのために薬師寺を建立する。医療はまた仏教との関係も強かったのである。薬師如来は釈迦如来と同じく右手は施無畏印を示しているが、左手には薬壺を持っているのが特徴である[1]（ただし、薬師寺の薬師如来のように古いタイプの薬師如来の中には薬壺を持っていないものも多い）。薬師如来は通常、脇侍として日光菩薩と月光菩薩を従えているが、このことは昼も夜も守ってくれることを示しているという。

天武天皇の晩年の六八五年一一月には、胃の薬として用いられる白朮（オケラ）が美濃国から朝廷に献上されたという記載がある。そのため、このとき、天武天皇は胃病におかされていたのではないかと思われるという話[2]もある。

平安時代初期にまとめられた『日本霊異記』においては、仏の力の霊奇しく異常なことを讃えているが、この「くすしい」という表現からくすり（薬）という言葉ができたという説もある。

このように、仏教と医療との関係は強く、後述のように、七五三年（天平勝宝五年）に鑑真が来日（奈良の都に至ったのは七五四年）した際には大量の生薬をもたらしたとされ、仏教に帰依した光明皇后（七〇一〜七六〇）は施薬院を設立した。また、看護僧としての玄昉（?〜七四六）は藤原宮子の治療にあたったたし、奈良時代末期にその言動が問題となる道鏡も称徳天皇の治療にあたった看護僧であった。

1　奥田潤・伊東史朗、一九九七年
2　遠山美都男、天智と持統、二〇一〇年、一八七頁

病を癒やしたり、少量で人間の命を危うくしたりする力を持つ毒や薬は実に不思議なものであり、毒と薬と人間の関わりは、いずれにせよ「奇すし」という「不思議」に始まると思われる。毒と薬を比較すると、薬の方はその作用が不確かな場合も散見される一方、毒の方はその作用がはっきりとしている。効かない薬があるのに対して効かない毒は毒といわないのである。そのため、古代の人々も毒についての理解や信頼はしやすかったのではないかと思われる。

古代の毒や薬の考え方と『神農本草経』

現在では毒や薬の作用は化学物質のなせるわざであることがはっきりとしており、毒や薬を本当に理解するためには化学、とくに有機化学の理解が必要である。しかしながら、化学という概念の片鱗もなかったこの時代、人々は毒や薬の醸し出す作用の不思議さや不気味さをどうとらえていたのであろうか。またどう理解していたのであろうか。

毒や薬の示す作用が、そこに含まれる化学物質のなせるわざとは想像もつかなかった時代、おそらく、毒や薬の不思議な作用は、そこに存在する何らかの精霊のようなものが働きかけをしていると考えていたのではなかろうか。前項に示したように、古代における医療行為はもっぱら加持祈禱であり、これは当時では立派な医療行為でもあった。薬は、極端にいえば加持祈禱に付随するものに過ぎなかったとも考えられる。

医薬に関する古い本として、一～二世紀にまとめられたといわれる『神農本草経（しんのうほんぞうきょう）』という書物がある。これは、もともとは古代に存在したという医薬と農耕の神とされる神農の伝説をもとに書かれた書物であるが、原本は残っていない。一方、五〇〇年頃に陶弘景は『神農本草経』に詳細な注釈を施して『神農本草経集注』七巻をまとめた。しかし、このものもすでに原本が散佚し、わずかに二葉の断片が知られるにすぎないという。その後の唐時代の六五七年に成立した『新修本草』は『神農本草経集注』を参考にしていることから、江戸時代の考証学者たちは『新修本草』をもとに『神農本草経』の復元にあたった。[3]

この『神農本草経』の特徴は、三六五種の薬を上・中・下の三つに分けているところである。これらの薬のうち、上薬は「長く服用しても体を害することのない仙薬である」とされる。上薬としては甘草や人参、杜仲、枸杞など一二〇種があげられている。一方、中薬とは普通の薬のことで一二〇種あげられており「長く服用すべきものではない」とされる。よく知られた薬としては、黄耆や黄芩、決明子、麻黄などがあげられる。さらに、下薬としてあげられている一二五種は「体に有害な作用があるために薬として使用するときには必要なときのみに使用すべきもの」とある。このグループに入る薬としては、大黄や、商陸、附子、半夏などがある。

このように『神農本草経』では薬について、すでに体に対する有害性で分類しており、この点では達観だったと思われる。

なお、当時は神仙思想といって、病に対抗するには、強い毒が必要であるという説があった。その考え方の中に五毒（硫砒鉄鉱、雄黄、石膽、丹砂、慈石〔酸化鉄〕）というものもあり、病に対抗する、あるいは不老不死をめざすにあたってはこのような強い毒として知られていたものも

3　岡西為人訂補解題、一九七二年

好んで服用されていたのである。病のような災いには、強い毒を服用して対抗するという考え方である。実際に、水銀化合物の中には強い毒性のあるものが存在することはすでに知られていたものの、唐の皇帝二〇人のうち、少なくとも六人は水銀化合物の服用で命を縮めたともいわれる。[4]

聖武天皇と東大寺

七四〇年（天平一二年）二月、聖武天皇と光明皇后は河内国大県郡の「知識寺」へ行幸して盧舎那仏を拝し、大仏の造営を思い立つ。同年の九月には、藤原広嗣（?～七四〇／藤原宇合の長男）が、当時、右大臣の橘諸兄（六八四～七五七）の信任を得て天皇の側近となっていた僧玄昉と吉備真備（六九三～七七五）を宮廷から追い出すことを要求して九州で乱をおこした。藤原広嗣の乱である。

これ以後、平城京では藤原広嗣のたたりによるとされる災いがおこり、聖武天皇はこの時からほぼ五年間にわたり各地を彷徨することになった。七四〇年一二月には橘諸兄（当時右大臣）の勧めによって、諸兄の別邸のあった地へ行幸し、翌年正月、そこを大養徳恭仁大宮（恭仁京）と命名する。また、七四一年二月には、国分寺建立の詔がだされ、諸国に七重塔一基を建立し、七重塔を有する僧寺は「金光明四天王護国之寺」（金光明寺）と名付けて二〇人の僧を住まわせることとした。国分寺で書写される『金光明最勝王経』は鎮護国家の経典であり、この経典を広め読誦する国王があれば、四天王がその国王を守り、その国土から一切の災厄を消滅させるという

4　大形徹、一九九二年、一八四頁

護国思想の強いものであった。一方、「法華滅罪之寺」と名付ける尼寺には一〇人の尼を住まわせることとし、国分尼寺においては、『法華経』の書写が命じられた。

この詔が出された背景には、藤原広嗣の乱や凶作、そして天然痘（疱瘡）の流行などの災厄が生じたことがある。この時期の仏教は国を守護してもらおうとする鎮護国家思想に基づくものであり、仏教本来の教えである個人の心の救済に重きをおいて民衆布教を行う仏教はまだ認められていなかった。

七四三年（天平一五年）には造営中の恭仁京から離宮のある紫香楽京に至る。そして、この地において、同年一〇月一五日に大仏鋳造の詔を下した。その結果、恭仁京の造営は停止され、さらに翌七四四年二月二六日になると、今度は難波京を帝都とする宣言が出された。しかし、それでも紫香楽京における大仏造営は続けられていた。ところが、七四五年には山火事や地震が相次ぎ、とくに七四五年五月一日から一〇日までは一〇日連続の地震続きとなった。

このような天変地異ゆえ、藤原仲麻呂(七〇六～七六四)ら諸司官人たちは意見の一致を見て、七四五年五月一一日、再び平城遷都となり、聖武天皇の彷徨が終わる。

なお、『続日本紀』にはこの一〇日連続の地震直前の四月二七日にも一晩中の地震で、それが三昼夜続いたとある。さらにこの連続地震直後の五月一六日と一八日にも地震の記録があり、この月の地震の多発は極めて異常である。

さて、平城遷都にともない、大仏の造営も平城京に移り、金鍾寺において再開されることになった。七四五年（天平一七年）八月二三日には土を運んで仏の御座を築きはじめ、紫香楽京にあった材料も漸次運び込まれた。こうして紫香楽京はあっというまにもぬけの殻となってしまったという。

金鍾寺とは、もともとは、聖武天皇と光明子の間に七二七年（神亀四年）に生まれたものの、七二八年九月一九日に満一歳の誕生日を迎えることもなく夭折してしまった基王の冥福を祈って光明皇后が創建したものであったが、平城遷都にともない寺地も拡大されて東大寺と号することとなった。そして、東大寺は諸国の国分寺の総元締の観を呈するにいたる。

盧舎那仏の建立

聖武天皇は当初、山城の木津川のほとりの恭仁京から離宮を造った近江甲賀の地の紫香楽京に至り、ここで大仏鋳造の詔を下した。七四三年（天平一五年）一〇月一五日、「天下の富を所持する者は朕である。天下の権勢を所持する者も朕である。この富と権勢をもってこの尊像を造るのは、ことは成りやすいが、その願いを成就することは難しい」（『続日本紀』）という内容の「盧舎那仏造営の詔」を発布して、金銅製盧舎那仏造立を発願した。

大仏の鋳鎔は平城京で七四七年九月に始まり、七四九年九月まで八回に分けて行われた。大仏鋳造

盧舎那仏（建立当時のものは蓮弁の一部などだけという）

に用いられた資材は、熟銅四四三・七トン、水銀二・二トン、白鑞（鉛を含んだ錫）七・六トン、炭一万八六五六石、練金〇・四トンであった。大仏鋳造に用いられた銅は長門国（山口県西部）で生産された。秋吉台のカルスト台地の東麓に位置する山口県美祢市の長登（ながのぼり）銅山である。

東大寺の大仏と大仏殿は平安時代の一一八〇年（治承四年）と室町時代の一五六七年（永禄一〇年）の二回焼失し、その都度、時の権力者の支援を得て再興されている。現在の頭部は江戸時代、体部の大部分は鎌倉時代の補修であるが、台座（蓮弁）や大腿部などに一部建立当時の天平時代の部分も残っているという。

大仏の建立に際しては、表面を鍍金する金をいかにして調達するかという問題が起きたが、七四九年（天平二一年）二月二二日、陸奥守百済王敬福（くだらのこにきしのきょうふく）により、現在の宮城県北部の遠田（とおだ）郡涌谷町（わくやちょう）から我が国初の黄金産出の知らせが届き、黄金九〇〇両（約一三キログラム）が献上された。この産金地についてはコラムで触れる。このことを祥瑞（しょうずい）とし、この年の四月一四日には年号が天平から天平感宝と改められた。さらに聖武天皇は法名を勝満（しょうまん）と称して出家し、七四九年七月二日、皇太子の阿倍（あべ）内親王に皇位を禅譲した。孝謙天皇の即位である。元号はさらに天平勝宝と改められた。よって、七四九年には、天平、天平感宝、天平勝宝の三つの元号が使われたことになる。

なお、このような四字元号はのちの神護景雲まで続くが、これは唐において則天武后（そくてんぶこう）の時代に証聖元年（六九五年）を天冊万歳（てんそくばんざい）と改元し、その後四字元号が続いた例があり、光明皇后がこれに倣（なら）ったようである。

七五二年（天平勝宝四年）四月九日、大仏開眼法要が営まれ、聖武上皇、光明皇后、孝謙天皇らが行幸、文武百官、インドや中国の僧侶も含めて約一万人が参加したという。そして、聖武上皇の代理として南インド出身の菩提僊那が大仏の目に墨を入れて開眼。聖武上皇らは、縹色の開眼縷（長さ約一九八メートル、径約五ミリメートルの紐）を持って開眼会に望んだ。この時の開眼縷は正倉院宝物の一つとして現存している。

実はこのとき、大仏はまだ未完成であり、鋳造ミスによる穴はあいたままであり、鍍金も正面から見える一部だけであったという。このように大仏開眼を急ぎ、強行したのは、聖武天皇の治世下は日照りや水害による凶作と飢饉、あいつぐ大地震、疱瘡の流行などの天災が続いたため、多大な国費を費やし、人心が揺らぎ、世情が不安定の上、自身の体の衰えが進んだからであった。また、この年は五五二年に仏教が我が国に伝わったとされてからちょうど二〇〇年にあたるが、このことも関係していたのかもしれない。

現在の東大寺大仏殿は創建当初のものより小さいという……。大仏の建立はまさに国家的大事業であった

なお、この大仏建立の際の鍍金には水銀アマルガム法という手法が使われ、大量の水銀が使われたため、その蒸気によって多くの水銀中毒者が発生したと思われる。アマルガムというのは水銀と他の金属との合金のことで、アマルガム法

とは、金が水銀との合金をつくることを利用した金メッキ（鍍金）法である。すなわち、金と水銀とが混じり合ったものを大仏の表面に塗布した後、表面を加熱して水銀を蒸気として除くことによって金の薄い膜を残す技法である。

不思議なことに、大仏建立は当時の大事業だったはずなのに、同時代に編纂された万葉集には大仏開眼供養そのものを詠った歌はない。大仏の鍍金に使用される金が我が国で初めて陸奥の涌谷で産出されたときに大伴家持（おおとものやかもち）が詠ったものだけである（コラム参照）。もしかしたら、これは大伴家持と目される『万葉集』編纂者の、当時は光明皇后の庇護のもとで専制甚だしく、開眼供養を取り仕切ったと考えられる藤原仲麻呂への無言の抵抗だったのかもしれない。

大仏建立は、まさに我が国のあけぼのの時期の国家的大事業であった。その後もいろいろな大事業を成し遂げた日本ではあったが、この大仏の開眼行事には海外からの多くの来訪者もあり、まさに、日本国の最初の大イベントでもあったともいえよう。大仏開眼に関して、発案の聖武天皇、資金集めの行基（ぎょうき）、東大寺を開いた良弁（ろうべん）、そして、開眼師の菩提僊那は四聖と崇（あが）められることになった。

開眼から約二年後の七五四年四月五日には、大仏殿前に戒壇を築き、聖武上皇、光明子、孝謙天皇をはじめ、多くの僧尼ら総勢四四〇人に、来日したばかりの鑑真が「授戒の儀」を授けた。

また、大仏開眼のときに体調を崩していた聖武上皇は、さらにその二年後の七五六年五月二日に五六歳で崩御、光明子は六月二一日、聖武太上天皇の四十九日忌（七七忌）にあたり、遺品を東大寺の毘盧舎那仏に奉納する形で「正倉院」に施入する。このとき、種々の薬物も奉納された。

コラム◉陸奥涌谷の産金

二〇一九年（令和元年）五月一九日、宮城県北の遠田郡涌谷町を訪ねてみた。天平時代に我が国で最初に金が見つかったところである。

その涌谷の市街地をかなり離れた山の中に「天平ろまん館」という施設がある。天平時代に我が国の中央政界に衝撃と歓喜を与え、天平から天平感宝と改元までさせた産金の地が、同じ宮城県の仙台市に自宅のある私にも、訪れるには遠いと思わせる遠隔地であったことにまずは驚く。

本文で述べたように、七四三年（天平一五年）、聖武天皇は金銅製の大仏（毘盧舎那仏）建立の詔を下した。その建立の地が変遷したことは本文に書いているが、この巨大な大仏（大日如来）は全身が金色に輝くものにしなければならなかった。しかし金の調達がむずかしかった。七四九年までに大仏の鋳造はほぼ完成したが、その時点で、我が国には金の産出記録がなかったのである。

そのときに涌谷に産金のあることを報告したのが、当時このあたりを治めていた百済王敬福であった。名前からも分かるように渡来人であるが、涌谷の地形が朝鮮半島南部の産金地と似ていることに気が付き、調べたところ、砂金を産することがわかったのである。彼はさっそく金の採取にとりかかり、九〇〇両（現在の単位でいえば約一三キログラム）の金を聖武天皇に献上することができた。天皇は驚喜し、この献上により、年号を天平から天平感宝と変えた。

金が献上されたときの次の大伴家持の歌が『万葉集』に収載されている。

天皇の御代栄えむと東なる陸奥山に金花咲く（巻一八―四〇九七）

この歌は、大伴家持によって「陸奥国より金を出せる詔書を賀く歌一首」として詠われた長歌の反歌として詠われた短歌三首のうちのひとつである。長歌の方は、その一部の「海行かば　水漬く屍　山行かば　草生す屍　大皇の　辺にこそ死なめ　顧みは為じ」（巻一八―四〇九四）の部分が有名であるが、「陸奥の　小田なる山に　金あり」という文言もある。この小田（織田）が遠田と似ていることから、これが現在の涌谷町も入る宮城県遠田郡ではないかという説[1]が有力である。

この歌が万葉集に収められた歌の北限とされるわけであるが、大伴家持がこの歌を詠った

1　涌谷町、一九九四年、九・七八頁

のは彼の当時の任地の越中（今の富山県）においてであるとされる。確かに、この歌の説明として、「天平感宝元年五月十二日、越中国守の館にして大伴宿禰家持作れり」とある。

この『天平ろまん館』に隣接した施設にて、実際に砂金を採取させてくれるところがあった。道具を貸してくれるので、三〇分間、実際に砂金採取の真似事をしてみた。なかなか大変であったが、小さなかけら四片を採取することができた。最も大きいものでも長辺が二ミリメートル程度のものである。しかし、それでも、本物の金の輝きはまことに秀でており、天平時代の七四九年にこのものを一三キログラムも献上されたときの天皇の喜びはいかがなものであったことであろう。天平ろまん館の入口近くにはタングステンで作った重さ一三キログラムのレプリカがあり、実際に持ち上げることも出来るが、ずっしりと重い。タングステン

黄金山神社の社殿

社殿の基礎の奥に大きな礎石

は金とほぼ同じ比重を有するので、重さの感じは十分に理解できた。しかし、残念ながらそのレプリカの表面の輝きは多くの人たちがさわったためかくすんでおり、これが金そのものの輝きであったならいかにすごかったのか、とあらためて思った。

天平ろまん館の脇の道を少し入ると「黄金山神社（こがねやま）」がある。この神社は沖安海の勧奨によって拝殿が一八三八年（天保八年）に再建されたものだそうで、沖はこの際、三〇両を献納しているという。こぢんまりとした社であり、もともとは神殿がなく拝殿のみであったという。これは、黄金山それ自体を神体と仰いだためであったが、その後、一九一二年（明治四五年）に神殿が造営されたという。[2] この近辺の川が産金の地であった。

実は、今、黄金山神社のある近辺には大型の仏教建造物、おそらく六角堂があったと考えられている。その理由はいくつかある。たとえば、この神社の基礎部分を覗いてみると、この社には似つかわしくないほど大きな土台石（礎石）が奥に見られる（前頁写真）。また、黄金山神社付近で古い瓦が大量に発掘されていることも理由としてあげられている。その中には「天平」という文字の入ったものもあった。また、六角形の瓦状のものも発掘され、これは御堂の天辺にあたるものではないかと考えられている。なお、当時、神社の屋根に瓦を使うことはなく、瓦で屋根を葺いた建物は、官営の建物か寺社に限られていたという。こう

2　涌谷町、一九九四年、四六頁

したことから、この神社の近辺には大規模な六角形の仏堂があったと推定されているのである。

『竹取物語』には竹の節から金が出たという記述がある。この涌谷の産金の報告がなされるまで、対馬から産金があったという（このために大宝という元号が生まれた）偽の情報の他は、我が国には産金の話はなかったので、この本物の産金のニュースはこの時代のエポックメーキングなものであったに違いない。

鑑真の来日と正倉院薬物

鑑真は唐の揚州に生まれた高僧である。よく知られているように、渡日を決意するものの、弟子たちの反対や暴風雨などに阻まれて五度にわたり失敗、六度目の渡航でようやく我が国の薩摩へ到着し、七五四年に奈良の都に到達した。そのときには、視力を失っていたといわれる。また、鑑真の来日に関しては、日本から遣唐使として入唐した興福寺の栄叡（ようえい）と普照（ふしょう）が熱心に活動した。この経緯については、井上靖の『天平の甍（いらか）』（一九五七）によく描かれている。

鑑真の渡日の試みは七四三年四月に始まる。このときは弟子たちの反対により断念した。また、二回目は七四三年一二月であるが、長江河口で難破してしまった。三回目と四回目はいずれも七四四年で、このときは弟子の密告によって渡航が不可能となる。また、五回目は七四八年六月、このときは船が風に流され海南島に漂着した。そしてついに六回目、七五三年の遣唐使の帰りの船で、いわば密航のようなかたちで渡日に成功する。このときは、藤原仲麻呂の企みによって二回目の入唐をさせられていた吉備真備も帰国している。なお、七四八年六月の五回目の試みのときには漂着した船から揚州にもどる際に鑑真の来日に力を尽くした栄叡が亡くなってしまった。

鑑真の来日と遣唐使と薬物

七五三年（天平勝宝五年）一一月一五日夜半、遣唐使の帰国の船が黄泗浦（こうしほ）出航の日に在唐三六年となった阿倍仲麻呂（六九八〜七七〇）は望郷の思いを次のように詠ったとされる。

天の原ふりさけ見れば春日なる三笠の山に出でし月かも（百人一首七番）

阿倍仲麻呂は帰国する四船のうちの第一船に遣唐大使藤原清河（きよかわ）（藤原房前（ふささき）の四男）らと乗船したが、この第一船は沖縄で座礁し、その後遭難してベトナムまで押し流されて帰朝できず再び長安へ戻った。結局、阿倍仲麻呂は帰国することができず、彼の地で一生を終える。大使の藤原清河も名を河清と改めて唐朝に仕えて生涯を終えた。

この帰国の際、副使大伴古麻呂の第二船に乗船していたのが鑑真であり、七五三年一二月二〇日に薩摩国阿多郡秋妻屋浦に到着し、『続日本紀』には、七五四年正月一六日の記録として「この日、遣唐副使・従四位上の大伴宿禰古麻呂が帰国した。唐僧の鑑真と法進ら八人が古麻呂に随って来朝した」とある。東大寺の正倉院が成立するのは七五六年六月のことである。鑑真は薬物にも詳しかったと言われており、「正倉院薬物」として知られる薬物の中には、このときに鑑真のもたらした薬物も多く含まれていると考えられる。

なお、『続日本紀』の七五四年正月一七日の項には「遣唐副使・従四位上の吉備朝臣真備の船が、去年十二月七日に屋久島に来着しました。その後、屋久島より出発し、漂流して紀伊国の牟漏崎に着きました」との旨、大宰府が上奏したとある。

当時の遣唐使は唐の文物を持ち帰ることも目的としていたので、おそらく、これ以前に帰国した遣唐使も薬物をもたらしていたのだろうと考えられる。

遣唐使は種々の大陸の文物を我が国にもたらした。たとえば、現在は園芸植物として人気のあるボタンやキク、アサガオも、もとは奈良時代末から平安時代初めの遣唐使が中国大陸から我が国に薬用植物としてもたらしたものである。

さて、ようやくのことで渡日した鑑真は渡日二年後に大僧都に就任し、中央僧官（僧綱）の有力人物となった。そして、東大寺に戒壇を置いて戒律を授け、のちに唐招提寺を開いた。鑑真によって正しい戒律が伝えられ、僧になるには戒律が戒壇で授けられることが必須となり、私度僧や名ばかりの僧が排除されることとなったのである。

しかし、早くも七五八年（天平宝字二年）には鑑真は僧綱を解任され、授戒のことは弟子の法進（ほうしん）にゆだねられた。そして、自らは唐招提寺にこもって律（りつ）の精神を伝えることに専念することになる。彼の解任に際して、「政事躁煩（そうはん）（さわがしくわずらわしい）、あえて老を労せざれ」と述べられているのは、当時の鑑真の微妙な立場を物語っているという。[5] 確かに、その後、鑑真の名前は歴史にあまり出てこない。これは鑑真がそう望んで避けてきたことなのか、あるいは周辺が避けさせたことなのかは不明ではあるものの、このことに関しては、鑑真のいわば政治忌諱（きい）ともいえる行動のためとも思われる。安藤は、「鑑真は政治に興味を持っていなかったらしい」あるいは「鑑真は若い時からそうした政治には、いつも圏外に立っていた」[6] と評している。首肯できるところである。

唐招提寺金堂

僧綱を解任された後、鑑真には大和上（だいわじょう）号が与えられたが、七六三年（天平宝字七年）五月に遷化。また、同年の九月には僧綱の良識派であった少僧都の慈訓（じきん）が解任され、かわりに道鏡が少僧都となった。なお、慈訓は道鏡失脚後の七七〇年（宝亀元年）に少僧都に返り咲いている。

5　上田正昭、一九六八年、二五一頁
6　安藤更正、一九六七年、二一五～二一六頁

前出の井上靖による『天平の甍』という表題は、鑑真の創建した唐招提寺金堂の屋根上の左右に設置された一対の装飾である鴟尾と呼ばれる特徴的な瓦に基づいたものという。また、唐招提寺の南大門の「唐招提寺」の文字は当時の孝謙天皇の揮毫によるものであるという。

孝謙天皇の筆によるという唐招提寺の文字

正倉院と正倉院薬物

先にふれた奈良の東大寺正倉院には、七五六年（天平勝宝八歳）五月二日に崩御した聖武上皇の七七忌に際して、光明皇后の願により、聖武上皇遺愛の品々を東大寺の盧舎那仏（奈良の大仏）に奉納するという形で納められている。

これらの品々を納めるにあたって、目録五巻が作成された。『国家珍宝帳』、『奉盧舎那仏種々薬（『種々薬帳』）』、『屏風花氈等帳』、『大小王真跡帳』、そして、『藤原公真跡屏風帳』である。

そのうち、『国家珍宝帳』と『種々薬帳』にはいずれも七五六年六月二一日の共通の日付があり、他の三件には七五六年七月二六日、七五八年六月一日、および七五八年一〇月一日の日付がある。実質的には前二巻が多くのものをリストアップしており、他のものは追補的なものといってよいだろう。

前二巻の日付は、まさに聖武太上天皇の四九日目となっており、崩御後の短期間にこれだけのものがまとめられたことには驚く。もしかしたら、崩御前にある程度の準備はなされていたのかもしれない。そして、この『種々薬帳』の準備には、七五四年に奈良の都に至った鑑真が関わった可能性も十分に考えられる。

この仕事をしたのは、光明皇后の後見機関であった紫微中台である。末尾には当時大納言で紫微中台の長官であり紫微令を兼ねていた藤原仲麻呂をはじめ、五人の幹部の署名がある。その筆頭である藤原朝臣仲麻呂（従二位行大納言兼紫微令中衛大将近衛守）の署名の他は、藤原朝臣永手（従三位行左京大夫兼侍従大倭守）、巨萬朝臣福信（従四位上行紫微少弼兼中衛少将山背守）、賀茂朝臣角足（紫微大忠正五位下兼行左兵衛率左右馬監）、葛木連戸主（従五位上行紫微少忠）の署名が続く。ここに書かれた「行」とは位階と官職とを併記するときに使うといい、朝臣や連は天皇から与えられた姓である。

藤原仲麻呂は光明皇后の甥にあたり、権勢をふるうようになるが、七六四年の藤原仲麻呂（恵美押勝）の乱にて斬首される。藤原永手（七一四〜七七一）は仲麻呂失脚ののち左大臣として頭角を表わし、次の天皇（光仁天皇）の擁立にたずさわる。賀茂角足は七五七年の橘奈良麻呂の乱に連座し、当時の孝謙天皇に乃呂志と改名させられ、獄死している。葛木戸主は後に登場する和気清麻呂（七三三〜七九九）の姉である和気広虫（法均）の夫である。

この時期、組織上、藤原仲麻呂の上には、左大臣に橘諸兄がおり、藤原仲麻呂の実兄の藤原豊成も右大臣を務めていたが、正倉院は紫微中台のもとにあるためか、左右大臣ともこの段に関与していないことは注意をひく。

正倉院収蔵の品々の中には、シルクロードを通って我が国にもたらされたガラス製品や螺鈿細工などの見事な芸術品などとともに、医薬品も保存されている。これらの医薬品のうち六〇種のリストを示したのが前出の『奉盧舎那仏種々薬』である。この『奉盧舎那仏種々薬』についてはすでに八世紀末には『種々薬帳』という名称が使われていたという。大きさは縦約二六・一センチメートル、長さ約二一〇センチメートル、縦に三個、横に一五列の合計四五個の御璽があり、大変に美しい巻物である。

ただし、皇統のシンボルともいえる天皇御璽印は本来太政官により管理されるべきものであり、太政官のトップである左右大臣の署名もない『種々薬帳』にこれ見よがしに天皇御璽が押印されているのは異例ともいえる。すなわち、この時期、光明皇后と藤原仲麻呂は政治の実権を握るためにどうしても天皇御璽印を手元に置きたがったのに違いない。

また、『種々薬帳』の末尾には、光明皇后の発願として「若し病苦に縁りて用ゐるべき者有らば、並びに僧綱に知して後に、充て用ゐることを聴さむ。(中略)遂に命終るの後、花蔵の世界に往生し、盧舎那仏に面ひ奉り、必ず遍く法界の位に証得せしめむと欲す」とある。その意訳は、「病に苦しむ者があれば、僧綱の了承のもとに薬を出用し、病苦を救うとともに命終の後には蓮華蔵世界への往生が得られることを祈願する」[7]である。このように、必要な場合は持ち出して使用してよいとされている点は正倉院の他の宝物と異なり特徴的なところである。

7 杉本一樹、二〇〇八年、三七頁

このリストには六〇種の薬物の名称や奉納量が記載されているが、そのうち三八種が現存している。[8] そして、この六〇種の薬物のほとんどは、当時の唐の薬局方ともいうべき『新修本草』（六五九年に唐の蘇敬等編）に記載されているものであり、その生産地については、確実に国産品と思われるものはひとつもなく、ほとんどが、ペルシア、インド、南海あるいは中国辺境地方の産であるという。

正倉院の成立が七五六年であることを考慮すると、これらの薬物の多くを将来したのは、当時の遣唐使たち、なかでも七五三年に来日した鑑真一行であろうと推測される。

前述したように、『種々薬帳』の末尾にある署名の筆頭は藤原仲麻呂であり、仲麻呂はいわば鑑真らが命がけで我が国にもたらした貴重な薬も自分の掌中に収めてしまったことになる。

さらに、正倉院には多くの武器も奉納されている。実はこの時期は藤原仲麻呂と光明皇后の蜜月時代でもあり、いわば両者の陰謀により、聖武遺愛の品々を奉納するという名目から武器や薬物といったものも集積しておけば、天下を支配するために役に立つと考えたのかもしれない。

武器の量は実に多く、百本の刀剣、百張の弓、百領の甲、さらに三七四〇本もの矢もあった。矢柄には篠竹や蘆の茎が使われ、矢羽には、雉、山鳥、鶴、鴻、鷹、鷲、隼、雁など、鏃には、鉄、竹、骨などが使われているという。こうした武器は、量から考えても「聖武遺愛の品」などという範疇をはるかに超えている。このようにして、正倉院には、いわば藤原仲麻呂の企みによって工芸品や武器類・薬物などが集められたが、奇しくもこれらの多くの品々が、現代に残

8　朝比奈泰彦編修、一九五五年、三二二頁

ることになり、現在ではかけがえのない宝物となっている。

大変に皮肉なことであるが、後の七六四年に藤原仲麻呂が乱を起こした際には、正倉院に収集されたこれらの武器は、造東大寺司長官に復帰した吉備真備の率いる孝謙上皇の軍によって活用され、仲麻呂らの命を奪うこととなる。

次項で少し詳しく述べるが、正倉院に収蔵されている薬物のうち『種々薬帳』には六〇種類の薬物がリストアップされている一方、正倉院にはそれ以外にも薬物が収納されており、「帳外品」と呼ばれている。正倉院は「北倉」と「南倉」に分かれていることから、これらの帳外品の生薬はそれぞれの倉の名前と番号で呼ばれている。

その中のひとつに「N（北倉）―１１１」というものがあり、これが鳥の卵様の形状をした硫化砒素化合物の雄黄（おおう）である。以下、これを「正倉院雄黄」と称させていただく。雄黄に火をつけると、亜砒酸（As_2O_3）と呼ばれる猛毒の砒素化合物が生成する。雄黄は有毒物質の原料として大変に興味があるので別にやや詳しく述べる。

『種々薬帳』にリストアップされた薬物について

いわゆる『種々薬帳』に記載されている六〇種の薬物は、おおかたは唐の薬局方ともいうべき『新修本草』に記載されているものである。ただし、中には、香木の蘭奢待（らんじゃたい）のように、有名でありながら帳外品となっており、『種々薬帳』に入っていない生薬（香）もある。

以下に一九五五年に刊行された『正倉院薬物』の付録として添付されている『種々薬帳』の一

部を示す。[9]表題は「盧舎那仏種々薬」であるが、八世紀末にはすでに『種々薬帳』と呼ばれるようになっていたということはすでに述べた。びっしりと四五個押印された天皇御璽とともに、麝香、犀角、朴消、胡椒、畢撥などの文字や収蔵量の記録が見える。

これらの生薬の一覧を次に示す。当初収蔵された生薬名とその重量(単位はグラム)または数量である。現存が確認されている生薬(三八種)はゴシック体で示した。このリストは、『図説正倉院薬物』(柴田承二監修)の他、『正倉院薬物の世界』(鳥越泰義)を参考に作成した。なお当時の重量の単位は、斤・両・分、一斤は約二二三グラム、一両は約一四グラム、一分は約三・五グラムとなる。

9 朝比奈泰彦編修、正倉院薬物、植物文献刊行会(一九五五)

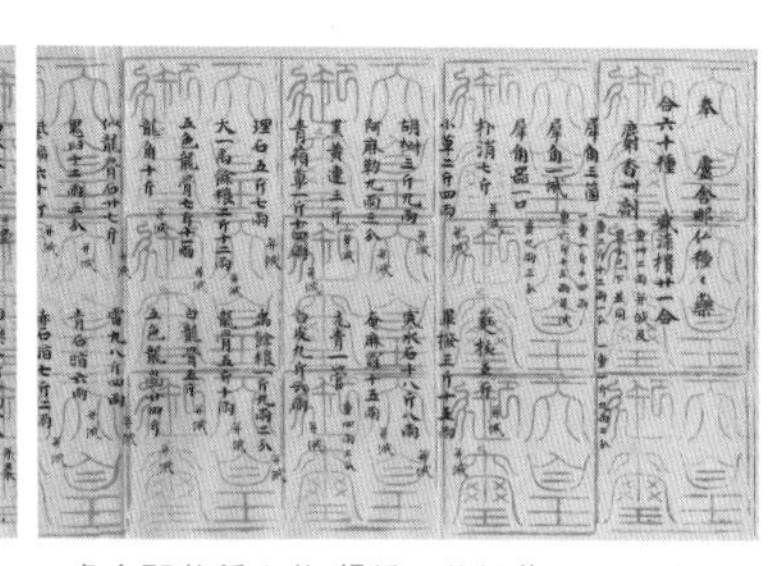

盧舎那仏種々薬(『種々薬帳』)の冒頭部分より(天皇御璽一～四列まで)

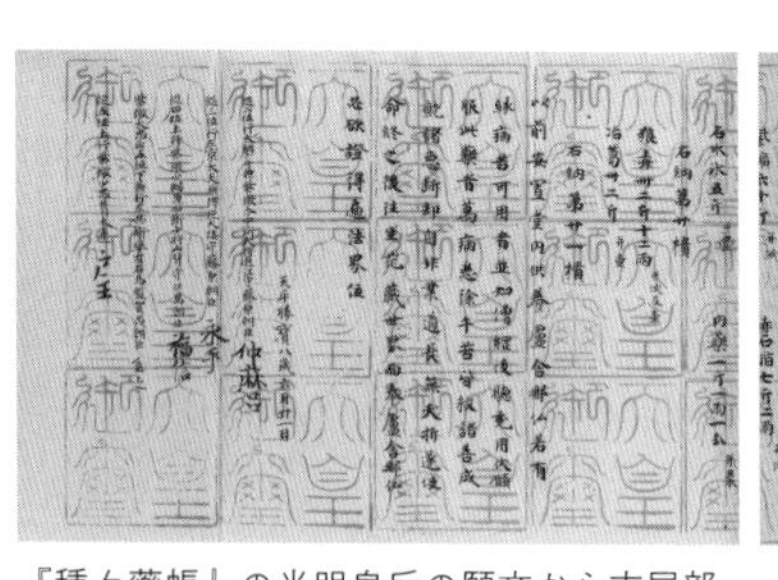

『種々薬帳』の光明皇后の願文から末尾部分の署名まで(天皇御璽一二～一五列

一　**麝香**　五八八
二　犀角（三個）　六一七・五
　　三五六
　　四一九
三　犀角　一五二〇
四　**犀角器**　一三六・五
五　朴消　一五六一
六　**蕤核**　一一一五
七　**小草**　五〇二
八　**畢撥**　八七九
九　**胡椒**　七九五
一〇　**寒水石**　四一二六
一一　阿麻勒　一三六・五
一二　**菴麻羅**　二一〇
一三　**黒黄連**　六六九
一四　元青　六三
一五　青葙草　四一九
一六　白皮　二〇九一

一七　**理石**　一二一三
一八　禹餘粮　三五六
一九　**大一禹餘粮**　六一四
二〇　**龍骨**　一二五五
二一　五色龍骨　一七一五
二二　**白龍骨**　一一一五
二三　**龍角**　二三三〇
二四　**五色龍歯**　五三五二
二五　**似龍骨石**　六〇二一
二六　**雷丸**　一八四〇
二七　**鬼臼**　一七八・五
二八　青石脂　八四
二九　**紫鑛**　一万三三八〇
三〇　**赤石脂**　一五八九
三一　**鍾乳床**　二三三〇
三二　**檳榔子**　（七〇〇枚）
三三　宍縦容　六六九〇
三四　**巴豆**　四〇一四

三五　**無食子**　（一〇七三枚）
三六　**厚朴**　三〇一一
三七　**遠志**　四五一六
三八　**呵梨勒**　（一〇〇〇枚）
三九　**桂心**　一二万四八八〇
四〇　**芫花**　七万二二八〇
四一　**人参**　一二万一四一〇
四二　**大黄**　一二万一一〇五
四三　**臈蜜**　一三万二二九五
四四　**甘草**　二一万四〇八〇
四五　**芒消**　二万八四三三
四六　蔗糖　六二四・五
四七　紫雪　三一〇九
四八　**胡同律**　五三五二
四九　石塩　二〇四九
五〇　猬皮　（三枚）
五一　新羅羊脂　三四五・五
五二　防葵　五四六四

五三　**雲母粉**　一二六
五四　蜜陀僧　一九二四
五五　**戎塩**　一九三八
五六　金石陵　一七九八
五七　石水氷　一一一五
五八　内薬　二四〇・五
五九　狼毒　九五三四
六〇　**冶葛**　七一三六

以上のリストを見ると、(三九)桂心や(四一)人参、(四二)大黄、(四四)甘草といった現在でもよく使われる生薬が多量に収蔵されたことがわかる。また、(五)朴消や(一〇)寒水石、(一七)理石、(二〇)龍骨、(四五)芒消、(四九)石塩、(五三)雲母粉などの鉱物由来の薬物が種類として多いことも特徴的である。さらに、(九)胡椒や(四六)蔗糖のような、今日、料理にかかせぬようなものが収蔵されていたことも興味深い。

胡椒は現存しており、この時代にすでに我が国に伝来していたことが明らかである。やはり香辛料として知られるトウガラシが我が国に伝来したのは南蛮貿易によってであり、これが一六世紀であることと比較すると、胡椒の方は約八〇〇年も早い伝来ということになる。これは、ヨーロッパの国々が胡椒をもとめて大航海時代に入るはるかに前のことである。

一方、この中には、(六〇)冶葛(やかつ)のような毒性の高い薬物もある。一体どういう目的に使用したものであろうか?

冶葛とは東南アジア原産のゲルセミウム・エレガンス(ゲルセミウム科)の根から調製される生薬であることが二〇世紀末の一九九八年になって解明された。この生薬に含まれるゲルセミンを初めとするアルカロイドには強毒性があるが、皮膚病の治療に用いられたこともあるらしい。この生薬については別項にても触れる。(五九)狼毒(ろうどく)も毒性の高い生薬と類推されるものの、未だに謎の生薬となっている。

また、先に述べたが、帳外品と呼ばれる『種々薬帳』に記載されていない薬物もある。その中のひとつに砒素の硫化物である「雄黄」があり、このものは鳥の卵状の形をしている。雄黄については、大仏開眼会の前日の七五二年四月八日付けの『正倉院文書断簡』に、東大寺大仏に献上された六種の薬物のひとつであるとの記述があり、「麝香一管、犀角一枚、雄黄一剤、牛黄一剤、犀角杯一口、玉杯一枚」と記されている。[10]このうちの雄黄一剤がこの卵の形に加工された薬物ではないかと考えられているので、大仏開眼時には雄黄がすでに存在していたと推定される。

なお、この卵の形をしている雄黄については、一九四八〜一九四九年の正倉院薬物の調査報告において、益富壽之助（一九〇一〜一九九三）は、このものは美術品として伝世したものであろう[11]としているが、もしこのものが大仏に献上されたものに該当するならば、献上物のリストに「雄黄一剤」という数え方の表現を使うだろうか。私はこの雄黄は薬（毒）と看做していたからこそ「一剤」という表現を使ったのだと思う。

養老律令と四つの毒

律とは令に反した場合の「罰則」のことであり、一方、令とは「決まり」のことである。七一八年（養老二年）に成立した養老律令は中臣鎌足（後の藤原鎌足、六一四〜六六九）の子の藤原不比等（六五九〜七二〇）が中心となって作成した。その内容は不比等らによってそれ以前の大宝

10 瀧浪貞子、二〇一七年、二〇八頁／鳥越泰義、一一六頁
11 朝比奈泰彦編修、一九五五年、三二二頁

コラム◉正倉院薬物の調査研究

正倉院薬物については、戦後二回にわたって大きな調査がなされている。

第一回目の調査は、東京大学名誉教授朝比奈泰彦（あさひなやすひこ）を主幹とする一九四八年（昭和二三年）からの第一次学術調査であった。その調査結果は、『正倉院藥物』として一九五五年（昭和三〇年）に出版された。この第一次調査で「正倉院薬物」の実態はほぼ八〇パーセントが明らかになったという。[1]また、この本は、いわゆる戦後日本の豪華本のはしりとなるとのことで、本文や写真はモノクロ印刷ではあるが箱入りの重厚なものである。さらに『種々薬帳』のカラー版の複製印刷物が付録されている。この付録の一部を図面として本書に掲載させていただいたが、正倉院に収蔵されている原本の大きさは縦約二六・一センチメートル、横約二一〇センチメートルである。全面に縦に三個、横に一五列、合計四五個の天皇御璽が並んでいる巻物で、大変に美しい。

一方、第二次学術調査は一九九四年（平成六年）からはじまり、東京大学および明治大学名誉教授の柴田承二（一九一五〜二〇一六）を主幹として実施された。その調査結果は『図

1 鳥越泰義、二一九頁

説正倉院薬物』としてまとめられている。こちらはカラー写真を豊富に取り入れたものである。この第二次調査によって「正倉院薬物」の実態は九五~九八パーセントほどまでは解明されたという。[2]

なお、二回目の調査においては、実際に収蔵されていた生薬の分析も行われたが、その中でかなり大量に残っていた人参、大黄、および甘草の三種については化学成分分析調査も行われて、前出の柴田承二により「植物学雑誌」の和文論文三編にまとめられている。これらの論文は、七五六年に正倉院に奉納されたこれらの生薬がいまだにその含有成分を保っていたということを綴っている。[3]

もうセピア色といってよい程の一枚の写真がある。筆者が正倉院の前で撮ってもらったもので、一九九三年(平成五年)四月一日のことである。正倉院は、それまでは参観に制約があったものの、財団法人菊葉(きくよう)文化協会の発足にともない、この日から土日休日等を除く周年参観できるようになった。まさにその初日に正倉院をおとずれたわけである。

この日は大阪で開催された日本薬学会第一一三年会で研究発表したのちに奈良に足を運んだ。この日を発行日とする正倉院のパンフレットを入手している。

実は、これから述べるように、まさにこの時、あるプロジェクトが生まれつつあった。こ

2 鳥越泰義、二〇〇五年、二二〇頁
3 柴田承二、一九九一年、植物学雑誌、六六巻、一~六頁、七〇~七五頁、および、一二七~一三〇頁

れも何かの縁であったのかもしれない。

偶然であるが、私が正倉院を訪ねた時期、私のアメリカ留学時代の恩師、ジェフリー・A・コーデル博士（当時イリノイ大学薬学部教授）が来日しており、前述の大阪の学会会場で柴田承二先生と会話をかわすうちに、我が国には古代の生薬の宝（正倉院薬物）があるということを柴田先生から聞いて大変に興味を持ったという。光栄なことであったが、その一〇年以上前にイリノイ大学薬学部においてコーデル博士の弟子（ポストドク）（一九八〇～一九八二）であった著者に話がもちかけられ、プロジェクトが進められることになったのであった。

私はこの時にはすでに「正倉院薬物」というものの存在は知っており、一定の興味も持っていたが[4]、このものと天平時代の人々との関係はよく知らなかったし、ましてや『竹取物語』との関係まで考えられるようになろうとは思いもよらなかった。

さて、このプロジェクトにおいては、まず、著者が

正倉院と著者（1993年4月1日
正倉院連日公開の初日に）

4 船山信次、一九九二年

柴田先生によって日本語で記された前出の三本の論文を一本の英語による総説にまとめることになった。こうして私の手によって一本の英文総説としたものについて、コーデル先生が英文の添削をし、さらに全体を柴田先生に監修していただき、柴田承二先生の単独名で、"*International J. Pharmacognosy*"（邦訳すれば国際生薬学雑誌）に掲載された（S. Shibata, *Int. J. Pharmacognosy*, 32, 75-89 [1994]）。私とコーデル教授の名前はこの総説の謝辞に掲載されている。著者は偶然が重なったこの仕事を通じて、以前から興味があった「正倉院薬物」に本格的に惹かれるようになったのである。

正倉院薬物に興味を持って周辺のことがらを調べていくと、種々のことが見えてきた。そして、ついには『竹取物語』の成立時期やその作者、さらにはかぐや姫や登場人物のモデルの推定もすることになったのである。

元年（七〇一年）に制定された大宝律令に準じ、その字句を変えた程度といわれており、内容にそう違いはないと言われる。そして、双方とも唐でつくられた『唐律疏義』（六五三年頒布）を参考にしているといわれる。

養老律令が施行されたのは、正倉院が成立した翌年にあたる七五七年（天平宝字元年）のことであった。三九年も前に作成された律令をわざわざ施行したのは、施行者である不比等の孫の藤原仲麻呂が祖父を顕彰する目的もあったものと思われる。後述のように、藤原仲麻呂は当時、叔母にあたる光明皇后や従妹にあたる孝謙天皇の寵愛を受け、権力の絶頂にいた。この年の藤原仲麻呂は、自邸の田村邸に居住させていた大炊王（七三三〜七六五）を立太子させるなど、まさに恣に権勢をふるっていた時期である。

さて、大宝律令および養老律令には毒についての記載があり、そこには、「毒薬とは、鴆毒、冶葛、烏頭、附子の類にして人を殺すに堪ゆるものとし、これらの毒薬を人に服用せしめ又は売る者は絞殺に處し、売買しても未だ用いざる者は近所に流罪に處す」としているという。[12]

正倉院にはこれら四つの毒のうち冶葛が収蔵され、また『種々薬帳』にも記載されている。なぜ正倉院に収蔵されたのであろうか。筆者は、何回かの暗殺に関わったことを通じて「毒の威力」を目の当たりにした藤原仲麻呂が、自らの権力保持のために毒をも独り占めしようとしたのではないかと考えている。

四つの毒としてその厳しい規制が記載されている養老律令を施行しながら、一方ではこれらの

12　清水藤太郎、一九四九年、三八八頁

毒物あるいは関連物をわざわざ正倉院に収蔵するという藤原仲麻呂の行為には驚かざるを得ない。

養老律令の鴆毒について

鴆毒は現在も謎の毒であり、断定されるに至っていないが、著者は、いくつかの理由で鴆毒の正体は亜砒酸（三酸化二砒素、As_2O_3）の可能性が高いと考えている。

正倉院薬物の帳外品のひとつに雄黄があるが、その正体は硫化砒素（As_4O_4またはAsS）である。硫化砒素には着火すると猛毒の亜砒酸が発生するという性質がある。このことは、正倉院には亜砒酸の原料となる薬物も存在していることになる。すなわち、養老律令にある四つの毒のひとつである鴆毒がもし亜砒酸であれば、その原料が正倉院に存在していると考えることができるのである。その考察過程については後に詳述する。

養老律令の冶葛について

冶葛は長い間謎の生薬であったが、正倉院薬物の第二次調査により一九九八年に至って、近代科学を駆使した分析により、このものが東南アジア原産のゲルセミウム科に属するゲルセミウム・エレガンス（*Gelsemium elegans*）という毒草の根であると結論された。

冶葛は当初三二斤（約七・一四キログラム）納められたとされているが、献納から一〇〇年後の八五六年にはわずか六〇七グラムにまで減っていたといい、現在残っているのは約三九〇グラムという。[13]

治葛に関してはいくつかの興味ある謎がある。ひとつはなぜこの生薬が『種々薬帳』の最後にあげられていたのかということである。そもそも『種々薬帳』の薬物リストの順番はどのようになっていたのであろうかという謎にも通じる。

一体、この生薬はいつ我が国にもたらされたのであろうか。もちろん正倉院が成立した七五六年にはすでに存在していたはずであるが、これが遣唐使によってもたらされたのであれば、玄昉や吉備真備が帰国した七三五年なのか、あるいは鑑真や、二回目の渡唐から吉備真備も帰国した七五三〜七五四年なのであろうかということである。もし、治葛が七三五年にもたらされたとすれば、その直後の七三七年の藤原四兄弟の死にこの治葛が関わっていた可能性も疑われよう。なお、雄黄に関しては、前述のように七五二年の大仏開眼のときにはすでに日本にあったと考えられる。つまり雄黄から調製されると考えられる鴆毒は、七三七年(藤原四兄弟の死)、および七四四年(安積(あさか)親王の死)には時間的に十分に間に合っている。

さらに、当初約七・一四キロも納められたとされている治葛が、献納から一〇〇年後の八五六年にはわずか六〇七グラムに減っていたということには驚かざるを得ない。現存量は〇・三九キログラムであるから、とくにこの生薬は初期に大量に消費されたことになる。初期に使用された約六・五キログラムにもおよぶと思われる大量の治葛は一体何に使用されたのであろうか。

治葛は無味・無臭の亜砒酸とは異なり、服用の際にはおそらくかなりの刺激がある可能性も考

13 鳥越泰義、二〇〇五年、一五八頁

えられるが、「強い病に打ち勝つには強い薬が必要」という考え方があれば、多少服用しにくくとも恐ろしい病に打ち勝つためと称して服用させることも可能だったかと思われる。あるいは冶葛は皮膚病薬として外用されたのかもしれない。すなわち、その病気についてよくわからない時代には痘瘡も皮膚病としてとらえられた可能性はないであろうか。その治療や予防にも大量に使用された可能性もあろう。

もうひとつ考えられるのは、たとえば第3章で述べるが、ちょうど正倉院が成立した直後の七五七年の橘奈良麻呂の乱のときには、藤原仲麻呂に叛旗をひるがえしたとされる四四三人におよぶ人たちが仲麻呂により処刑されている。過酷な拷問によって獄死した人たちも多かったというが、毒の服用による死を強要された人たちははるかに多かったのではなかろうか。このときに冶葛が使われたとすれば、その際の大量消費も首肯できるところである。暗殺ではなくこの場合はいわば自殺の強要であるから、その薬物が服用しがたいかどうかは考慮にいれる必要もなかったはずである。

実際にこの植物の根から単離される有毒主成分のゲルセミン類のアルカロイドはかなり強い毒性を示す。その中毒症状には、呼吸麻痺、目眩、嘔吐、腹痛、下痢の他、嗜眠、全身痙攣、運動失調など多彩にわたる。鳥越も「正倉院に納められた冶葛はひょっとすると皮膚病薬を装った毒殺用の生薬だったのではないか、という疑惑もわいてきます。（中略）政争の激しかった奈良朝の時代、政敵を消すために、暗殺、毒殺、あるいは自殺を強要するためのものとして冶葛が使われたのではないかとも考えられます」[14]と述べている。

養老律令の附子と烏頭について

附子と烏頭は我が国にも自生し、毒草としてよく知られているキンポウゲ科トリカブト類（*Aconitum* 属）植物の塊根である。一株のトリカブトのうち、その年に地上部の芽を出した母根が烏頭であり、一方、翌年以降に発芽する予定のいわゆる子芋のことを附子という。その実態はこの項のコラムを参照していただきたい。

主に医薬品に使用される種々の化学物質をリストアップしているMerck Index第一二版（一九九六）には、この仲間の植物の塊根のうち、ネパール、ヒマラヤ山脈、インドに自生する*Aconitum ferox* の根の毒はとくに強く、Indian aconiteやbishまたはvishaとも呼ばれるとされている。このことから、我が国の附子の名前はインドで毒を意味するというビシュ由来ではないかとも考えられる。一方、烏頭の名前はこのものの色や形状がカラス（またはウ）の頭に似ていることからの命名である。

養老律令にある四つの毒のうち、附子と烏頭が正倉院薬物として存在するという情報は今のところない。もしかしたら、我が国にもあるものはわざわざ収蔵するまでもないとして省かれたのかもしれない。

もうひとつの可能性として、現在も謎の生薬となっているもの（たとえば次に述べる狼毒）が

---

14 鳥越泰義、二〇〇五年、一五八頁

実は附子・烏頭に該当するのかもしれない。先に挙げた『種々薬帳』に記録のある六〇種の薬物のうち五九番目にある「狼毒」は最後にあげられている「冶葛」と同じ櫃に入れられていることになっているが、現存していない。可能性として、現在は「クワズイモ（サトイモ科）、マルミノウルシ（トウダイグサ科）、瑞香狼毒（ジンチョウゲ科）[15]」などが推定されている。ところが、前出のMerck Index第一二版にはトリカブトを意味するAconiteの名称について、monkshood（修道士の頭巾／その花の形状から）の他、wolf's-bane（狼の毒）も出ていることは気になる。古来、いずれかの国にてこのように呼ばれていたものであろうか。そこで、もしかしたら、狼毒とは、この名前の通り、附子や烏頭の可能性もあるのではないかと考えていた。そのような折、正倉院薬物の調査にあたったこともある清水藤太郎の著書『日本藥學史』には、狼毒について、「中國産*Aconitum*属植物の根で有毒品[16]」とあり、トリカブト属植物の根であるとしていることを見つけた。ただし、『神農本草経』には、下品（げぼん）[17]に狼毒とともに附子や烏頭も記載されていることからこのことには疑問は残る[18]」という見方もある。トリカブト属には多くの種類があることから、そのうちのあるものの塊根をとくに狼毒と言ったのかもしれない。

---

15 鳥越泰義、二〇〇五年、九一～九二頁
16 同書三二頁
17 下薬［げやく］とも
18 岡西為人訂補、一九七二年、七九～八〇頁

正倉院雄黄は鴆の卵である

前述のように、正倉院に納められながらこのリストに掲載されていない（帳外品）薬物の一つに北倉第一一一号またはN－111と示す番号が付けられている「雄黄（おおう）」も存在する。[19]

鉱物学的には、雄黄とは我が国では「石黄（せきおう）（As_2S_3）」に相当する硫化物を意味するが、中国においては「鶏冠石（けいかんせき）（AsSまたはAs_4S_4）」に相当する硫化物であることが知られている。前者は黄土色の化合物であるが、後者は採掘されたばかりのものは鮮やかな赤色をしている化合物である。正倉院に収蔵されている雄黄は分析の結果、鶏冠石にあたるものであることがわかり、このことからもこのものは中国由来の雄黄であることが示唆される。以下これを「正倉院雄黄」と称して話を進める。

筆者はかねてから正倉院雄黄が卵の形となっていることに興味とある種の不気味さをいだいていた。「なぜ、殊更にこのような形になっているのであろう」かと。そこで、N－111とは一体いかなるものであるかということを考察することにした。

この項では、奈良の東大寺正倉院に伝わる「雄黄」の正体についての考察をし、この鳥の卵の形状をした「雄黄」は、毒鳥であるとされた「鴆」の卵を模したものではないかと結論するに至った。以下にその過程について説明する。

19　朝比奈泰彦編修、一九五五年、三二二頁／柴田承二監修、一九九〇年、一六四頁

コラム◉烏頭・附子と冶葛

本文に述べたように、養老律令には大宝律令にならって四つの毒、鴆毒、冶葛、烏頭、附子があげられている。ここでは、これらの四つの毒のうち、植物を材料とする烏頭・附子と冶葛の三つについて説明する。

烏頭と附子は我が国にも自生し、毒草としてよく知られているキンポウゲ科トリカブト属植物の塊根である。本文にも述べたように、その年に地上部を発芽させた母根を烏頭と称し、翌年以降に発芽するいわゆる子芋を附子という。この仲間の植物の代表的な有毒成分はアルカロイドのアコニチン（aconitine）であり、アコニチン類はこの植物の各部に含まれる。とくにトリカブトの芽生えは美味しそうなイメージがあるために、山菜のシドケやニリンソウなどと間違えられて中毒事件がおきている。

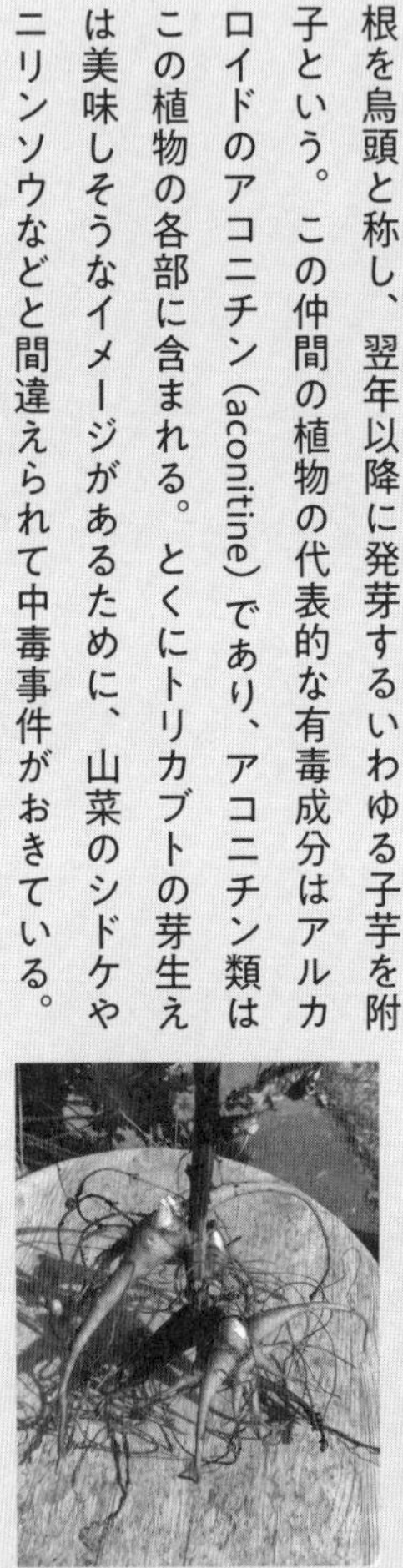

［右］トリカブト類の花。［左］芽が出た中央の黒い塊根が烏頭、その周辺についた翌年芽を出す塊根が附子

アコニチンは神経毒であり命に関わる。下にアコニチンの化学構造を示す。

一方、冶葛は長い間謎の生薬であったが、正倉院薬物の第二次調査により一九九八年、最新科学を駆使した分析により、東南アジア原産のゲルセミウム・エレガンス（*Gelsemium elegans*）というゲルセミウム科ゲルセミウム属の毒草の根の乾燥品であることがわかった。

冶葛の正体を解明したのは千葉大学薬学部の相見則朗教授（当時）らのグループである。相見らは、正倉院に帳外品N—127の番号のもとに「烏薬之属」（クスノキ科の天台烏薬（テンダイウヤク）の根の乾燥品）として収蔵されていた生薬は天台烏薬ではあり得ないと判断した。その上で、これが四つの毒のひとつとしてあげられていた冶葛ではないかとの推定のもと、その化学成分の解明に着手したのである。

アコニチン

この生薬は約三九〇グラム残されていたが、そのうち二・八グラムを抽出し、このエキスを高速液体クロマトグラフィーによる精製と、NMR（核磁気共鳴）スペクトル法などによる機器分析を駆使して分析したところ、四種のアルカロイド成分、ゲルセミン（gelsemine）、コウミン（koumine）、ゲルセヴェリン（gelseverine）、およびセンペルヴィリ

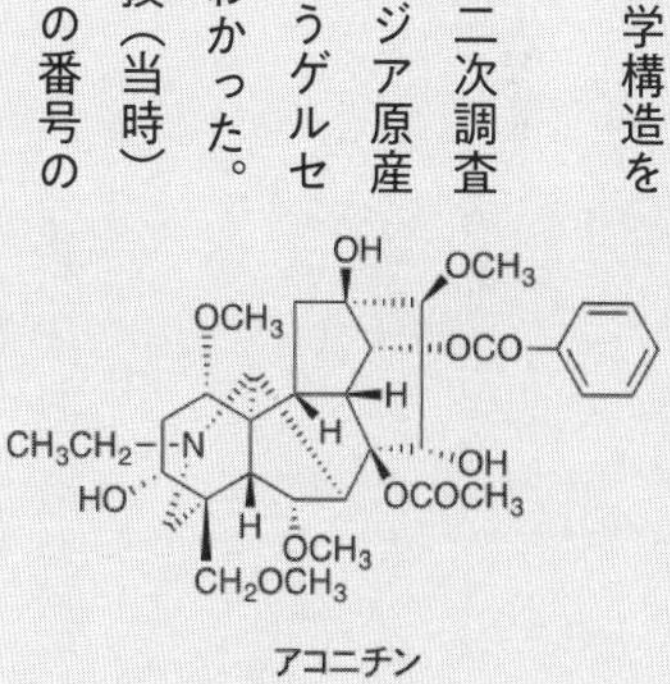

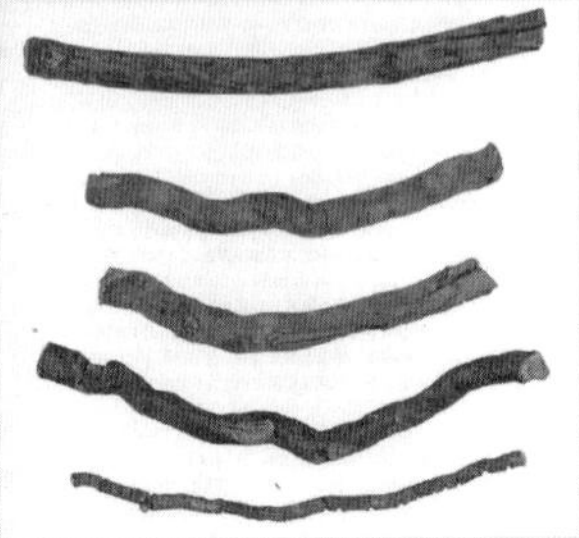

ン（sempervirine）が含まれていることが明らかとなった。この四種のアルカロイドを含む植物はタイや中国南部などの東南アジア原産のゲルセミウム・エレガンスにほかならない。

以上の知見を総合して、この「烏薬之属」とされていた生薬は、養老律令で四つの毒のひとつとされた冶葛に該当すること、そして、逆に、古代に冶葛と称されていた生薬の基原植物がゲルセミウム・エレガンスであると解明された。[1] ゲルセミウム・エレガンスには全草に有毒アルカロイドが含まれており、この生薬は現在、「胡満蔃（コマンキョウ）」として知られている。胡満蔃はかつて胡蔓根と称され、さらには胡満根となり、ついで胡満蔃となった。なお、正倉院収蔵の「冶葛」は古代の文献に冶葛と記載された世界で唯一の現存例でもある。

冶葛（『正倉院藥物』より）

次頁にゲルセミウム・エレガンスの花とゲルセミンの化学構造を示す。

なお、中国においては現在でもこの植物が絡んだ毒殺事件がおきている。例えば、二〇一二年一二月二三日、中国広東省陽春市の事件がある。地方政府高官の黄光（ホアングアン）が毒の入った猫肉火鍋を食べさせて広東省人民代表大会代表の龍利源（ロンリーユエン）を殺害した。陽春市では猫

1 M. Kitajima 他、一九九八年、一五九頁

肉を食べるのはごく一般的な習慣であるといい、黄は龍代表と一緒に猫肉火鍋を食べたが、相手の目を盗んでゲルセミウム・エレガンスの葉を鍋に入れるという殺害方法だったという。

実は、黄容疑者は龍代表の資金を使い込んでいて、二人はもめていたという。龍は鍋の味の違うことに気がついてそのことを指摘したが、まもなく倒れてしまい病院に運ばれたものの、死亡してしまった。

この植物は中国で「断腸草」とも称されるという。それは、中毒を起こした人の腸が黒く腫れ、ひどい腹痛に苦しみながら死に至ることから付いた名前といわれる。

ゲルセミウム・エレガンスの花

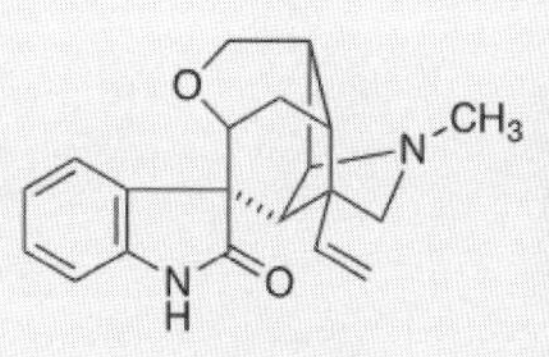

ゲルセミン

なお、この研究の一部は日本薬学会にて発表され[20]、さらに論文としてもまとめられている[21]。この項では、後者の論文をわかりやすく書き直して再掲した部分があることをお断りする。

すでに述べたように、養老律令にあげられた四つの毒（鴆毒・冶葛・烏頭・附子）のうち、烏頭と附子は我が国にも自生するトリカブト属植物の塊根であり、また、冶葛については東南アジアに産するゲルセミウム・エレガンスの根であることが明らかとなった。

ところが、鴆毒についてはその後も謎のままになっている。すなわち、鴆毒には「実在の毒鳥説」と「亜砒酸説」とがあり、現在に至っているのである。

そのひとつ目の説は実際に毒を持つ鳥の毒であるという説であり、詳しくはコラムに述べるが、筆者は現在、この説には懐疑的である。

もうひとつの説は、鴆毒とは砒素の酸化物である猛毒の亜砒酸であるという説である。亜砒酸は、「硫砒鉄鉱（FeAsS）」や「正倉院雄黄」の正体である硫化砒素に点火することによって昇華（固体のままで空中に舞う）する。昇華した亜砒酸は硫砒鉄鉱や硫化砒素を焼いた窯の上部に鳥の羽をかぶせたりして捕捉することができ、この鳥の羽に付いた亜砒酸をはたき落として集めるのである。この亜砒酸が付いた鳥の羽を、毒鳥である鴆の羽と称したことがあるという。私はこのようにして得られた亜砒酸こそ鴆毒の正体であると思う。

20　船山信次、日本薬学会第一三五年会、二〇一五年
21　船山信次、日本薬科大学教育紀要、二〇一七年

「正倉院雄黄」について

すでに述べたように、正倉院に納められた生薬の中には、七五四年に奈良の都に至った鑑真一行がもたらした薬物も多いと思われる。ただし「正倉院雄黄」については、七五二年の東大寺大仏の開眼会の際に献上されたもののひとつとなった可能性が高いことから、鑑真来日以前に伝わっていたと考えられる。そこで、当時の遣唐使の動向[22]と見比べてみると、僧玄昉や吉備真備が帰国した七三五年（天平七年）にもたらされた可能性が高いと考えられる。

正倉院雄黄は『正倉院薬物[23]』によれば、卵の形をしており、全体に橙赤色を呈し、長さは六一・三ミリ、最大径は三八ミリ、重量は一五三・七五グラムであるという。手元にある鶏卵（Lサイズ）を一〇個ほど測ってみたら、その横長は六〇〜六四ミリ、最大径が三九〜四三ミリ程度であったから似たような大きさで、鶏卵よりもう少し細長い感じである。

ちなみに、種々の野鳥の卵の形や大きさを文献で検索してみると、その形状や大きさは、ユリカモメ（長さ四五〜六二ミリ、径三二〜四二ミリ）やウミスズメ（長さ五七〜六四ミリ、径三六〜四二ミリ）のものに相当する[24]。鳥の卵は同一種においても大きさや形にバラエティーがあり、正倉院雄黄と同等の長さと形をした鳥の卵は実在するだろう。すなわち、正倉院雄黄は何らかの鳥の卵の型を取って化学物質（硫化砒素）をその形に成形した可能性が高いと考えられる。なお、

22 青木和夫、二〇〇四年、四〇二頁
23 柴田承二監修、一九九〇年、一六四頁
24 マイケル・ウォルターズ（丸武志訳・山岸哲監修）、二〇〇六年、一一二頁

『正倉院藥物』より「雄黄」

当然ながら、その型の形状を若干変えることも可能である。

前述のように、一九四八〜四九年（昭和二三〜二四年）の第一次正倉院薬物の調査において、鉱物学者の益富壽之助は、この雄黄の形状は美術品としての成型と考察している。[25]たしかに、古代人は鳥というものに対して特殊な感覚を持っていたことは確かなようで、孔雀明王（くじゃくみょうおう）や鳥地獄[26]など、鳥に関する恐れのようなものを抱いていたと思われる節もある。しかし、美術品とするならば、卵よりも鳥の形の方がよりふさわしいと思われ、わざわざ卵の形にするという意図が不可思議である。そこで、正倉院雄黄にはその卵の形状そのものに深い意味があると考えたい。

正倉院雄黄から亜砒酸の生成

中国大陸の古典『周礼（しゅらい）』（紀元前一一二〇〜二五六年の周の官制を記したもの）に、五毒と称された鉱物である雄黄（硫化砒素）や丹砂（硫化水銀）などを素焼きの壺に入れ、その後三日三晩かけて焼くと白い煙が立ち上るので、この煙で鶏の羽をいぶすと鴆の羽となり、さらにこれを酒

25 朝比奈泰彦編修、一九五五年、三三二頁
26 小林泰三、二〇〇八年、口絵

に浸すと鴆酒となるという記述がある。[27] ここにおける雄黄（As_4S_4 または AsS）を焼いて白い煙となって昇華するのは、次の式により、現在亜砒酸（As_2O_3）と称している猛毒物質である。

$$As_4S_4\text{（または }4AsS\text{）} + 7O_2 \rightarrow 2As_2O_3 + 4SO_2$$

遣唐使のうち、学問に携わった人たちは、当然ながら『周礼』の内容を知る可能性は高い。そして、この書に「正倉院雄黄」のような硫化砒素から亜砒酸を製する方法も書かれていることはとても興味深い。七三五年に唐の留学から帰国した玄昉や真備あるいは両者に近い人物が雄黄から亜砒酸を製する方法を伝えた可能性は高いのではないかと思われる。

なお、アラビアにおいても、八世紀にはすでに鶏冠石（正倉院雄黄に該当する）を焼いて亜砒酸が調製されていたという。[28] 鶏冠石は融点が三二〇度であるから、おだやかに加熱することにより溶融する。よって、正倉院雄黄は加熱溶解させた鶏冠石を型に入れて卵型に成型したものであろう。

分子量427.96の正倉院雄黄（As_4S_4）一モルから分子量197.84の亜砒酸（As_2O_3）二モルが生成することから、一五三・七五グラムあるという正倉院雄黄一個からは次の式により、亜砒酸一四二・一五グラムが得られることになる。後述のように、亜砒酸は二〇〇〜三〇〇ミリグラムで

27 宮崎正夫、一九八三年、一〇一頁
28 桜井弘、一九九七年、一七六頁

ヒト一人の致死量となるので、この量は約五〇〇～七〇〇人のヒトの命を危うくする量となる。

$$153.75 \times \frac{2 \times 197.84}{427.96}$$
$$= \frac{60835.8}{427.96}$$
$$\fallingdotseq 142.15(g)$$

正倉院雄黄は鴆の卵か

正倉院雄黄に点火すれば、亜砒酸が発生することは確かであり、私は、このことが意味することは、正倉院雄黄が卵形であることと深い関わりがあると考える。すなわち、「卵」に点火する際に上部に鳥の羽をかければあたかも母鳥が卵を暖め、孵化して鴆という鳥が生まれる如き様相となる。この卵（正倉院雄黄）を温めて（燃焼させて）生まれるのが鴆という毒鳥ということであり、すなわち、「鴆毒＝亜砒酸」となる。この様子を推定した概略図を左に示す。筒の中で、「正倉院雄黄」に点火すると亜砒酸が昇華するので、これを上にかぶせた鳥の羽で受けるとこの羽はいわば鴆の羽と化すわけである。正倉院雄黄に「猛毒を持った鳥（鴆）を生み出す卵」をイメージしたらいかがであろう。

正倉院が成立したのは七五六年であり、この時期は藤原仲麻呂の絶頂期にあたり、彼が養老律令を施行したのはその翌年の七五七年であった。この養老律令に掲げられた毒である鴆毒・冶葛・烏頭・附子のうち、附子や烏頭は国内にも自生するトリカブト類の塊茎であり、『種々薬帳』にある狼毒の可能性もある。また、冶葛は『種々薬帳』に掲載されていることがはっきりとした。であれば、養老律令に記載のある鴆毒あるいはそれに関係するものが正倉院に納められていても全く不思議はない。それこそがN－111と記録されている正倉院帳外品の「雄黄」ではなかろうか。そして、正倉院薬物のリストの中には未だに不明のものもあるから、もしかしたら、この中に亜砒酸もあるのかもしれない。いずれにせよ、容易に亜砒酸に変化する化合物（正倉院雄黄）のあることは確かであることから、このことにより、正倉院には四つの毒に関連するものがすべて存在していたということにもなりうる。

以上の考察を総合し、正倉院雄黄は「鴆の卵」というメッセージであったのではないかと結論する。「正倉院雄黄＝鴆の卵」であればこの謎がすっきりと解決でき、鴆毒＝亜砒酸であると無理なく説明できるのである。おそらく正倉院雄黄は当初複数個あったに違いない。

化学という概念すらなかった当時、この卵の形をしており、初めは赤色をしている鶏冠石に点火すると、純白の亜砒

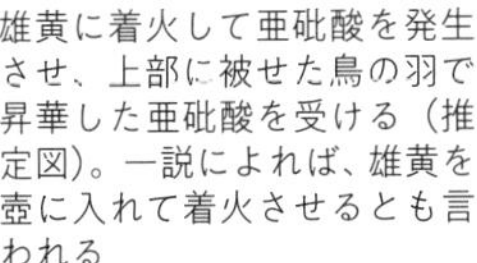

雄黄に着火して亜砒酸を発生させ、上部に被せた鳥の羽で昇華した亜砒酸を受ける（推定図）。一説によれば、雄黄を壺に入れて着火させるとも言われる

酸が昇華することは、古代の人々にはとても幻想的に見えたはずである。そして、この純白の昇華物が得られる現象は、まさに鴆鳥の羽化を思わせる様子だったのではなかろうか。しかも、生成する亜砒酸は無色であり無味無臭であるにもかかわらず猛毒であり、この性質は、たとえば暗殺にはうってつけのものであった。古代の人々がこれらのことがらをどう理解しようとし、また応用したのか、まことに興味深い。

亜砒酸とは

すでに述べたように、鴆毒の正体は現在亜砒酸と称している化合物である可能性が高いと考えている。そこで亜砒酸について少し説明しておきたい。

亜砒酸は別に、三酸化二砒素、三酸化砒素、あるいは酸化砒素(Ⅲ)などとも称される。なお、分子式 As_2O_3 で示されるこの化合物のことを慣例的に亜砒酸と称しているが、実際にはこの分子式を有する化合物に亜砒酸という名称を使うのは化学的には正しくない。正確には亜砒酸とはこの化合物一分子に水三分子が加わった(ものをさらに半分にした) H_3AsO_3 (= As_2O_3 ・ $3H_2O/2$)のことである。よって、As_2O_3 のことは正確には無水亜砒酸と言わなければならないが、一般にはこの化合物は単に亜砒酸と呼ばれることが多いのでこの慣例に従った。さらに、一般に「砒素中毒」といわれるときの砒素も亜砒酸のことが多い。これまでに知られている種々の砒素化合物の中で亜砒酸の毒性は最も高いのである。

すでにお気づきの方も多いと思うが、亜砒酸という名称はこの化合物の化学的性質がわかってからの名称であり、古代には亜砒酸の化学的本質について知るよしもない。亜砒酸は、我が国では、かつては「白砒石（はくひせき）」などと呼ばれていた。また、中国では「砒霜」の名で呼ばれ、しばしば暗殺の目的で使用されたという。その他、「砒石」や「砒華」などの名称も使われたようである。なお、我が国では亜砒酸は銀山で副産物として得られたことから「銀の毒」、さらには、銀の産地名に因んで隠語的に「石見（いわみ）銀山」などと称されることもあった。殺鼠剤に使われたが、暗殺にも用いられたという。ここでは以上の事情を考慮に入れつつ、この化合物名として現代の通称である亜砒酸を使用している。

現在、一般に亜砒酸を製造するときには、銀などを採掘する際に同時に得られる硫砒鉄鉱（FeAsS）と称される鉱物を窯に入れて点火する。

硫砒鉄鉱に火がつけば、以下の式に従って亜砒酸を生じる。この過程は先に述べた硫化砒素に火をつけた場合によく似ている。

$$2FeAsS + 5O_2 \rightarrow As_2O_3 + Fe_2O_3 + 2SO_2$$

近代以降、毒ガス製造用や他の工業用として大量の亜砒酸が生産されることになった。この際には、細長い上り窯のような設備の下端で硫砒鉄鉱に火をつけ、燃焼後、昇華して窯の壁にこびりついた亜砒酸をかきとる。また、この上り窯の最上部を煙突のようにし、その上端には檜皮の薄板をかぶせて最終的な亜砒酸のトラップとしたという。一九二〇～一九四一年および一九五五

〜一九六二年にかけて、宮崎県の土呂久でこのような亜砒酸製造が行われた。これを「亜砒焼き」と言い、結果として、土呂久砒素公害をひきおこし、被害者に皮膚の色素異常、角化、皮膚癌、鼻中隔欠損、肺癌などをきたした。[29]

中世イタリアのルネサンス期に、チューザレ・ボルジア（一四七五〜一五〇七）とルクレツィア・ボルジア（一四八〇〜一五一九）の兄妹を出したボルジア家はカンタレラという毒薬でも有名である。カンタレラは投与の仕方により、相手を即死させることも徐々に殺すこともできたという。この毒薬は、豚を殺して逆さに吊り、その腸内に亜砒酸を入れ、腐敗させた後に乾かして作るという。この毒性成分については、腐敗アルカロイドのプトマイン影響説もあるが、結局のところ主成分は亜砒酸であると考えられる。

また、亜砒酸は一九九八年七月二五日に、後に「和歌山毒カレー事件」と呼ばれるようになった忌まわしい事件で使われたこともある。この事件では、夏祭りでカレーを食べた六七人が腹痛や吐き気などを訴えて病院に搬送され、そのうち四人が亡くなった。

現在、亜砒酸は殺鼠剤や農薬、防腐剤などに応用されている。また、金属砒素は主に亜砒酸を還元して作られ、高純度の金属砒素はＬＥＤや半導体基板などの重要な素材の原料としてなくてはならないものでもある。

亜砒酸は水によく溶け、無味無臭である。また、特異な色や味やにおいもないので、古代では、まさに「理想的な」暗殺薬であったといえる。しかし、一八三六年に砒素の鋭敏な検出法（マー

29　川原一之、一九八〇年

シュ法）が考え出されてからは、砒素は少量でも、また、死後長くたっても検出可能になった。そのため、亜砒酸はその後「愚者の毒」とも称されることになった。

亜砒酸は経口的に摂取すると約二〇パーセントが消化管から吸収されるという。また、経気道では肺からよく吸収される。砒素は種々の酵素のSH基に強く結合し、非特異的な酵素阻害作用を示す。

亜砒酸中毒による急性症状は、消化管の刺激により、吐き気、嘔吐、下痢、激しい腹痛などがみられ、大量に服用すると、一般に急性的な症状が発現し、胃の激痛、嘔吐、コレラ様の下痢をおこしてショック状態から最悪の場合死に至る。一方、微量ずつ服用し続けると、一般的に慢性的な作用があらわれ、剝離性の皮膚炎や過度の色素沈着、肝臓や腎臓の障害、末梢性神経炎、下肢のしびれ、手掌の角化、黄疸、食欲不振などがおき、全身衰弱で最悪の場合死に至る。以上のように亜砒酸中毒は様々な症状を示すことから、他の病気と間違えられることも多かった。この理由からも亜砒酸はその鋭敏な検出法が開発されるまでは、暗殺用の毒として重宝されたのである。

現在、亜砒酸は毒薬に指定されており、そのマウスに対するLD_{50}値（半数致死量＝投与された動物の半数が死に至ると推定される量。この値が小さいほど毒性が高いということになる）は一キログラムあたり三九・四ミリグラム（経口投与）とされている。一方、ヒト（成人）に対する致死量は二〇〇〜三〇〇ミリグラム／人とも言われるので、ヒトの体重を約六〇キロ程度とすれば、そのLD_{50}値は一キログラムあたり三〜五ミリグラム（経口投与）となる。よって、ヒトはマウスよりも亜砒酸に対する感受性が一〇倍程度高いようである。

一方、亜砒酸は二〇一六年に施行された第一七改正日本薬局方においても「亜ヒ酸パスタ」の主成分として掲載されており、[30] れっきとした医薬品でもある。二〇〇四年には、亜砒酸が急性前骨髄球性白血病の治療薬としても認められることになった。

なお、砒素中毒に対する積極的な治療法（解毒薬）としては、前述のように、砒素は酵素のSH基と結びつくので、それを遊離させるようにする化合物が応用されることになる。そして、この目的のためにはBAL（British Anti-Lewisite）が使用されている。

古代では、痘瘡（もがさ）（天然痘）のような手強い病には、強い薬（毒）で対抗するという考え方があった。よって、亜砒酸に強い毒性のあることは知っていても、たとえば、「痘瘡の治療や予防には、（当時、おそらく高貴な人しか服用できなかったであろう亜砒酸を含む強い薬である）『五毒』を服用する必要がある」と言って亜砒酸を調製し、服用させて暗殺を謀ったような可能性は十分にあると思う。

30　日本薬局方解説書編集委員会、二〇一六年、C一九六頁）

コラム◉鴆とニューギニアの毒鳥

本文において、鴆毒の可能性として、実在の毒鳥がいて、その毒のことを鴆毒と言ったのではないかという話をした。

実際に、中国大陸において一五九六年に上梓された『本草綱目』には有毒鳥の「鴆」の図が示されており、説明には毒へビを食べてその毒を蓄積するとある。そして図にはへビをとらえて食べようとしている大型鳥が描かれている。[1]

しかし、過去には「毒を持つ鳥の存在など荒唐無稽なものである」とされていた。毒を持つ動物はもっと下等な動物であり、「まさか毒を持つ鳥なんて存在するまい」、すなわち荒唐無稽な珍説という考えが強かったのである。なお、『本草綱目』には種々の版が刊行されており、ここに示すのはその一例である。この図に描かれている鴆は、毒へびも食べるというへビクイワシの姿（写真）とよく似ていると思う。

しかしながら、その後、毒を持つ鳥が実際に見つかった。一九九二年、シカゴ大学の研究者たちがパプア・ニューギニアで見つけたのである。[2] これらはいずれもピトフィ属の三種

1　李時珍、一九三〇年、下巻八七頁
2　Dambacker ら、一九九二年、七九九頁

の鳥で、ハトより少し小さめの鳥である。現地ではこれらの鳥のことを「くず鳥」といって、皮膚などを完全に取り去らないと食べられないとされていた。

その毒は羽毛や皮膚などに分布し、分析の結果、主成分は中南米のヤドクガエルの毒成分のひとつであるホモバトラコトキシンであることがわかった。次にヤドクガエルの一種であるコバルトヤドクガエルの写真と、ホモバトラコトキシンおよびバトラコトキシンの化学構造を示す。

このように、毒を有する鳥の実在が明らかになったことから、この時点で、毒鳥存在説は荒唐無稽として簡単に葬り去ることは出来なくなったのである。[3]

一九九二年にパプア・ニューギニアで発見された毒鳥の羽には、ホモバトラコトキシンが一羽あたり約二〇マイクログラム検出されている。ホモバトラコトキシンのマウスに対する毒性（LD_{50}値）は一キログラムあたり三マイクロ

『本草綱目』より「鴆」

ヘビクイワシ

3　船山信次、一九九三年、一一四四頁

Science 誌（三種の有毒鳥）
表紙より

バトラコトキシン　$R = CH_3$
ホモバトラコトキシン　$R = CH_2CH_3$

グラムである。よって、人間に対する毒性がマウスに対するのと同等とすれば、この毒鳥一〇羽ほどの羽を酒で抽出したものは、体重六〇キログラムのヒトのLD_{50}値を超える。

しかし、それだけの毒鳥を集めて毒を抽出する作業が行われたとすれば、その様子や方法についての記録が残っていてもよさそうであるが、それが全く見あたらない。一方、もしかしたら過去には実際に暗殺にもっと容易に使えるような別の有毒鳥がいたのではないかという説も出されている。しかし、著者は、もしそのような鳥が存在したならば、その毒鳥のもっと具体的な記述や体の一部がどこかに残っていてもよさそうなものと考える。ところが、そのような記録は全く見当たらない。

六五三年に唐で編纂された『唐律疏義（とうりつそぎ）』では毒薬の筆頭に挙げられていた鴆毒であったが、六五九年に著された『新修本草』になると、鴆鳥はその巻二十にすでに「有名無用」、すなわち、存在不詳とされている。この位置付けはのちに刊行された『大観本草』や『政和本草』などに踏襲されることになった。[4]

以上のことから筆者は、この世に毒鳥は存在するものの、暗殺などに頻出する鴆の正体とはなりえないのではないかと考えている。そして、鴆毒の正体は本文に書いたように亜砒酸であったろうと考える。

4 鳥越泰義、一六一頁

第2章

天平の幕開け――平城京遷都、長屋王の変、光明子の立后など

前の章では天平時代に四つの毒としてすでに知られていた、鴆毒、冶葛、およびトリカブト毒（烏頭と附子）について、正倉院の成立との関係とからめて述べてきた。この章では、これらの毒を手にした古代の人々がこれらの毒とどのように関わったか、あるいはこれらの毒がからむ事件を看過せざるを得なかったについて述べていきたい。その有様を天平という時代と、この時代に生きて名前を残した人々との関係で見ていきたいと思う。

結局、これらの毒と人間関係も『竹取物語』が成立する大きな要因となっていることに気がついてくださることと思う。

あをによし奈良の都は咲く花のにほふがごとく今盛りなり

（大宰少弐小野老朝臣、三―三二八）

小野老（おののおゆ）（?〜七三七）により「咲く花のにほふがごとく」と『万葉集』に美しくうたいあげられた奈良の都の天平時代であったが、実際には、謀略にみちた政争にあけくれた時期であった。この背景には女帝と、女帝を利用した藤原家を中心とした政府高官の動き、そして、義淵（ぎえん）や、行基、鑑真、良弁、玄昉や道鏡といった高僧と称される存在もあった。

なお、小野老は、遣隋使として、「日出ずる処の天子、書を日没する処の天子に致す、恙（つつが）無きや」と記した聖徳太子の信書を煬帝（ようだい）に持参した、かの著名な小野妹子の曾孫にあたるが、この歌を詠んだとき、彼は実際には奈良の都にはおらず、大宰府にいた。この場所の行政地名は、現在「太宰府」と表記されるが、古代の役所をいう場合は「大宰府」と表記するという。[1] よって、この本でもこの表記に従っている。

飛鳥時代を経て七一〇年に平城京への遷都が行われ、八世紀末に平安京遷都が行われるまでの奈良時代にかけては女性天皇が多く即位した。この期間の延べ一八人の天皇のうち、推古・皇極・斉明（重祚）・持統・元明・元正・孝謙・称徳（重祚）の延べ八人が女性天皇である。

この章では、奈良時代の女性権力者たちと女性権力者のまわりに跋扈（ばっこ）した様々な人々、とくに藤原家周辺の人間模様を様々な出来事とからめて語っていこうと思う。

女性権力者のもとに徐々に政界を牛耳るようになったのが藤原家の人々である。そのきっかけとなったのが、文武天皇（六八三〜七〇七／在位六九七〜七〇七）への藤原宮子の輿入れであっ

1　三上喜孝、二〇一八年、九四頁

た。

宮子は藤原不比等の長女という触れ込みであったが、これには隠された真実があった。宮子が不比等の実子ではなかったということである。にもかかわらず宮子は文武天皇に嫁いで、後の聖武天皇の母となった。

この、宮子が将来の天皇の母となったことが、いわば「かぐや姫＝宮子」の誕生であり、それ以降の藤原家の興隆の礎(いしずえ)となり、それがゆえに数多くの事件が起こった。そして、これらの事件の中には当時の毒が関わっているものもあると思われ、それぞれの人間関係や事件が『竹取物語』の話の伏線となっているというのが私の考えである。

藤原京から平城京へ

七一〇年に元明天皇（六六一～七二一）が都を平城京に移したのち、七八五年に平安京に移るまでの間を奈良時代と称するが、ここでは話をその少し前の飛鳥時代からはじめることにする。

女流歌人としても有名な額田王(ぬかたのおおきみ)をめぐって、ムラサキ（紫）やアカネ（茜）の歌をかわした天智天皇とその弟とされる大海人皇子(おおあまのみこ)（後の天武天皇）がいる。

この歌は薬狩りの際に詠ったものとされる。額田王ははじめ大海人皇子に嫁し（采女だったという説もある）、十市皇女(とおちのひめみこ)が生まれていたが、この歌の当時は天智天皇の後宮に入っていた。

額田王は次のように歌う。

あかねさす　紫野行き標野行き野守は見ずや君が袖振る（巻一―二〇）

これに対する大海人皇子の返歌は次のとおりである。

紫草のにほへる妹を憎くあらば人妻ゆゑにわれ恋ひめやも（巻一―二一）

これらの歌が詠われる以前の皇極天皇・中大兄皇子時代（六四五年）に、まだ即位前の天智天皇と一緒に乙巳の変を起こし、それに続く大化の改新を行ったのが中臣鎌足である。鎌足はその死に際して天智天皇に藤原の姓を賜り、藤原鎌足となった。その次男が藤原不比等であるが、彼は、壬申の乱後の天武天皇治世の時代には影をひそめていた。その後、不比等が天智天皇の娘で天武天皇の皇后であった持統天皇の信任を得たころから藤原家の繁栄がはじまる。

一方、飛鳥～奈良時代には六人の女帝が延べ八代にわたって存在するが、とくに天武天皇の死によって持統天皇が即位してから、延べ五代の女帝が誕生し、まさに女帝と藤原家の時代ともいえるようになった。

平城京とは

六九四年、持統天皇の代に都が藤原京に遷されたが、その後、七一〇年三月一〇日には、都がさらに平城京に遷された。やはり女帝の元明天皇のときであった。

平城京の主体部の面積は藤原京の約三倍、東西四・三キロメートル南北四・八キロメートルである。都の中央には南北に幅約七四メートルの朱雀大路（すざくおおじ）が通り、この大路をはさんで東側を左京、右側を右京と呼ぶ。この呼び方は、天子が北に居て南を向いて臣下に対面するという天子南面の中国思想に基づくものである。

都が藤原京に置かれたのは六九四年のことであるから、その期間はわずかに一六年間であった。この時代、おそらくほとんどの建物は移築可能の状態であり、これらの材料を用いて新しい都の建物が造られたのであろう。平城京は唐の長安城をモデルに造営されたが、平城京には長安城にはない外京と右京北辺もみられる。この外京と右京北辺を入れると平城京の面積は藤原京の約三倍半となる。以上のことから外京と右京も含めた平城京の面積は約二四〇八万平方メートル、東京ドーム（約四万七〇〇〇平方メートル）の五一〇倍強となる。

都の町割りは正方形に区画されており、左京では南北に中央の朱雀大路から順に東一坊大路〜東四坊大路が、右京ではやはり朱雀大路から順に南北に西一坊大路〜西四坊大路と南北に道路が伸びて全部で八区画に分けられていた。また、東西に延びる道路として、大内裏の北辺を通る一条北大路から平城宮の中央と交差する一条南大路、そして、平城宮の南辺を通る二条大路と続き、都の南辺を通る九条大路まで九区画に分けられていた。以上のような南北の区画を条と呼び、東西の区画を坊と呼ぶ町割りを「条坊制」という。

都の中央には大安寺、薬師寺、元興寺、興福寺、東大寺、西大寺、そして都の外にある法隆寺を入れていわゆる南都七大寺が建立された。その後、平城京の東に隣接する藤原不比等邸が法華寺となり、この寺の北東の隅に藤原宮子が住んでいたといわれる海龍王寺がひっそりとたたずむ。

平城宮には毎日約一万人近い役人が出勤して仕事をしており、平城京にはこれらの役人を含め約一〇万人程度の人々が住んでいたと考えられている。

古事記や日本書紀、懐風藻、万葉集、風土記の編纂

この時代、和同開珎のような貨幣の発行とともに国史や地誌の編纂も行われた。『古事記』や『日本書紀』、『風土記』などである。『古事記』は「ふることとふみ」（古き事を記した史(ふみ)）という意味であり、一方、『日本書紀』は「日本」という国号を書名にしていることからも示されるように、日本の正史として書かれたものである。

我が国最古の歴史書である『古事記』はもともと、天武天皇の勅命で稗田阿礼(ひえだのあれ)（生没年不詳）が誦習した帝紀および先代の旧辞を、元明天皇の勅によって、太安万侶(おおのやすまろ)（?~七二三）が撰録して七一二年に三巻として成立した。『古事記』の上巻は天地開闢(かいびゃく)から鵜葺草葺不合命(うがやふきあえずのみこと)まで、中巻は神武天皇から応神天皇まで、そして、下巻は仁徳天皇から推古天皇までの記事を収めている。『古事記』にある「因幡(いなば)の白兎」の話は、日本における薬の使用についての最古の記録として知られている。皮をはがれた白兎が通りかかった大国主命(おおくにぬしのみこと)によって、蒲(ガマ)の穂を使うことを教わり救われたという話である。ガマはオモダカ科の多年草で、ガマの穂から生じる花粉は現在でも生

薬名を蒲黄と称して、止血薬として外用に用いられる。一九七九年一月、奈良市比瀬町から太安万侶の墓が発見され大きな話題となった。この墓は平城京跡の東約一〇キロ離れた茶畑の中にあり、この墓から墓誌と遺骨が発見されたのである。

一方、『日本書紀』は天武天皇の皇子のひとりとして生まれた舎人親王（六七六〜七三五）によって編纂された。この三〇巻からなる『日本書紀』は、七二〇年（養老四年）、元正天皇のときに成立し、神代より持統天皇に至る内容を含む。なお、『古事記』や『日本書紀』の実際の編纂に深く関与したのは藤原不比等ではなかったかとされている。また、『懐風藻』（七五一年）や『万葉集』（七七〇年頃）もこの時期に成立している。前者の代表的な詩人は天武天皇の皇子のひとりで、鸕野讃良皇后（後の持統天皇）の手で処刑された大津皇子（六六三〜六八六）であった。そして『万葉集』の編者は大伴家持であるといわれている。

さらに律令政府は七一三年（和銅六年）、元明天皇の詔によって諸国に対してその国の地名の由来や産物・伝承などを記したものの作成を命じた。これが『風土記』である。畿内の七道諸国に対して、①郡・郷の名には好字をつけよ、②その郡内に生ずる銀・銅、染色材料、草木、禽獣、魚虫などの詳しい実態を記せ、③田地が肥沃であるかどうかを記せ、④山川原野の名の由来を記せ、⑤古老が伝える伝承などを記して報告せよ、とした。この命令により、諸国から『風土記』が上申され、律令国家の地方への勢力拡大と諸国の実態を知ることができたわけである。このうち、現在まで残っているものは、出雲（島根県）、常陸（茨城県）、播磨（兵庫県）、豊後（大分県）、および肥前（長崎県）風土記の五つで、そのうち、完本として残っているものは出雲風土記のみである。

持統天皇と藤原不比等

奈良時代は女性が権力を持った時代ともいえる。そのきっかけは、天武天皇の皇后であった持統天皇が即位したことであろう。持統天皇は息子の草壁皇子（六六二～六八九）が夭折したために即位したのだが、斉明天皇（五九四～六六一）以来の女性天皇であった。

さらに、六九七年二月には、草壁皇子と阿閇皇女との間に生まれた軽皇子（六八三～七〇七）が一五歳で立太子、そして、同年八月に即位し文武天皇となった。しかし、文武天皇も七〇七年六月に早逝したことから、母親の阿閇皇女が即位し、元明天皇となった。元明天皇のあとには娘の氷高皇女（六八〇～七四八）が元正天皇として即位する。これは文武天皇の子の首皇子（後の聖武天皇／七〇一～七五六）の成長を待つためであった。

元明天皇や元正天皇を経て聖武天皇が即位するころから、天皇の名が表には出てはくるものの、天皇の周辺の人々の影も強くなってきていることに気がつく。藤原不比等やその四人の息子たち、光明皇后、藤原仲麻呂、県犬養橘三千代（六六五?～七三三）、橘諸兄、僧玄昉、吉備真備、道鏡らである。中でも光明皇后は実質的な天皇のような権力を掌握した女性であった。玄昉や道鏡は看護僧という立場を利用して、それぞれ、光明子に近い藤原宮子や孝謙天皇に近付いた。光明子の甥にあたる藤原仲麻呂も紫微中台（しびちゅうだい）という組織を通して、光明子やその娘の孝謙天皇に近付き利用したのであった。

女帝の時代と藤原不比等

奈良時代は延べ八代の天皇のうち四代が女帝（元明天皇、元正天皇、孝謙天皇、称徳天皇［孝謙天皇重祚］）であった。一方、男帝としては、聖武天皇や淳仁天皇らが存在した。しかし、聖武天皇は在位年数こそ長かったものの、この時期は光明皇后が厳然たる力を有していて、天皇は影になってしまっていたように思われる。また、聖武天皇の譲位にともなって即位した孝謙天皇のあとに即位したのが淳仁天皇（在位七五八〜七六四、淡路廃帝）であったが、淳仁天皇は後述の藤原仲麻呂の完全な傀儡であり、その背後には孝謙上皇や七六〇年まで存命した光明皇太后もいた。

すなわち、奈良時代七五年の歴史のうち、男帝が中心だったのは、その末期の光仁天皇の一〇年間と、桓武天皇の長岡遷都以前の四年間の期間しかなかったともいえる。

鸕野讃良皇后と大津皇子

六八六年九月九日に天武天皇が亡くなり、鸕野讃良皇后による称制（即位せずに統治）が開始された。この状態は、六九〇年に皇后が持統天皇として即位するまで続く。

天武天皇が亡くなってまもなくの六八六年九月二四日、鸕野讃良皇后の同母姉の大田皇女（おおたのひめみこ）と天

コラム◉元明天皇と和同開珎

埼玉県北部を走る秩父鉄道の和銅黒谷駅の近くに、七〇八年（和銅元年）二月一三日に創建されたという聖神社がある。聖神社には、採掘された銅石と元明天皇下賜という銅製の蜈蚣（百足）が御神宝として納められている。そして、この神社の脇の道を一〇分ほど歩くと、古い銅の露天掘り採掘現場に至る。

七〇八年正月一一日、元明天皇は、武蔵国秩父郡から発見された和銅（熟銅＝純度が高く精錬を要しない自然銅）献上の儀が挙行されたのを機に、年号をそれまでの慶雲から和銅と改めたという。そして、翌月の一一日には貨幣の鋳造をつかさどる催鋳銭司が置かれ、その四日後には、一六年ほど力をつくして造営してきた飛鳥藤原の都を去って盆地の北端奈良山の南に壮大な都を建設しようという廟議が決定した。[1]

この時期につくられた貨幣が和同開珎である。和同開珎として七〇九年五月に最初に発行されたのは銀銭であるが、その年の七月には近江国に銅銭の鋳造を命じ、八月には銅銭が発行された。

1　青木和夫、一九七三年、七二頁

この七〇九年に発行された銀銭と銅銭の二種類の和同開珎が長い間我が国最初の貨幣と考えられていたが、実はそれ以前の天武天皇のとき（六八三年ころ）に「富本銭（ふほんせん）」という貨幣が鋳造されていたことが後にわかった。ただし、このものは広く貨幣として流通していたと断定しうる証拠はなく、宗教的な目的の厭勝銭（ようしょうせん）として造られた可能性もあるという。

その後、奈良時代においては七六〇年（天平宝字四年）の淳仁天皇の時代に万年通宝、七六五年（天平神護元年）の称徳天皇の時代には神功開宝が発行されている。さらに平安時代を通しては九種の銅銭が発行され、先に発行された和同開珎とこれらを総合して皇朝（本朝）十二銭と呼ばれている。

和銅採掘露天掘跡にて（筆者）

武天皇との間に生まれた大津皇子の謀反事件が勃発する。ときの皇太子である草壁皇子に危害を加えようと企んだというのである。

大津皇子は六八六年一〇月二日に捕らえられ、翌日には処刑されてしまう。二四歳であった。この際、大津皇子の妃の山辺皇女（やまのへのひめみこ）は髪をふりみだして裸足でかけつけ、夫の後を追ったので、その場にいたものは誰もがすすり泣いたという。

罪人として簡略に葬られた大津皇子の屍は、伊勢から朝廷の許しを得ることなく都に戻った姉の大来皇女（おおくのひめみこ）によって、奈良で最も目立つ二上山（ふたかみやま）の山頂へと移されてそこに鄭重に葬り改められたとされる（一説によれば山の麓に見つかった鳥谷口（とりたにぐち）古墳が埋葬された墓とも言われる）。

そのときの大来皇女の歌が万葉集二―一六五にある。

うつそみの人なる吾（われ）や明日よりは二上山（ふたかみやま）を兄弟（いろせ）とわが見む

二〇一九年一一月の末、私は講演のために大阪を訪れたのを機会に足を延ばし、講演主催者の案内で、近鉄の二上神社口（にじょうじんじゃぐち）駅を始点として二上山の周辺を歩いてみた。この道中、遠くに様々に形を変えて見える二上山が望める。ときおり足をとめ、二上山の美しい山際を大津皇子の悲劇を頭に思い浮かばせながら眺めたのを覚えている。

大津皇子は前述のように『懐風藻』の詩人のひとりであり、人望も厚い人物だったようである。しかも、この事件の際にきつく処分されたのはほぼ大津皇子だけであった。そのためもあり、

二上山を望む（2019年11月）

これは実子の草壁皇子を偏愛する鸕野讃良皇后による謀略であったというのが定説となっている。天武天皇の死にともない、将来の天皇候補として大津皇子は草壁皇子の最も強力なライバルであったからである。また、大来皇女の行為（朝廷の許しのないまま都に戻ったことと改葬）は明らかに鸕野讃良皇后への無言の抗議だったが、この行為に対して、引け目のある皇后はなんらの手も打てなかったということになる。

　持統天皇は天武天皇の后であったときに、天武の病気の平癒を祈って藤原京に薬師寺を建立した。この薬師寺はやがて平城京に移されるが、平城京の薬師寺と区別するために当初建立された薬師寺の方は本薬師寺（もとやくしじ）と称されるようになった。本薬師寺はまた元薬師寺あるいは藤原京薬師寺とも称される。

　現在の奈良の薬師寺の薬師三尊像（薬師如来と日光・月光菩薩の両脇侍（わきじ））はこの時代の仏像の傑作とされる。薬師如来像の台座にある明らかに異国の人々の様子や葡萄唐草模様などは我が国がまさにシルクロードの終点であることを強く意識させるものである。また、向かって右側の脇侍が日光菩薩、左側の脇侍が月光菩薩であるが、日光・月光両菩薩が存在することで、昼も夜も一日中人々を守るということを暗示しているという。

　なお、この薬師三尊像については、本薬師寺にあったものを現在の薬師寺に移したものか、あるいは、今の薬師寺が建立されたときに造像されたものかという二つの説がある。もしも薬師三尊像が本薬師寺から移したものであれば、この像は飛鳥時代後半~平城遷都までにあたる白鳳時代に建立された白鳳仏ということになるが、現在の薬師寺が出来てからの建立であれば、白鳳仏ではなく天平仏ということになる。現在、この薬師三尊像は、『日本書紀』によれば六九七年七月二九日に開眼法要が行われたと考えられ、白鳳時代を代表する金銅仏とされている。なお、天平時代という語には、年号が天平である七二九年~七四九年に限って指す場合もあるが、奈良時代全般を指すという場合もある。この美術史における使い方は、七一〇年に平城京に遷都して以来の奈良時代全般という意味での使い方である。

天武天皇と持統天皇の二人は同じところに埋葬されている。そのため、一見、美しい夫婦愛のように思われるが、実は、持統天皇は結構恐ろしい女人だった可能性が高い。

持統天皇と県犬養三千代

持統天皇は天武天皇の后であり、天智天皇の娘でもある。持統の実母遠智娘（おちのいらつめ）の父である蘇我倉山田石川麻呂（そがのくらやまだのいしかわまろ）は、乙巳の変から大化の改新において、天智天皇らに利用された後に虐殺され、その生首が塩漬けとされたものを落智娘に見せたことから、落智娘は精神的に追いつめられ狂死したという。持統の母親の落智娘は天智天皇によって、いわば間接的に殺されたともいえ、持統天皇は父の天智天皇に恨みを持っていたふしもあるという。

天武天皇と持統の間に生まれた草壁皇子は即位することなく若くして亡くなってしまったが、

草壁皇子の子である軽皇子は即位して文武天皇となる。文武天皇は天武・持統天皇の孫であり、また天智天皇の曾孫にもあたるわけである。やがて、この軽皇子の後見人として登用された藤原不比等が頭角を現してくる。そして、文武天皇のもとに、藤原不比等の長女とされる藤原宮子が嫁ぎ、二人の間に首皇子、のちの聖武天皇が生まれることになる。

七〇一年（大宝元年）、大宝律令が完成し、この功績もあって、編纂に携わった藤原不比等は大納言となった。この年はまた、藤原宮子が首皇子を産んだ年でもあり、安宿媛(七〇一～七六〇)が不比等と県犬養三千代との間に誕生した年でもある。

県犬養三千代はもともと美努王（?～七〇八）に嫁し、葛城王（後の橘諸兄）ら二男一女を産んでいたが、その後、藤原不比等と親密になり、生まれたのが安宿媛である。三千代は信心深い女性だったようで、その遺品として、法隆寺蔵の橘夫人念持仏は有名である。

藤原不比等の出自とその子供たち

藤原不比等の父親とされる中臣鎌足は六四五年の乙巳の変から大化の改新の中心人物の一人であり、その死にあたって天智天皇から「藤原」の姓を賜った。不比等は鎌足の次男ということになっているが、天智天皇の御落胤という説もある。そうだとすれば、不比等は藤原鎌足との血の繋がりはなく、持統天皇とは一四歳違いの異母姉弟ということになる。

持統天皇は当時親しくしていた藤原不比等の私邸を宮としていたというが[2]、異母姉弟という

2　関裕二、二〇一一年、二三三頁

関係があれば、このような親しい関係も頷ける。

実は、天智天皇が亡くなり、壬申の乱を経て、天武天皇が即位（六七三年）したのち、しばらくの間、藤原不比等の名前は歴史に出てこない。再びその名を現すのは、持統天皇三年（六八九年）のことである。そのとき不比等は三一歳。六六九年に藤原鎌足が亡くなってからほぼ二〇年間も、分流の中臣氏を別とすれば、藤原氏の名は史上に全く現れないのである。これは壬申の乱において中臣鎌足がついていた天智天皇側が破れたことにも関連があるとされる。

その後、藤原不比等が認められるようになるのは、持統天皇が即位してからであった。そして、六九八年（文武天皇二年）には、藤原不比等の子孫のみが藤原姓を名乗り太政官の官職につくことができるとされた。藤原不比等の従兄弟たちは、藤原鎌足の元の姓である中臣朝臣姓とされ、神祇官として祭祀のみを担当することと明確に分けられたのである。このため、藤原不比等が藤原氏の実質的な家祖と解することもできるという。

藤原不比等はその後、文武天皇、そして元明天皇、元正天皇の二人の女帝に仕えることによってその地位を上げていく。さらに、不比等は、元明天皇の息子である文武天皇に藤原宮子を嫁がせ、宮子が首皇子を産んだこと、そして、この聖武天皇に自分の三女である光明子を嫁がせることによって天皇家に深くくい込みその地位を盤石なものとしていった。

藤原不比等には四人の娘が知られており、その中で一番の年長が藤原宮子である。宮子については後述する。そして、その下の娘が長屋王(ながやおう)と結ばれ、黄文王(きぶみおう)や安宿王(あすかべおう)らを産んだ長娥子(ながこ)であり、藤原光明子が三女である。なお、光明子の妹の多比能(たびの)は橘諸兄に嫁ぎ、後に乱を起こす橘奈良麻

天皇と藤原氏の結びつき

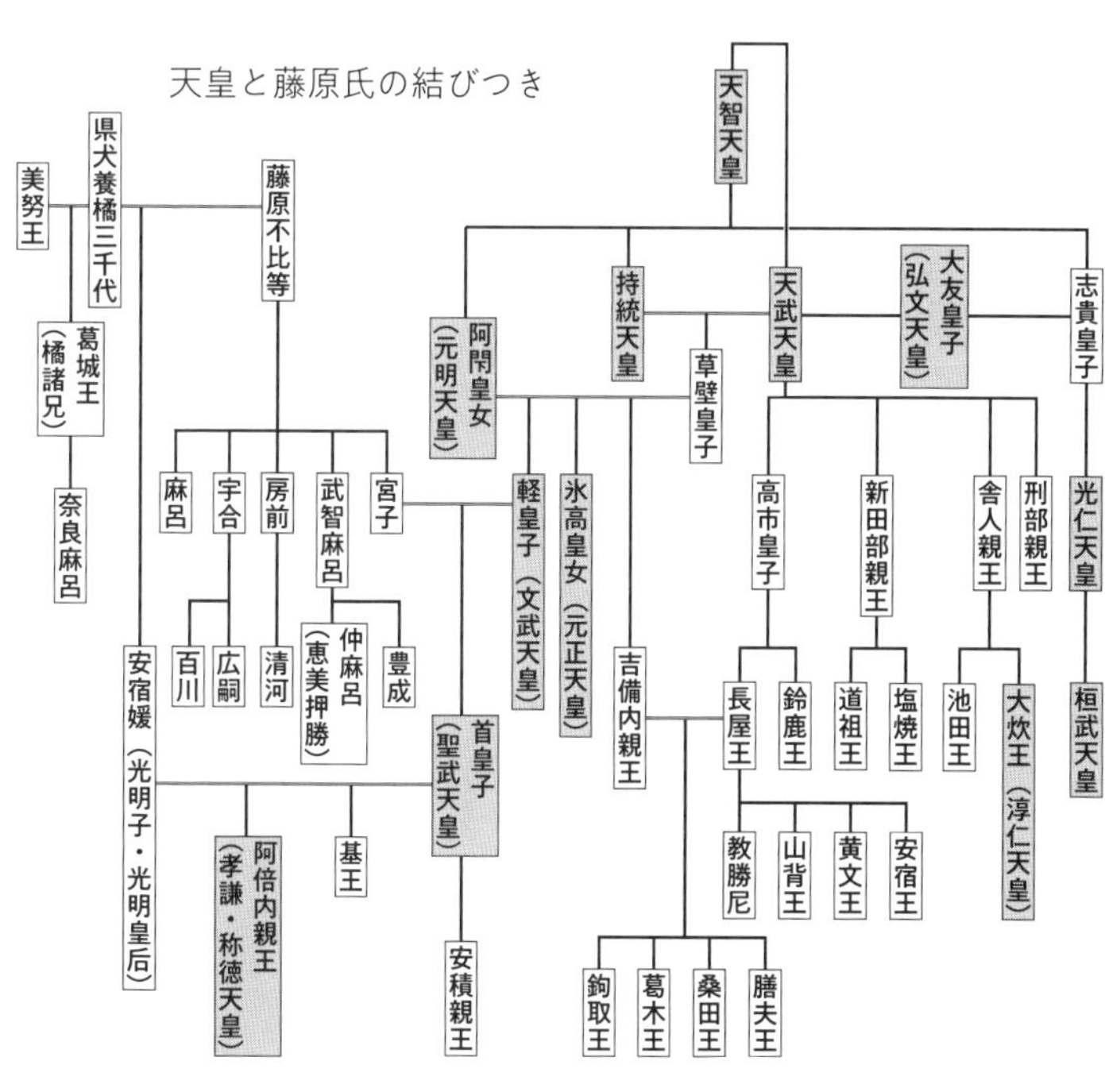

呂（七二一～七五七）の母親となる。

三女の藤原光明子が七一六年に入内した翌年、元正天皇は、右大臣であった藤原不比等に太政大臣という最高位を授けようとしたが、不比等はかたく辞して受けなかったという。そのかわりか、それまでは朝廷の政治の議に参画するのは有力氏族からそれぞれ一人ずつであった原則を破り、息子（次男）の房前（ふささき）（六八一～七三七）が参議に任ぜられた。

このように不比等の四人の息子のうち最初に中央政権に入れられたのは長男の藤原武智麻呂（むちまろ）ではなく一歳年下である次男の房前であったが、その後、七二一年（養老五年）には、武智麻呂が参議を経ずに東宮傅から中納言になり、大納言を経て七三七年に亡くなったときは右大臣に昇任していた。一方の房前は七三七年に亡くなるまで参議のままであった。また三男の宇合と四男の麻呂も参議となり、ここに藤原四子体制と呼ばれる政治体制が確立する。

不比等の居宅は宮城の東隣りにあり、この屋敷は後に光明子に伝領され法華寺となった。また、藤原不比等は氏寺の山階寺を奈良に移し、興福寺と改めた。さらに大宝律令の編纂に関与し、その後、養老律令の編纂作業に取りかかるが、七二〇年八月三日に病死したことにより、その作業は中断した。この律一〇巻一二編、令一〇巻三〇編から構成される養老律令が施行されるのは七五七年のことで、藤原不比等の孫の仲麻呂による。

藤原不比等と県犬養三千代

藤原不比等は中臣鎌足の第二子として六五九年に生まれた。もともと中臣氏は祭祀を司る氏族で、どちらかというと二流豪族であったが、やがて一流氏族となり、藤原不比等の代に中央政界で実権をにぎることになった。

不比等は二つの方法でその力を伸ばし政治の実権を掌握していった。そのひとつは、律令体制の形成に大きな貢献を果たしたことであり、『大宝律令』と『養老律令』の編纂を主宰したことである。このことによって祭祀を司る中臣氏から決別し、『藤原朝臣』を称して上級官人の道を歩む。

もうひとつは藤原不比等が持統・文武・元明・元正天皇に仕えていた県犬養三千代と結ばれる

ことをきっかけとして、その後、天皇家との姻戚関係を深め、それを利用して政治的な力を強めていったことである。具体的には、藤原宮子を文武天皇の夫人とし、その子の首皇子はやがて聖武天皇となる。さらに、不比等と県犬養三千代との間に生まれた光明子を首皇子に嫁がせた。不比等の死後のことであるが、その後、光明子は臣下としては異例の皇后となったのである。

藤原不比等と結ばれた県犬養三千代は、長らく天皇家に仕えていて、やがて七〇八年（和銅元年）一一月に即位直後の元明天皇から「橘（たちばな）」の姓をたまわり、県犬養橘三千代となった。

県犬養橘三千代はもともと中級貴族の娘だったが、飛鳥の浄御原（きよみはら）に宮のあったころから出仕し、皇族の美努王に嫁して、葛城王（後の橘諸兄）ら二男一女を産んだのち、藤原不比等と再婚する。

一方、藤原宮子は藤原不比等の長女とされ、その母は、加茂朝臣比売（かものあそんのひめ）といわれるが、後述のように、おそらく紀州の海人（あま）の娘であったが文武天皇に輿入れする際に出自があまりにも低いので藤原不比等の娘とされた可能性が高いと思われる。そして、その際に仲立ちとなったのが持統天皇に仕えていた三千代だったのであろう。このことは、のちに第4章で述べるが、藤原不比等と三千代がかぐや姫の翁と嫗のモデルの原点であり、かぐや姫（宮子）が翁と嫗の実子でないことを暗示していて、『竹取物語』のメインテーマのひとつになっていると考えている。

すなわち、翁（不比等）とも嫗（三千代）とも血の繋がりのない宮子は、七〇一年に首皇子を産んだことによって「かぐや姫」として生まれ変わった（出た）のである。また、この同じ年に不比等と三千代の間に生まれた安宿媛も翁と嫗に富と権力をもたらす「かぐや姫」として生まれた。さらには、その後、聖武天皇と光明子の間に、今度は間違いなく藤原の血の入った阿倍皇女（後の孝謙天皇）が誕生し、天皇家と藤原家の堅い血の繋がりができる。いうなれば、この阿倍皇女も富と権力を藤原家にもたらす「かぐや姫」となったわけである。

なお、文武天皇と宮子の間に首皇子が生まれた後、文武天皇が早逝してしまう。勘ぐってしまえば、これは、藤原家が、その後、文武と他の出自のより確かな女性との間に男子が生まれることをおそれたために、藤原家関係者に暗殺された可能性もある。竹取物語にことさらに不老不死の薬があらわれたり、物語中でその服用を天皇がしなかったり、また、登場する天皇に作者の観点がなんとなくあたたかい感じがするのも、この天皇のモデルとして早逝した文武天皇が入れられているとすればうなずけるところがある。

文武天皇と藤原宮子

草壁皇子と阿閇皇女（後の元明天皇）の間に生まれた文武天皇は藤原不比等の娘とされる宮子を娶り、宮子は首尾よく文武の血をひく男子を生む。

すでに述べたように、実は、藤原宮子は不比等の実子ではなく、出自が海人の娘ではないかと言われている。この段は、梅原猛の『海人と天皇——日本とは何か』に詳述されている。梅原は、当初『日本とは何か』に主眼を置いた執筆をしているうちに、このことに気がついたためか、執筆の方向性を大きく変え、途中から主題を『海人と天皇』として、宮子の出自の考証過程を詳述し始めたように思われる。そして、考証の結果、宮子の出自が紀州の海人の娘であることを確信することになった。私も梅原説に首肯するところである。あまりにも宮子の出自が釣り合わないので、不比等の子ということにして入内させたと考えると、その後おこる種々のことがらの説明がすっきりするのである。

文武天皇は宮子の故郷にあたる紀州（今の和歌山県）に道成寺という大きな寺を建立しているが、これは宮子の憂愁を慰めるためであったと言われる。黒川能の「鐘巻（かねまき）」には道成寺建立に関する部分が表わされているという。[3] さらに、文武天皇は、首皇子が生まれた七〇一年にこの地に行幸しており、この時に詠まれたとされるのが、次の歌である。

黒牛潟（くろうしがた）　潮干の浦を　紅（くれない）の　玉裳裾（たまもすそ）引き　行くは誰（た）が妻（巻九―一六七二）

この歌は持統上皇とその後若くして亡くなる文武天皇らの一行の紀州黒牛潟行幸中、赤い裳を引く女官の姿を見て柿本人麻呂が詠んだものとされる。「黒牛潟の潮が引いたところを赤い裳裾を引いて歩くのは誰の妻だろう」という意味である。

この七〇一年（大宝元年）とは、後の天平時代を代表する首皇子と安宿皇女が生まれた年である。そしてこの歌は文武天皇が首皇子の誕生（または妊娠）を喜び、その母となる藤原宮子の故郷とされる紀州に行幸した際のものではないかと考えられる。もしかしたら赤い裳を引く女官に宮子の面影を求めたのかもしれない。

3　梅原猛、一九九五年、三二〇頁

『続日本紀』には文武天皇が七〇一年九月一八日～一〇月一九日の間、紀伊に行幸した記事があり、また「この年、夫人の藤原氏（宮子）が皇子（首皇子）を産んだ」と記載されている。首皇子の誕生日は不明であり、また、文武天皇が宮子と結ばれたと思われる時期にはそれらしい確した記録はない。七〇一年二月二〇日～二七日に吉野離宮に行幸されたとの記録はあり、もしかしたらこの時期だろうか。

さて、首尾よく宮子が男子を生んだものの、当時、文武天皇には石川（石川朝臣刀字娘）と紀（紀朝臣竈門娘）の二妃がいて、石川にはすでに二人の皇子がいた。天皇の妻妾の名前には、格に応じて、后・妃・夫人・嬪の四種があり、これらの女人たちはそのうちの妃であり、不比等の子とされた夫人である宮子よりも格が高く、また、素性が確かなのである。

やがて、文武天皇死後の七一三年一一月五日に、彼女ら二嬪はその呼称を下して、嬪と称することができないことにされた。いわば文武天皇との婚姻関係がなかったこととされて、完全に失脚させられたのである。これは文武天皇の子として出自の確かな（高い）女性に男子の存在がある限り、宮子の息子（後の聖武天皇）の立場が弱くなってしまうからに違いない。彼女ら二嬪からの呼称の剝奪はそのための布石で、このことを企んだのは間違いなく藤原不比等であろう。先に述べたように、県犬養三千代との関係といい、このやり口といい、まさに暴挙としか言えない所業である。

なお、『続日本紀』にはここに述べたように石川と紀は「妃」ではなく「嬪」となっているが、梅原は、当初、宮子が「夫人」であるのに対して二人がそれより上位の「妃」であったのが、大宝律令の制定（七〇一年）の後、その規定によって「妃」から「嬪」と変えられ、さらに「嬪」という呼称も取り上げられたと解している。この第一段の大宝律令の制定により、名目上、大臣の娘という触れ込みだった宮子は夫人の地位であり、それが保たれたままとなった。

すなわち、宮子は一旦、石川と紀の二人の地位を凌駕し、さらにこの二人は失脚させられてしまった（婚姻の事実が抹消された）というわけである。なお、当初、石川と紀が夫人の宮子より上の妃の位におかれたのは、宮子が藤原不比等の実子でないことがわかっていたからではないかともいう。[4] 一方、石川と紀に関しては妃の条件に合わないという説もある。[5] すなわち、嬪と記載すべきところを妃と誤記したということである。

こうして文武天皇の子として、のちの聖武天皇となる首皇子の立場が安泰化されることになった。この七一三年の不比等の企みは、その後の藤原家の躍進にとって決定的に重要なものであった。

先に少し触れたが、それ以前には、文武天皇の命が狙われた可能性はなかったであろうか？すなわち、文武天皇に宮子より地位の確実な女性との間に皇子が生まれる前に「種」の方をなくしてしまえば、宮子の息子の首皇子の立場が確かなものとなる。「不改の常典」なるものがあり、文武天皇の次はその直系の男子となるからである。文武天皇は七〇七年に二五歳で早逝してしまう。そのあと、首皇子の立太子（七一四年）を経て、その即位（七二四年）に至るまで、皇

4 梅原毅、海人と天皇（上）、一九九五年、四二六頁
5 直木孝次郎他訳注、続日本紀1、一九八六年、二〇頁

后を経ないでの即位というかなりの無理もあったのだが、不比等や県犬養橘三千代と近い元明天皇（ついでその娘の元正天皇）という女帝で繋いでいくという手段である。元明天皇と文武天皇は母子であり、承知のうえでこのようなこと（暗殺）が行われたはずがないと考えられるかもしれない。しかし、そのまま推移したら元明天皇の即位はあり得なかった。そこにもし「悪魔のささやき」があったとしたら……。これらの条件下、「種」の方をなくしてしまおうという意図がなかったとは言いがたい。

よって、「文武天皇は、虚弱であったために早逝したといわれているが本当だろうか」という疑問が生じる。そして、このいきさつは、『竹取物語』においてかぐや姫に求婚する天皇と重なるのである。つい考えてしまう。もし、物語に出てくる天皇がかぐや姫の持っていた「不老不死」の薬を服用していたら……。そして、この物語に「不老不死」の薬がことさらにあらわれるのはもしかしたら文武天皇の毒殺を暗示しているのではなかろうかとも。

さらには、後にも述べるが、宮子が同じ平城京内に過ごしながら、実の子の聖武天皇に三六年間も会えなかったというのはあまりにも不自然なことである。宮子が不比等の実の娘ではなく海人の娘であったことについては、宮子自身はもちろん藤原四兄弟も知っていたことであった。聖武天皇もおそらく知っていたのではないかと思われる。これに加えてもし聖武天皇の父の文武天皇が実は暗殺されたということも宮子や四兄弟は承知していて、このことは聖武天皇には知られてなかったとしたら……。宮子の長い期間のいわば謎ともいえる幽閉や、七三七年の藤原四兄弟のピンポイントでの死の直後（同年の暮）に宮子が聖武天皇に三六年ぶりに会えた理由はこのあたりにあったのではなかろうか。もちろん当然ながら、かなりの憶測の域を出ていないことはおことわりしておく。

聖武天皇には明らかなコンプレックスがあり、それは自分の母親の出自にあったという。通常、天皇の生母となれば、その一族は栄え、名が残るのではないかと思うが、宮子の生母は加茂比売（?〜七三五）とされてはいるものの、その家系の話はほとんど出てこない。しかも、たとえ生母が不詳でも、天智天皇の御落胤説すらもある藤原不比等を父とする実子であれば決して出自が悪いとは言えないが、そこの部分の歯切れが実に悪い。そこで、宮子は藤原不比等の実子ではなく、その出自があまりにも低いために、不比等が里親とされたのかもしれないという疑い（確信）が出てくるのである。私が梅原の「宮子が海人の娘である」という説に肯首する所以である。

宮子はいわば藤原家と皇室を結ぶ鍵となる重要人物であるが、もし、宮子が不比等の血を受け継いでないとなると、これは大問題である。聖武天皇にも藤原の血が流れていないことになるからである。なお、このことが事実であれば、やがて聖武天皇と藤原四兄弟との間に確執が生まれてくることも理解できるところである。

藤原四兄弟の死と藤原の女たち

七三七年四月から八月にかけて、藤原四兄弟があいついで亡くなる。そして、聖武天皇が三〇年以上の月日を経て生母の藤原宮子と会うことができたのはまさにこの藤原四兄弟が亡くなった年の暮れの一二月二七日のことであった。聖武天皇が宮子に会うことができなかったのは、彼女が長く精神を病んでいたためとされており、このとき、僧玄昉が宮子の治療をした結果、たちまち快癒し、会うことができたということになっている。これは出来すぎの気がする。

おそらく、このとき、聖武天皇が生母に会えるようにした中心人物は光明皇后であろう。当時、光明皇后は藤原家のやり口に少々嫌気がさしていた感じがある。そして、この時期、光明皇后は藤原仲麻呂といわば蜜月時代であった。ちょうどこの時期に疱瘡が蔓延したとされるから、たしかに藤原四兄弟のうちの誰かは疱瘡で亡くなったのかもしれないが、残りは毒殺されたのではなかろうか。

疱瘡（天然痘）は極めて恐ろしい伝染病であり、その死亡率も二〇〜三〇パーセント程度にもなるという。しかし、この死亡率であっても、ピンポイントで藤原四兄弟がいずれも天然痘で亡くなるというのはいかにも不自然である。さらに不思議なのは、天然痘の感染率は八〇パーセント以上であり、藤原四兄弟がことごとく罹患して亡くなったというのに、その周辺にいたと思われる人物について眺めると、その後の政権の中心となる橘諸兄や、僧玄昉、吉備真備、聖武天皇、光明皇后、阿倍皇女（のちの孝謙天皇）、藤原宮子、藤原豊成（武智麻呂の長男）、藤原仲麻呂（武智麻呂の次男）らは命を落とさなかったばかりか、罹患したという記録さえない（一三〇頁図参照）。天然痘に罹患するとたとえ命は助かっても顔面に「あばた（痘痕）」と呼ばれる瘢痕が残ることはよく知られている。生き残ったこれらの人々についてもし感染した人がいたとしたら、この瘢痕を初めとする天然痘（疱瘡）罹患の記録があっても然るべきであると思うが、それも見当たらない。このことはあまりにも不思議である。

その後政権を取る橘諸兄は、美努王と県犬養橘三千代との間に生まれ、もともとは葛城王と称していたが、藤原四兄弟が相次いで亡くなる前年の七三六年一一月に臣籍に降って母の氏姓である橘宿禰を称し、橘宿禰諸兄と改名した。時期的に少々気になるところである。宮田によれば、「これによって光明皇后の歓心を得たのみならず、母である三千代の偉勲を一身に担うこともできた。翌年たまたま藤氏の一公三卿悉くたおれることが起った際に、諸兄は暫時の間に栄達した」[6]とある。

この件に関しては、後にも述べるが、ひとつの可能性としては、光明皇后と藤原仲麻呂が謀って、仲麻呂がおそらく御しやすいと考えていた橘諸兄を中心とした政権を一旦つくりあげようという意図があったのではないかとも考えられる。この段に関しては、梅澤恵美子の「光明子を『藤原の女』ではなく『藤原の味方を装っていた県犬養橘三千代の娘』と看做すと多くの謎が解けてくる」[7]という言葉が心に残る。

藤原宮子の出自が紀州の海人の娘であったという秘密を知っていたからこそ、聖武天皇は実母の身分にコンプレックスを持っていたのであろう。それゆえ、のちの長屋王の変にも繋がる「大夫人事件」なるものもおきた。

聖武天皇が生母に長く会えなかったのは、おそらく藤原不比等が強く反対していたのであろう。藤原不比等の没年は七二〇年であるから、藤原不比等が亡くなったあとは、それを引き継い

6　宮田俊彦、一九六一年、六一頁
7　梅澤恵美子、二〇一一年、一五九頁

で藤原四兄弟が反対していたのではなかろうか。藤原四兄弟の死後、およそ三六年ぶりの母子の再会となるのであるが、藤原四兄弟の死後まもなくこのような展開になることは、宮子と聖武天皇が会えないことと藤原四兄弟の死に何らかの関係があることを如実に物語る。また、光明子と親しかった玄昉も藤原四兄弟の死に関与している可能性があるのではなかろうか。

宮子と光明子の年齢差は約二〇歳。藤原不比等には男四人、女四人の八人の子があり、母親も何人かいて異なることを考えたら、二〇歳違いの姉妹は別に不思議ではなかろう。また、当時、高貴な人たちの近親婚はごく当たり前のことであったようである。宮子の生んだ聖武天皇は宮子の妹とされる光明子を皇后としている。光明子は戸籍上、聖武の叔母なのである。

いずれにせよ、当初は藤原不比等が、持統・元明・元正という三人の女帝や県犬養橘三千代といった女性を利用していたが、やがて、藤原家の女人たちが男たちに振り回されるようになる。すなわち、藤原宮子は藤原不比等に徹底的に利用されたが、光明子も不比等や藤原四兄弟、藤原仲麻呂の栄達に利用されている。そして、後に述べることも含めると、婚姻以外の性的な関係の疑いがあると考えられるだけでも次のような図式が見えている。

光明皇后(光明皇太后)＝玄昉・藤原仲麻呂
藤原宮子＝玄昉
孝謙天皇(称徳天皇)＝藤原仲麻呂・道鏡

玄昉には宮子との関係がその後噂されるようになるが、実際には宮子より先に光明皇后との親密な関係があったと思われる。また、藤原仲麻呂はおそらく、初めに光明皇后、後には娘の孝謙天皇との関係もあったと言われている。

七三七年に藤原四兄弟が亡くなったが、この時期、光明子は藤原のやり口に愛想をつかしていたふしがある。また、聖武天皇は母親の出自が低いとともに自分には藤原の血が流れていないことにも気がついていた。さらに、藤原仲麻呂は、後述のように、父親や壮年の叔父たちがいる限り、昇格もままならないし、ある程度昇格しても長期にわたって頭を押さえつけられると考えた可能性もある。藤原仲麻呂が自己実現のためには手段を選ばない人間性を持っていたと思われることも考慮にいれるべきであろう。

光明子の周辺ではこの時期、七二九年に長屋王の変で長屋王が亡くなっており、七三三年に母親の三千代が亡くなっている。さらに、不比等の妻で宮子の母とされた賀茂比売も七三五年一一月八日に亡くなる（『続日本紀』には賀茂比売は天皇の外祖母と記載されている）。そして、この時期、藤原仲麻呂は自分の叔母にあたる光明子といわば蜜月時代であり重用もされていた。

また、この「藤原四兄弟の死」から数年後の七四四年（天平一六年）には、おそらく藤原仲麻呂の陰謀による安積（あさか）親王（阿倍内親王の異母弟）殺害事件がおきた。その翌年の玄昉の大宰府への左遷、真備の七五〇年の筑前への左遷は、これらの事件にも関わっているかもしれない。すなわち、これらの事件に使われた毒についての口封じの意味もあったのではないかと考えてしまうのである。

天平時代と天平文化

七一〇年に平城京に都が移されてから平安京に遷都するまでを天平時代と称することもある。ただし、実際には、七二九年の天平元年にはじまり、七六七年に神護景雲元年となるまでの約三八年間が、年号にいずれも「天平」とつく時期である。

元号に天平のつく時代の幕開け直前の七二九年(神亀六年)二月一〇日には長屋王の変が起き、翌三月には藤原不比等の長男武智麻呂が中納言から大納言に昇進した。そしてこの年、すでに参議となっていた房前に加え、三男四男の宇合と麻呂も参議となり、藤原兄弟は九人の公卿のうち四人を占めるようになり、この年から七三七年までの間、朝廷の政治を担った。これを藤原四子(よんし)政権とも呼ぶ。さらに天平という年号になった五日後の七二九年八月一〇日には藤原不比等の三女の光明子が立后して光明皇后となる。すなわち、天平の幕開けとは、藤原四子時代の幕開けであり、光明皇后時代の幕開けともいえよう。

天平という年号については、七二九年(神亀六年)の六月に、藤原不比等の四男藤原麻呂から、甲羅に「天王貴平知百年」(てんのうたっとくたいらかにしてももとせをしらさむ)(天皇は貴く平らかにして百年をしろしめす)の文字を持つ亀が献上されたことにより、これを契機に同年八月五日に「神亀」から「天平」に改元されたと言われる(『続日本紀』)。もっとも、この亀の話は後付けであることは明らかであり、この本の「はじめに」の項にも示したが、天平という元号は『禮記』における「家齋而后國治　國治而后天下平」に因んで名付けられたと考えられる。

天平という語感はとても良く、いかにものびやかで平和な感じがある。しかし、実際のところは政争や策略にあけくれた何ともさわがしい時代であった。そして、その背後に常にいたのが急速に中央政界に力を持った藤原家の人々である。

天平文化

天平時代は、唐の全盛期にもあたり、その影響を強く受けた国際色豊かな文化の時代でもあった。また、聖武天皇による大仏建立の詔にみられるように、鎮護国家思想のもとに仏教が広く国家全体におよび、仏教文化が花開いていった時期でもある。

この時代を代表する現存の建築物には、唐招提寺金堂や正倉院、法隆寺の夢殿、東大寺法華堂（三月堂）などがある。また、仏像などについては、東大寺法華堂の不空羂索観音像やその脇侍の月光菩薩像、日光菩薩像、唐招提寺の鑑真和上像、興福寺の八部衆像（なかでも阿修羅像は有名）、正倉院鳥毛立女屏風などがあげられる。

正倉院は七五六年（天平勝宝八歳）の成立であるが、聖武天皇遺愛の品々を光明皇后の意向で納めたといい、シルクロードの終着駅であることを示す素晴らしい逸品が現在に残る。なお、前述したように、ここには現在「正倉院薬物」と称される生薬類も保存されており、これらはいわば意図して地上の倉に保存された世界最古の生薬類であろう。まさに至宝である。

この時代は前述のように、公的な記録である『古事記』（七一二）や『日本書紀』（七二〇）の他、『万葉集』（七六〇年ころ）の成立した時代でもあった。

また、この時代を象徴するものとして、大仏の建立に触れないわけにはいくまい。奈良の大仏殿を訪れるたびにその大きさにあらためて驚いてしまうが、今の大仏殿や大仏の大部分は江戸時代に再建されたものであるという。天平時代の大仏殿はさらに大きく、横幅が現在の約一・五倍であった。この大仏や大仏殿の建立は、今であっても大事業だが、当時はまさに国家的大事業だったろう。しかしながら、大変に不思議なことに、同時代に編纂された『万葉集』には、大仏の塗金に使用する金が現在の宮城県北（遠田郡涌谷町）から献上されたときに大伴家持が詠ったものを除いては、大仏や大仏殿の建立、そして、大仏開眼供養などには全く触れられていない。

七五七年に橘奈良麻呂の乱がおきる。これは、大仏建立当時の中央政権にいた左大臣橘諸兄の息子の橘奈良麻呂を首謀者とするクーデターであり、藤原仲麻呂の暗殺も視野に入っていたものであった。奈良麻呂は民衆を疲弊させている大仏建立には反対の立場をとっていたとされるが、このとき、大伴家持の名前も奈良麻呂の一派の中にちらつく。家持がこのような立ち位置にいたことも『万葉集』に大仏建立の件が取り上げられていない理由かもしれない。

八世紀の遣唐使

ここで吉備真備や玄昉らも入唐した八世紀の遣唐使の状況について説明しておきたい。遣唐使は六三〇年～八九四年にかけて一五回（中止されたこともあり、実際には一二回）派遣された。

遣唐使は一般に、夏に日本の難波(なにわ)を出発し、一ヶ月かけて北九州に着き、五島列島を経て、翌年の正月ころに唐の都の長安に着くという日程であった。しかし、当時の航海法は未熟で、風が思うように吹かずに丸一年もまたされたり、南の島に流されて現地の人たちに殺されたり、暴風雨によって難破したりと、渡唐することは大変に危険な旅であった。

遣唐使の幹部は、一般官庁と同じく四等官からなり、長官は大使といった。さらに、大使の上に押使(おうし)(統領の意味)を置くこともあった。

この時期の一般官庁の幹部の人数と位階は、四位の長官が一人、五位の次官が二人、六位以下の判官が四人、主典が四人という構成になりつつあった。これだけの幹部がいれば、四隻の船の乗船者は、史生(ししょう)以下の職員や、乗組員、留学生、学問僧などの随行者を合わせると総勢六〇〇人近くに上ることになる。

天平期を含む八世紀の遣唐使派遣は五回となるが、これらについて概略をまとめると次のようになる。出発の時期が分からない場合もあり、一方、帰着についてはバラバラだったりしているのでとくに示していないものもある。記載事項として主にピックアップしたのは、任命の年月と大使または(および)押使の名前、著名と思われる乗船者、そして、総員である。

◉大宝度の遣唐使/三船(?)出発、二船(?)帰還

七〇一年(大宝元年)一月任命/押使粟田真人・大使坂合部大分/録事として山上憶良(万葉歌人)/総員不明

●養老度の遣唐使／四船出発、四船帰還

七一七年（養老元年）八月任命／押使多治比県守（多治比真人）・大使大伴山守／副使として藤原宇合（藤原不比等の三男）／随員として、真備と玄昉・阿倍仲麻呂らもこのとき唐へ／総員五五七名

●天平度の遣唐使／四船出発、二船帰還

七三二年（天平四年）八月任命／大使多治比広成／総員五九四名／この遣唐使の帰り船にて七三五年に真備と玄坊帰着／総員五九四名

●勝宝度の遣唐使／四船出発、三船帰還

七五〇年（天平勝宝二年）九月任命／大使藤原清河／副使として大伴古麻呂と吉備真備（二人とも二回目の渡唐）／七五二年に出発／吉備真備（第三船）は七五三年に夜久島着後紀伊漂着し翌年帰朝、鑑真は大伴古麻呂とともに（第二船）七五三年に薩摩着、七五四年に入京／総員二二二名／大使藤原清河や阿倍仲麻呂の乗船した第一船のみ帰還かなわず

●宝亀度の遣唐使／四船出発、三船帰還

七七五年（宝亀六年）六月任命／大使佐伯今毛人（交代している）／総員不明[8]

七〇一年の遣唐使は粟田真人を主席（押使）とする。このときの遣唐使には、中国に対して初めて国号を「倭」から「日本」への変更を認めてもらうことも目的とし、「日本」の名称を使用し

---

8 青木和夫、奈良の都、四〇二～四〇四頁などを参照

始めた頃でもあった。この年は首皇子（後の聖武天皇）および安宿皇女（後の光明皇后）の生まれた年でもある。当時、唐は一時「則天武后」の治世のもとにあり、国号が周に変わっていた時期（六九〇〜七〇五）である。

勝宝度の遣唐使の帰りの船で鑑真がついに日本に渡来することに成功するが、この際、大使の藤原清河らは唐の官僚に遠慮して鑑真一行に対して自分たちの乗る第一船への便乗を拒否した。これに対して、吉備真備とともに副使を務めていた大伴古麻呂はひそかに鑑真一行を自分の船（第二船）に乗せてついに日本へ招くことに成功した。彼にはもともと仏教に理解があったからであるともいわれる。また剛毅な人間であったとも思われ、玄宗皇帝が臨御し、百官が居並ぶなかに、唐と交渉のあるすべての国々が参列する際の席次の問題において唐に抗議し、席次を替えさせたというエピソードがある。すなわち、唐側の用意した席次は、東畔（とうはん）（東側）の第一席に新羅、第二席に大食（サラセン）、西畔の第一席に吐蕃（チベット）、第二席に日本という順だったが、古麻呂は唐側に「昔から新羅は日本に朝貢している国である。しかるに日本より上席にすえるとは、義にそむくではないか」と抗議したのである。そこで、唐側は新羅の使人に因果をふくめ、席を交代してもらうことにしたという。[9] 吉備真備は七一七年の養老度の遣唐使に、また、大伴古麻呂は七三二年の天平度の遣唐使に加わった経験があり、それぞれ、これが二回目の渡唐であった。なお、大伴古麻呂はのちに七五七年の橘奈良麻呂の乱に連座して獄死する。

真備らが先に養老度の遣唐使として渡唐したときの唐の玄宗は、当時の世界帝国の皇帝にふさ

9　青木和夫、二〇〇四年、四二二頁

わしく、自負と高い資質を持った名君であった。一方、吉備真備は頭脳明晰な若者としてその名を馳せる。唐の国子監の助教であった超玄黙は、当時同時に唐に渡った留学生である阿倍仲麻呂と真備について「仲麻呂は芸術家肌であり、詩歌を愛するのに対し、真備は天文に興味を持っている」と評している。また、『続日本紀』には「わが朝の留学生にして、名を唐国に挙げる者は、ただ、大臣（吉備真備）と朝衡（阿倍仲麻呂の中国名）のみである」と記されている。

当時、唐において華やかにもてはやされたのは阿倍仲麻呂であったが、実質的にその後の日本発展のために多くの影響を与え、貢献したのは吉備真備であった。彼は『唐礼』などの大量の書籍や楽器、弓矢のような武具などを将来したと思われるものの、その詳細についての記述はとぼしい。真備は当初下道真備と名乗っていたが、七四六年（天平一八年）からは吉備真備と名乗るようになった。

一方、僧玄昉は七一七年に留学僧に任命され、七三五年に帰国したが、法宗を学び、玄宗皇帝より准三品と紫袈裟を授かった。玄昉と真備は出発も帰着も同時期であった。

阿倍仲麻呂は七五〇年の帰船（大使の藤原清河が乗船した第一船）で帰国しようとするが失敗。やっとの思いで再び唐の長安にもどるも、その後、唐では玄宗が楊貴妃を溺愛したことに起因する安史の乱（七五五〜七六三年）がおこり、楊貴妃は七五六年に殺害される。阿倍仲麻呂は再び帰国をめざすこともできず、戦乱がおさまったときには、すでに六四歳となっていた。彼は、玄宗亡きあと粛宗皇帝に仕えて重用され、代宗皇帝の代となった七七〇年に長安にて生涯を閉じた。七一歳であった。

なお、阿倍仲麻呂が帰国に失敗した際、二回目の渡唐を果たした吉備真備らの第三船は七五三年一二月七日屋久島(やくしま)に漂着し、次いで黒潮にのって紀伊国牟漏崎(むろのさき)(和歌山県)に到着、鑑真をともなった大伴古麻呂らの第二船は、沖縄から薩摩を経て、翌七五四年の正月三〇日に入京、判官布勢人主(ふせのひとぬし)らの第四船は、やはりこの年の四月一八日に薩摩の石籬浦(いしがきうら)に到着している。結局、この遣唐使の帰り船四隻のうち、帰国できなかったのは、藤原清河や阿倍仲麻呂の乗船した第一船だけであった。

長屋王の変から光明子の立后まで

女性としてはじめての皇太子となった阿倍内親王は七四九年に即位して孝謙天皇となった。ところが七二八年には、聖武天皇と県犬養広刀自(あがたのいぬかいのひろとじ)(県犬養橘三千代の妹の娘)との間に安積親王が生まれている。当然、安積親王は女性の阿倍皇太子が天皇となる際には極めて強力なライバルとなりうる存在であった。具体的には橘諸兄などの反藤原勢力が安積親王を皇位後継者として担ぎ出す動きもあり、藤原氏にとっては不安を抱かせる存在であったのである。

のちにまた触れるが、安積親王は七四四年(天平一六年)正月一三日に不可解な死をとげる。この死には光明皇后の甥にあたる藤原仲麻呂が関わった暗殺事件という見方が有力である。藤原仲麻呂は自分の立身出世のためには手段を選ばない人物だったと思われ、第3章でも述べるように、彼は七三七年の父や叔父たち四人（いわゆる藤原四兄弟）の死にも関わっている可能性もあると考えている。

大夫人事件と長屋王の変

聖武天皇の生母であった藤原宮子の出自については海人の娘であったのではないかということを述べた。すなわち、美しい娘にひかれた文武天皇が娶ることになったが、相手が海人の娘ではあまりにも身分が低すぎるということから、一旦、藤原不比等の娘という触れ込みにして宮中に入れたのである。だから、聖武天皇には母親の出自に対する強いコンプレックスがあった。それゆえに、聖武天皇即位直後の七二四年（神亀元年）二月に「大夫人事件」なるものもおきたのではないだろうか。これは、聖武が宮子を大夫人と称せよというものであった。これに反発したのが当時の左大臣正二位の長屋王である。

長屋王は壬申の乱で活躍した高市皇子（天武天皇の長子）の子であるから、天武天皇の直系の孫にあたる。七二〇年に藤原不比等が亡くなったあとの七二一年（養老五年）一月に空席となった右大臣に昇任し、ここに長屋王を首班とする政権が誕生した。

この政権下、七二三年（養老七年）四月には「三世一身の法」が出る。また、同年一〇月に左京から両眼の赤い白亀が献上されたことから、翌七二四年二月四日に年号が神亀と改元され、この改元された日に首皇子が即位して聖武天皇となった。同日、長屋王は左大臣に昇任する。当初、長屋王と聖武天皇、あるいは長屋王と藤原氏との関係は良好であったようである。

七二四年二月四日、即位したばかりの聖武天皇は、母の宮子夫人を今後は大夫人と尊称せよとの勅（みことのり）を出す。ところが、三月下旬になって、左大臣長屋王らは天皇に次のように申し出た。「二月四日の勅を拝しまするに、藤原夫人は天下みなこれを大夫人と称せよとのことでございますが、臣ら、謹んで公式令（くしきりょう）を調べますれば、称号は皇太夫人（ぶにん）と定めてあります。もし勅を奉じますと、皇の字が失われます。また、令によりますと、違勅の罪はまぬがれません。どちらに従うべきか、あらためてご決裁を賜りますよう」。公式令における天皇の母親の称号は、天皇の母親が、皇后、皇族出身の妃、豪族出身の夫人であった場合、それぞれ、皇太后、皇太妃、皇太夫人となるので、宮子の場合、系図上豪族出身の夫人ということになることから皇太夫人になるというわけである。

これは、宮子は正確には不比等の実子ではなく海人の娘で豪族出身の皇太夫人にもあたらぬために、聖武天皇が大夫人という令にない身分を考え出したのかもしれない。長屋王はこのような身分は令にないとクレームをつけた（太政官のトップとしてクレームをつけざるを得なかった）わけである。一見、聖武天皇側は、皇太夫人よりも上の身分という考え方で大夫人を提唱したようにも思われる。しかしこの件は、長屋王に「宮子は、本当は豪族出身でないから皇太夫人という呼称は使えない」と言われる前に、意識して公式令にない大夫人という呼び方を提唱した可能性がある。そして、その段にわざとクレームをつけさせることで、宮子には本来使えなかったかもしれない皇太夫人の称号を得させるという聖武天皇側の高等戦術だったという見方もできよう。

この長屋王の指摘に、天皇と側近とは、七二四年三月二二日には「文書に記す場合には皇太夫人とし、口頭では大御祖とし、先勅での大夫人の号を撤回して、後の各号（皇太夫人と大御祖）を天下に通用させよ」（『続日本紀』）と詔した。

なお、この一件は結局、のちには正史の『日本後紀』においても誣告とされた長屋王の変のひとつの布石となる。このようなクレームがはいったことより、もしもその後、皇族出身ではない光明子を皇后に立てようとするときには、明らかに長屋王からの強い反対行動が予想されることから、これを排斥する事件が企てられたというわけである。

長屋王の変は、七二九年二月一〇日の夜に起き、六衛府の兵が長屋王の屋敷を取り囲み、長屋王を捕らえた。ことの起こりは前日の密告であった。密告をしたのは、従七位下漆部君足と無位中臣宮処東人であり、「長屋王が私かに左道を学んで、国家を傾けようとしている」と訴え出たのである。前年に基王（皇太子）が早逝したのも長屋王の呪術のせいであるともされた。

一九八六年九月から奈良市でデパート建設予定地三二〇〇平方メートルの発掘調査が始まった。この結果、予定地の井戸の中から発見された木簡により、この場所が左大臣長屋王の邸宅であると判明した。平城宮に隣接する一等地で、その面積は四万平方メートルにもなる。この調査は一九八九年七月まで二年一〇ヶ月にわたって行われ、約五万点の木簡が出土して新たな事実が次々と明らかとなった。

発見された木簡の中には、長屋王宅に献上品として鮑を届けたことを示す荷札もあり、そこには「長屋親王宮鮑大贄十編」とあった。ここに書かれた文字中、「親王」「宮」「大贄」という文字にはとくに着目すべきという。まずは「親王」であるが、この称号は、律令の規定では天皇の兄弟・子供たちのもので、天皇の皇位継承権をもつ者とされている。長屋王は、高市皇子の長子であることから皇族ではあるが、高市皇子は即位していないことから長屋王は「親王」ではなく本来は「王」ということになる。ここではその規定からはずれて「親王」と呼ばれているというわけである。また、「宮」というのは天皇の住む宮殿を意味するし、「大贄」というのは神または天皇に捧げる品物を意味するという。

これらの文字から、実際には、長屋王は皇位継承権をもっていて、天皇に次ぐ実権を持つ皇太子に相当する地位の人物という説が出てきたのである。さらに、長屋王の正妃は吉備内親王(きびないしんのう)であるが、吉備内親王は天武・持統の子である草壁皇子の娘(文武天皇の妹)である。七一五年(霊亀元年)二月二五日には「吉備内親王の男女(子供たち)を皆皇孫の例に入れよ」との勅が出された。即位はしなかったが、草壁皇子を天皇と同等にみたてたということであろう。

長屋王と吉備内親王との間の子供たちは「草壁皇子」の末裔にあたるために、正当な皇位継承の権利があるので、もし、聖武天皇の男系の継承者がいなければ、彼らがもっとも皇位に近いということになる。これは藤原氏にとって実に都合が悪かった。

長屋王の変の後に藤原不比等の長男武智麻呂が中納言から大納言に昇進しており、事件後の人事異動はこの件だけである。これは長屋王の変の中心人物が藤原四兄弟であり、その代表が藤原武智麻呂であったことを物語る。長屋王の変は藤原四兄弟の覇権のために実行されたということだ。

そして、実は、藤原四兄弟の台頭に対抗するものとして、聖武天皇が同年に光明子を立后させたという説もある。すなわち、「聖武天皇は親政強化を図るために光明子の立后を実現したのである。聖武天皇は天武天皇と持統による専制政治を思い描いており、光明子に曾祖母持統の姿を重ねていたのである」[10]というわけである。もっとも、光明子の立后は藤原家の思惑にも合致するものであった。

以上のことから、この長屋王の変の主目的は、長屋王と吉備内親王の子供たちを根絶することにあった可能性が高い。不比等の三男の藤原宇合らに邸をとりかこまれた二日後の七二九年二月一二日には、長屋王とその子である従四位下膳夫王、無位桑田王、葛木王、鉤取王は自経させられ、吉備内親王も夫と子の後を追ったという。『続日本紀』には自経すなわち縊死とあるが、服毒による死だった可能性も捨てきれない。

このときにもし毒が使われたとしたら、すでに大宝律令に記載のあったと思われる四つの毒（鴆毒・冶葛・烏頭・附子）のうちのどれかが使われた可能性が高い。この時期にはまだおそらく遣唐使は鴆毒や冶葛は伝えてないように思われるので、毒が使われたとしたら、我が国にも自生するトリカブトから調製される附子や烏頭が使われたのではなかろうか。その場には、藤原一門を代表して、中納言（当時）の藤原武智麻呂も加わっていたという。[11]

ちなみに、この長屋王の変の際には、長屋王に嫁いだ藤原不比等の娘である長娥子（不比等の二女で光明子の異母姉）と、その息子たちである安宿王、黄文王、山背王、そして長屋王と長娥子との間の娘でのちに尼となる教勝は殺害されることなく許されている。

10　瀧浪貞子、二〇一七年、八三頁
11　上田正昭、一九九六年、二〇六頁

のちに、長屋王の変は完全な冤罪であることが露呈する。七三八年(天平一〇年)七月一〇日、勤務の余暇に囲碁をしていた左兵庫少属従八位下大伴子虫は、右兵庫頭外従五位下中臣宮処東人を斬殺する。碁を打ちながらの話がたまたま一〇年程前の長屋王の事件におよんだが、子虫はかつて長屋王に仕えて恩遇をこうむっていた者であり、東人は長屋王を誣告した人物の一人であった。『続日本紀』にははっきりと「事実を偽って告発した」旨が書いてあり、この続紀の編纂された時期には長屋王が無実の罪を着せられていたということが政府部内にも公然と知られていたのであろう。

光明子の立后

すでに述べたように天平元年は七二九年であり、この年の八月五日に改元された。そして、同月の一〇日には光明子の立后となった。正式に聖武天皇の皇后になったわけである。そして、この時期、「同じ藤原氏でも不比等と違って、聖武天皇は武智麻呂に対して反発的な言動を取ることが多かった。光明子が危惧していたのも、その点である」[12]という見方もあった。

光明子は、その後、仏教に熱心となり、父親の藤原不比等から受け継いだ邸宅を法華寺としたほか、七三〇年(天平二年)四月一七日に悲田院を設置したり、同じ頃に施薬院を設置したりといった慈善事業にも邁進するようになる。その影には、聖武と光明子の間に生まれ、立太子までさせた基王を最初の誕生日を迎える前の七二八年に亡くしたこともあろうが、この件にも関係す

12 瀧浪貞子、二〇一七年、九三頁

る七二九年の長屋王の変で長屋王とその家族が誣告によって殺害された事件があったことも関係していることはいなめまい。

七三七年の藤原四兄弟の死後、七三八年には、聖武天皇と光明皇后の間に生まれた阿倍内親王が女性として初めて立太子した。さらに孝謙天皇として即位(七四九年)することにより、光明子が中心となって孝謙天皇を補佐する目的で種々の施策を行う皇后宮職は紫微中台と改称された。そして、七五六年(天平勝宝八歳)に聖武太上天皇が亡くなると、その二年後には光明皇后に皇太后号が贈られている。

なお、七四四年には、聖武天皇と県犬養広刀自との間に生まれた安積親王(当時一七歳)が突然死する。これは後にも述べるように藤原仲麻呂による暗殺と考えられているが、この当時、仲麻呂と光明皇后はまさに蜜月時代であった。光明皇后が仲麻呂のしたことを全く知らなかったわけはあるまい。当時、安積親王の存在は、光明皇后の娘の阿倍皇太子(当時二七歳)の即位にあたっては最も強力なライバルであったことは間違いない。かつて、持統天皇が我が子の草壁皇子の即位にあたってのライバルであった自分の甥の大津皇子に謀反の罪を着せて殺害してしまったことが思いだされる。

聖武天皇と光明皇后

文武天皇と藤原宮子との間に七〇一年（大宝元年）に生まれたのが首皇子、後の聖武天皇である。先に述べたように、聖武のコンプレックスは母の出自にあった。ただし、もしも、藤原不比等を実の父とする藤原宮子が母であるならば、決してそんなに出自が悪いとは言えぬはずである。それでも、やはり、そこにも臣下の子という意味でのコンプレックスがあったのであろうか。それよりも、聖武は宮子の本当の出自（不比等の実子ではない）を知っていたためにさらなるコンプレックスがあったのかもしれない。そのためか、聖武は叔母の元正天皇（文武天皇の姉）を母のように扱い、あたかも元正天皇からの譲位を母から子への譲位といった感じで即位したのであった。

このコンプレックスゆえか、聖武即位直後の七二四年に大夫人(だいぶにん)事件なるものも起きたのは前述の通りである。

一方、藤原不比等と県犬養橘三千代との間に生まれたのが安宿媛、すなわちのちの光明皇后であった。よって、戸籍上、光明皇后は聖武天皇の叔母ということになる。安宿媛が生まれる前、県犬養橘三千代は美努王に嫁しており、葛城王（のちの橘諸兄）などの子がいた。言うなれば、それを不比等が寝とったのである。光明子の誕生にも複雑な一面があった。

この聖武天皇と光明皇后の二人は天平を代表するカップルと言っても言い過ぎではあるまい。この項ではこの二人を中心として述べておきたい。

首皇子と安宿媛

この時代を代表するカップルとして、聖武天皇と光明皇后はともに七〇一年に生まれた。聖武天皇は文武天皇と藤原不比等の娘とされた藤原宮子の間に生まれ、後の光明皇后となる安宿媛は藤原不比等と県犬養橘三千代との間に生まれている。

すなわち、聖武天皇にとって光明皇后は戸籍上の叔母ということになり、聖武天皇にとり、不比等は戸籍上の祖父であり、光明皇后にとっては実父ということになる。これらが事実なら、名目上は聖武も光明子もまさに「藤原の子たち」ということになる。

首皇子の母親は戸籍上、光明子の異母姉である宮子である。だから、光明子と首皇子の結婚はいわば叔母と甥の結婚ということになる。しかしながら再々述べているように、宮子の父親は藤原不比等ではないと考える。すなわち、首皇子は不比等や光明子らとの血縁関係はなく、藤原の血は流れていない。よって藤原四兄弟との血縁関係もないのである。さらに、藤原宮子は、文武天皇との婚姻により藤原家と天皇家とを血縁で結びつけるという重要な役割を果たした女人と見做されていたが、この事実はなかったということになる。このことはいわば公然の秘密であったのであろうが、もし、この事実が本当に公になってしまったら藤原家にとって大変に困ることになる。この件は天平時代に種々の事件がおきた重要な布石となった感があると思うし、そう考えると納得のいくことが多い。

後の光明皇后となる安宿媛が皇太子妃となったのは、首皇子が立太子した二年後の七一六年（霊亀二年）、ともに一六歳のときのことであった。安宿媛とは幼名であり、幼少にしてすこぶる聡明で、また、その美しさが光りかがやくようであるということからいつしか光明子（こうみょうし）とも称されるようになったという。

首皇子は安宿媛の入内のとき、首皇子の祖母にあたる元明上皇に「女といえば皆同じであるから、自分がこのように言うかといえばそうではない。この女の父である大臣（不比等）が、助力して天皇をお助けし、敬いつつしんでお仕え申し上げつつ、夜中や暁にも休息することなく、浄く明るい心をもって敬い仕えているのを見ているので、その人の悦ばしい性格や勤勉なことを忘れることができない。わが児であるわが王よ、この娘に過ちがなく罪がなければ、お捨てになるな、お忘れになるな」（『続日本紀』）と仰せられたという。

元明天皇は安宿媛入内の前年である七一五年（霊亀元年）に、その位を、娘でありまた軽皇子の姉にあたる三八歳の氷高皇女に譲って元明上皇となっており、内親王は即位して元正天皇となった。首皇子はすでにこのとき立太子していた（当時一五歳）が即位せず、元明天皇〜元正天皇と女帝が続くことになる。

聖武天皇の子供たち

七一八年（養老二年）、いずれも一八歳であった皇太子と同妃との間に第一子である阿倍内親王が誕生した。阿倍内親王はのちに孝謙天皇となる。また、七二七年（神亀四年）閏九月二九日、光明子は最初の皇子である基王を産んだ。この皇子は光明子の里方である藤原不比等の館で生まれたらしい。基王の名前については、名前不詳の某王の誤記であるとする説もあるが、ここでは基王説をとる。ただ、不思議なことであるが『続日本紀』にはこの皇子の出生と死亡の記録はあるものの、名前の記載がない。

この基王は極めて異例なことであったが、生後三三日目の同年一一月二日に早くも皇太子に立てられた。この子についての記録はあまりないが、翌七二八年八月二一日の項に「皇太子の病が日を重ねても癒らない」との記事があり、同八月二三日の項には「天皇が東宮へおいでになった。皇太子の病気を見舞われてである。使いを派遣して、皇祖の諸陵に平癒祈願の幣帛(みてぐら)を奉らせた」とある。結局、この子は七二八年九月一三日に、生後丸一年にもならぬ前に亡くなってしまう。皇太子は同年九月一九日に那富山(なふやま)(那保山・平城宮の北部)に葬られた(『続日本紀』)。この基王が早逝したことは、後に長屋王が呪詛したためともされ、七二九年の長屋王の変の伏線のひとつになった。

なお、基王と同じ年にもう一人の聖武天皇の皇子が生まれている。県犬養広刀自(あがたのいぬかいのひろとじ)(光明皇后の母方の従姉妹)との間に安積親王が誕生していたのである。しかしながら、安積親王は後述のように、七四四年に不可解な死をとげる。

聖武天皇には光明皇后、そして前述の夫人県犬養広刀自の他に、あと三人の夫人があった。その一人は藤原武智麻呂の娘で、七四八年(天平二〇年)六月に正三位で亡くなり(名知れず)、もう一人は橘佐為(さい)(橘諸兄の弟)の娘で、七五九年(天平宝字三年)七月正二位で亡くなった広岡朝臣古那可智(こなかち)であった。そして、あとの一人は藤原房前の娘で、七六〇年(天平宝字四年)正月に従二位で亡くなっている[13](名知れず)。この三人はいつ入内したか不明であるが、最初に史上にみえるのは藤原四兄弟の亡くなった七三七年(天平九年)二月のことであって、このとき、いず

13 林陸朗、一九六一年、六九頁

れも無位だったものから三位が授けられている。これら三人のうち二人が藤原氏の子女であることは、光明皇后立后ののちも、なお、藤原氏の血縁の皇子出生に期待をかけるという方法を講じたものと考えられ、次期の皇位を期待する藤原氏の執念がうかがわれる。

なお、聖武天皇には三人の娘がいて、最年長の井上内親王（七一七〜七七五）は県犬養広刀自を母とする。すなわち、井上内親王は七四四年に不審死した安積親王とは同母姉ということになる。彼女は幼少期より斎内親王を務め、退任後に白壁王（後の光仁天皇）と結婚し皇后になった。ただし、井上内親王は後に息子の他戸親王とともに光仁天皇を呪詛したとでっちあげられ幽閉され、この母子は三年後の同じ日に亡くなってしまう。

二番目が光明子を母とする阿倍内親王であり、七三八年正月、女性初の皇太子として二一歳で立太子し、七四九年に聖武天皇の譲位により孝謙天皇となった。

そして、三番目が県犬養広刀自の娘不破内親王（生没年不詳）である。不破内親王は塩焼王と結婚したが、塩焼王は七六四年の藤原仲麻呂（恵美押勝）の乱の際に仲麻呂に連座して斬られた。この際、不破内親王は内親王の称を削られて、異母姉にあたる孝謙上皇に厨真人厨女という蔑称をつけられた（『続日本紀』）という。不破内親王には、その晩年、松虫姫として下総国（今の千葉県の一部）の松虫寺にその足跡があるともされる。[14]

14　遠山美都男、天平の三姉妹、二〇一〇年、二六七頁

コラム◉光明子の生い立ちと生涯

光明子は藤原不比等の三女として誕生した。諱（いみな）は「安宿媛（あすかべひめ）」であり、その名前は、河内の飛鳥（＝安宿郡）に由来し、父の藤原不比等との関係から名付けられたものである。この地が藤原不比等を養育した田辺史（ふひと）一族の本拠地だったためであるとされる。光明子は幼いときから聡明で、仏道を崇（あが）めていたという。

光明子という名前については、一般にその美しさが光り輝くようだというので称されたと伝えられている。しかしながら、これに対し、瀧浪貞子は「『金光明最勝王経』に由来するとの見解もある」[1]と紹介しており、光明子の呼称はこの教典に出てくる「福宝光明」という女性にあやかったとしている。首肯出来るところである。

また、僧玄昉や真備が帰国した翌年の七三六年（天平八年）、光明皇后が発願して、玄昉が唐から持ち帰った『開元釈教目録』一部五〇四八巻の膨大な『一切経』の書写がはじまった。その中に「天平十二年五月一日記」の記載があることから五月一日経とも称されるものである。実は、「光明子」の名前については、この皇后発願による五月一日経の奥書冒頭

1　瀧浪貞子、二〇一七年、一二二頁

に「皇后藤原氏光明子」とあるのが最古の資料であるという。光明子四〇歳の時のことである。よって一応これ以前から名乗っていたことにはなろうが、最初に名乗った時期については不明である。[2]

このように、光明子と正式に名乗った時期は不明であるものの、光明子という呼称は一般的に知られているため、この本では、あるいは若い時代の安宿媛と呼ぶべき時代にもそれ以降に皇后や皇太后となったのちにも光明子という呼称を便宜上使っているところのあることを御承知いただきたい。

さらに、光明子は光明皇后となってから藤原不比等の三女であることを強調したかったのか藤三娘と署名したこともあった。すなわち、七四四年（天平一六年）の日付のある「樂毅論」の末尾に「藤三娘」の自署が残っている。この年は光明皇后四四歳の時である。いかにも力強い男勝りといった感じの筆跡である。なお、光明皇后というのは通称であり、晩年に贈られた正式な尊号は「天平応真仁正皇太后」という。

光明子は、同年に生まれた首皇子（後の聖武天皇）の皇太子時代に結ばれ、七一八年（養老二年）に阿倍内親王を出産。光明子は豪族の娘であるから、七二四年（神亀元年）には、夫の天皇即位とともに後宮の位階である夫人号を得る。この年に聖武天皇の母親の藤原宮子

2　瀧浪貞子、二〇一七年、一二二頁

をめぐっていわゆる「大夫人事件」なるものが起きた。このことは、後の「長屋王の変」の伏線となった。

さらに、七二七年（神亀四年）九月二九日には光明子は聖武天皇との間に男子を産んだ。その皇子は基王と名付けられ、なんと早くも生後三三日目に立太子し、皇太子となった。しかしながら、基王は翌七二八年九月一三日、満一才を迎える前に夭折した。

基王の誕生は男子の誕生を心待ちにした二人や藤原家にとって大きな喜びであったはずである。それがゆえに生まれてまもなくの立太子となったのかもしれないが、もしかしたら、基王は生まれながらに病弱だったので立太子を急いだ可能性もあったのではないかと思われる。それは将来の光明子の立后のために、皇太子の母であることを主張するというおそらく藤原家の目論見でもあったのであろう。この際、様々な高官が新皇太子に拝謁したものの、長屋王は拝謁することがなかったという。このことも後の長屋王の変の伏線となったとされる。

基王の死は、当然ながら聖武天皇と光明子に大きな哀しみをもたらした。前述のように、現在の東大寺はもともとは金鍾寺と称し、基王追善のために創建されたものであった。

皇太子の死の翌年の七二九年二月一〇日、本文でも述べたように「長屋王の変」が起きる。そして、同年の七二九年八月五日に元号が変わって天平元年となり、光明子はその直後の八月一〇日に立后し、光明皇后となった（『続日本紀』）。臣下の娘の立后という特例となったこの光明子の立后は、結局、光明子が皇太子を生んだという事実があることで認めさせたようである。

皇族出身以外の皇后というのは、前例として、第一六代仁徳天皇の皇后（正妃）である磐媛皇后（『日本書紀』には磐之媛命とある）が豪族の葛城の姓であったという神話時代の一例しかなかったというから当時は実に例外的なものであった。この磐媛皇后には『万葉集』第二巻の「相聞」冒頭にその歌（巻二―八五～八八）が出ている。

一方、「長屋王の変」は、七二四年の「大夫人事件」のときと同じように、おそらく光明子の立后にも反対するであろう長屋王の口封じと、将来の天皇位につく可能性のある長屋王一族の抹殺が目的であったと言われる。このとき、光明皇后の異母姉で長屋王に嫁いだ長娥子とその三人の息子たち（安宿王・黄文王・山背王）と娘（教勝）の命は助けられている。

興福寺の西金堂は光明子の母の県犬養橘三千代の一周忌（七三四年）供養にあたって発願されたものであり、そこには有名な阿修羅像も安置された。阿修羅はもともと古代インドの神であり、インド名をアスラという。アスラは闘う神で荒々しい性格の持ち主であったが、釈迦の教えによって守護神となり、怒りの表情が消えたのが、この奈良の興福寺西金堂内の阿修羅とされている。

阿修羅像

長部日出雄（おさべひでお）は阿修羅像のモデルは光明皇后ではないかとしている。[3] 一方、瀧浪貞子は、阿修羅の三つの顔は向かって左側は幼いころの表情、右側の顔は少し成長したころの表情、さらに正面の顔は懺悔が深まり悩みから抜け出そうとする青年の表情で、悩みのなかに生きていく人間そのものを写し出しているのではないかという。その上で、左側の顔は基王、右側の顔は安積親王、さらに正面の顔は阿倍内親王をあらわしているのではないかとしている。[4] そうすると、この三人は県犬養橘三千代の孫二人（基王と阿倍内親王）と三千代や光明子の近縁者の息子（安積親王）ということになり、三千代の供養の目的としてもふさわしいものとなる。頷ける見方だと思う。

実は、光明子の立后が急がれたのは、この安積親王が生まれていたことも大いに関係すると考えられる。現に、後述のように、安積親王はこの西金堂発願一〇年後の七四四年（天平一六年）に不可解な死をとげるが、この死の可能性として、藤原仲麻呂による暗殺（毒殺）

3　長部日出雄、二〇〇九年、二一一頁
4　瀧浪貞子、二〇一七年、一一三頁

ではないかと疑われている。聖武と光明子の間に生まれた阿倍内親王は七三八年に女性として初めて立太子したが、安積親王は阿倍内親王が将来、天皇として即位するにあたっては明らかにその立場をあやうくする存在であった。

その後、前述のように、光明子は藤原家の旧邸宅を法華寺とし、これを総国分尼寺とした。さらにこの寺を「法華滅罪の寺」としたのは、何らかの罪（暗殺事件に関わった、あるいは傍観せざるをえなかったこと）を感じたためではなかろうか？　また、ことさらに「積善の藤原家」と称したりしたこともある。第4章であらためて述べることになるが、かぐや姫の負っていた罪とはこれらの事柄の総合と考えられないだろうか。

一方、光明子が美人だったという伝説がある。この伝説は本当かもしれないが、可能性としては、むしろ法華寺に縁が深くて、実際に美人だったとされる後年の嵯峨天皇の檀林（だんりん）皇后（七八六〜八五〇）と混同されて生じたのであろうとされている[5]。また、法華寺の十一面観音像には光明皇后をモデルとして作られたという説があるものの、この像の造像年代もやはりやや後の檀林皇后の時代の作品であるという。檀林皇后は、光明子の異父兄である橘諸兄と光明子の異母妹である多比能（藤原不比等の四女）との間に生まれた橘奈良麻呂（後に橘奈良麻呂の乱を起こす）の孫娘にあたることから、光明子の親戚筋にあたる。

5　青木和夫、三二五頁

万葉集には、光明子が夫のことを思って詠った次の歌（雪）がある。

わが背子と二人見ませば幾許かこの降る雪の嬉しからまし（巻八―一六五八）

すなわち、「あなたと二人で見ることが出来たら、この降る雪もどんなにか楽しいことでしょう」という、実に愛らしいほほえましいとも思えるものである。大変な荒波の中でまさに波乱の人生を強く生きた光明子にもこのような一面があったのかと思わされる作である。

光明子の没年は七六〇年である。その後、お気に入りだった甥の藤原仲麻呂が専横を極めることになり、恵美押勝という名を得、やがて藤原仲麻呂（恵美押勝）の乱を七六四年におこして、娘の孝謙上皇の命で吉備真備のひきいる軍によって制され、首を刎ねられたことや、その後、同年に娘が称徳天皇として重祚したこと、その前後にはこの自分の娘が道鏡に入れ込むことなどを全く知ることなく亡くなった。

第3章

天平の最盛期とその終焉

——藤原四兄弟の台頭と死から称徳天皇の死まで

七二〇年に藤原不比等が没し、七二九年の長屋王の変で政界トップの左大臣（左大臣は右大臣の上位である）となっていた長屋王が没して後、藤原不比等の四人の息子である武智麻呂（むちまろ）、房前（ふささき）、宇合（うまかい）、麻呂（まろ）はそれぞれ重要な地位を占めるようになり、藤原四兄弟を中心とする政治体制が構築された。前述のように、これを「藤原四子（よんし）体制」という[1]。

ところが、七三七年（天平九年）にこの四人が続けざまに亡くなり、やがて、光明皇后の異父兄である橘諸兄政権ができて、唐から帰国した玄昉や真備がブレーンとして活躍し、不比等の孫の藤原仲麻呂が登場する。その間、七四〇年に玄昉や真備の排斥を主張した藤原広嗣の乱が起き、七四六年には大宰府に左遷された玄昉が怪死する。この期間には五年間におよぶ聖武天皇の彷徨もあり、そして、七四九年には聖武・光明の娘である孝謙天皇の治世となった。

七五六年（天平勝宝八歳）に聖武太上天皇が亡くなった際、その遺品を光明皇后が奈良の大仏

1 木本好信、二〇一三年、一四五頁。

に奉納するという形で正倉院に納める。このときには武智麻呂の次男で光明皇后の甥にもあたる藤原仲麻呂が大きな力を持つようになっていた。

七五七年には橘諸兄の息子である奈良麻呂が乱を起こすという情報が藤原仲麻呂や光明皇后らに漏れ、関係者が捕縛され、四四三人が死罪や流罪などとなった。おそらく仲麻呂の命であろう。

この期間に橘諸兄政権で僧玄昉とともに活躍していた下道真備（しもつみちのまきび）は七四六年に吉備姓を賜り吉備真備と名乗るようになっていたが、藤原仲麻呂によって左遷されたり、再度遣唐使として唐に送られたりして辛酸を舐める。しかし、やがて彼はかつての教え子である称徳天皇によって中央に呼び寄せられ、藤原仲麻呂の乱を平定し、仲麻呂を惨殺した。

このように奈良時代の後半もなかなかに騒がしい様相を呈している。そして、ここに紹介した人物の中には『竹取物語』に登場している人物のモデルとなっていると思われる人物が多くいることをやがて知っていただけると思う。

藤原四兄弟の台頭と死

藤原四子体制は盤石のように見えたが、七三七年の四月〜八月にかけて、この四兄弟は次々と亡くなってしまう。一般には、藤原四兄弟は疱瘡（もがさ）（天然痘）が原因で亡くなったとされている。しかし、『続日本紀』においては、通常、三位以上の人物が亡くなった際にはその生涯・経歴について一通り述べているのが常なのに、彼ら四人が薨（こう）じた際の記事には、大赦については種々詳しく述べられているのに対して、彼らの死に対しては薨じた日にちと事実をさらりと述べているだけで、その生涯・経歴についての記載がない。このことは少々気にかかる。

この項では藤原四子体制の形成からその崩壊までについて述べる。とくに、その死については毒を用いた暗殺が強く疑われることを述べていきたいと思う。

藤原四兄弟の台頭

長屋王が没して後、政治の中枢である太政官のメンバーは、大納言に多治比池守と藤原武智麻呂、中納言に大伴旅人（大伴家持の父親）と阿倍広庭、参議に藤原房前の五名によって構成されていたが、七三〇年（天平二年）九月に多治比池守が亡くなり、さらに翌年七月には大伴旅人も亡くなる。また、阿倍広庭も病弱で、無事に残っていたのはわずかに大納言の藤原武智麻呂と参議の藤原房前の兄弟二人だけとなった。

このような中、七三一年、太政官を強化するために新たに六人の参議が任命された。そのメンバーは、藤原宇合、多治比県守（たじひのあがたもり）、藤原麻呂、鈴鹿王、葛城王（のちの橘諸兄）、大伴道足の六名である。

これで藤原不比等の息子四人がすべて太政官となったことから、「藤原四子政権」が構築された。そして、この時期、兄弟四人の家系はそれぞれ次のように分立された。

武智麻呂——屋敷が南にあったことから「南家」

房前――屋敷が北にあったことから「北家」
宇合――式部卿であったので「式家」
麻呂――左京大夫であったので「京家」

この四家の呼称は、大体、神亀から天平のはじめ（七二九年が天平元年）頃からと考えられる。ちょうど光明子が立后した頃である。ここには、別家を立てることで、太政官には一氏から一人という原則を崩し、それぞれを別の氏と認め太政官に入れるようにしたという考えがある。

前の章にも述べたように、天平と改元された五日後の七二九年（天平元年）八月一〇日には光明子が正式に皇后となった。皇后は天皇に事ある場合には天皇として即位できる地位である。そのためもあり、それまでは皇后位に就けるのは皇族に限られていたが、ほぼ初めて臣下の女性が天皇の正妻（皇后）となったのである。

これで、藤原四子の政権はまさに盤石なものとなった。

藤原四兄弟の死

七三五年（天平七年）の夏から冬にかけて、おそらく朝鮮半島経由で伝播した痘瘡が猛威を振るい、七三七年（天平九年）には都でも蔓延したらしい。そのため、七三七年の四月から八月のわずか四ヶ月の間に藤原四子はすべて痘瘡のために命を落としてしまったと言われる。

次に藤原四兄弟が亡くなった日にちと年齢、そのときの位階と役職を示す。

七三七年四月一七日　次男・藤原房前（五七歳　正三位・参議・民部卿）
七三七年七月一三日　四男・藤原麻呂（四三歳　従三位・参議・兵部卿）
七三七年七月二五日　長男・藤原武智麻呂（五八歳　正二位・右大臣）
七三七年八月　五日　三男・藤原宇合（四四歳　正三位・参議・式部卿）

一方、次頁の図に藤原不比等の子供たちや主な孫たちを示すが、おそらくお互いに近くに住み、行き来もあったと思われるこれらの人々のうち、七三七年の四月〜八月に亡くなったのは藤原不比等の八人の子供のうち太字で示した男四人だけである。その一方で、後に名前の出てくる周辺の人々（ここに示しただけで一七人いる）は、このときに亡くなるどころか疱瘡に罹患したという記録すらない。実に奇妙である。

しかも、四月一七日に房前が亡くなったあと、七月一三日に二人目の麻呂が亡くなるまでには八七日あるが、麻呂が亡くなったあと、武智麻呂が七月二五日に亡くなるまでには一二日しかないし、さらにそのあと宇合が八月五日に亡くなるまでには一一日しかない。すなわち、麻呂・武智麻呂・宇合の三人はたった二三日間のうちに相次いで亡くなっているのである。

いくら疱瘡が蔓延していたとしてもこのことはあまりにも異常ではなかろうか。そして、先にも触れたように、四兄弟のうち最初に亡くなった房前についての『続日本紀』の記載は薨去の事実のみであり、その生涯や死因が一言も書かれていない。その二日後の四月一九日の記載として

藤原不比等━┳武智麻呂（右大臣）――豊成・仲麻呂
　　　　　┣房前（参議）――永手・清河
　　　　　┣宇合（参議）――広嗣・良継・百川
　　　　　┣麻呂（参議）
　　　　　├宮子（文武天皇夫人）――聖武天皇
　　　　　├長蛾子（長屋王に嫁す）――安宿王・黄文王・山背王
　　　　　├光明子（聖武天皇皇后）――阿倍内親王（後の孝謙天皇）
　　　　　└多比能（橘諸兄に嫁す）――橘奈良麻呂

藤原不比等の系図抄（737年当時）

「大宰府管内の諸国では瘡のできる疫病がよくはやって、人民が多く死んだ」と大宰府の状況が書かれているのみである。

なお、この部分には、藤原房前が四月一七日に薨じた直後の五月一日には「僧侶六百人を宮中に招いて、大般若経を読ませた」との記載もある。疱瘡のような伝染病に対して最もやってはいけないことをしていたわけである。もっとも当時は伝染病の蔓延に対してこのようなことは最もやってはいけないことなどということは知る由もない。

藤原四兄弟暗殺の可能性

全く不思議に思うのは、その後政権の中枢となり、聖武天皇の命で瀕死の藤原武智麻呂を見舞ったという橘諸兄や、その息子の橘奈良麻呂、聖武天皇や光明皇后はもちろんのこと、僧玄昉や真備、藤原四兄弟の息子たち（不比等の孫）のうち、後の歴史に名の出てくる藤原豊成と仲麻呂の兄弟や、藤原永手、藤原清河、藤原百川、藤原広嗣などには、疱瘡で命を落とすどころかこの病気に罹患したとの記録も一切ない。さらに『続日本紀』の七三七年（天平九年）の項を改めて見ると、疱瘡に関する記載はそれほど多くもないのである。あまりにも不自然である。

そこで考えられることとして、七三五年に唐から帰国した玄昉や真備らがもたらした薬物（毒物）を使って、藤原仲麻呂の策謀により藤原四兄弟を殺め、その後の光明皇后の異父兄にあたる橘諸兄の台頭に寄与したという可能性である。

痘瘡は恐ろしい病気であり、その原因も対処法も全くわからなかった。そこでたとえば、七三五年に帰国した遣唐使から「唐からわたってきた妙薬である」というようなふれがあれば、加持祈禱をする他、なすすべがなかった時代に薬（毒）を服用させることは難しくなかったとも思われる。悪意があったかどうかはすでに闇の中であるが、これだけピンポイントで藤原四兄弟が亡くなるというのは、毒殺のような何らかの人為的な行為があったと考える方が自然であると思う。

確かに、四人の中には本当に痘瘡で亡くなったケースもあるかもしれないが、四人が四人とも痘瘡で亡くなったとはとうてい考えにくく、私は、のちに述べる理由により、このことは、藤原仲麻呂が中心となって企んだ暗殺だったのではないかと推定している。そう考えると合点がいくのである。

この時に流行した痘瘡は七三五年に帰国した遣唐使たちがもたらしたと言われるが、まさにこの時に帰国した玄昉にも真備にも痘瘡に罹患したという情報もない。帰国した遣唐使たちは、実際には痘瘡とともに我が国にとって新しい毒物をもたらしたのではないかと考えてしまう方が自然である。

藤原四兄弟の死と藤原仲麻呂の躍進

藤原四兄弟の死に暗殺がからむとすれば、これを企んだ人間がいることになる。それは藤原四兄弟を暗殺することによって利益を得る人物である。とすれば、その可能性の最も高い人物として藤原仲麻呂の名をあげざるを得ない。もちろんその周辺にも利益を得る人物がいた。たとえばこのあと急に力を得た橘諸兄や、いわばその参謀となった僧玄昉、下道真備、さらには玄昉や藤原仲麻呂と蜜月の真っ只中であったと思われる光明皇后らである。

四兄弟の最後に藤原宇合が亡くなった同月の八月二六日には早くも玄昉が僧正に任じられた。また、先に述べたように、同年、宮子のためにおかれていた中宮職の長官となっていたものの、疱瘡で亡くなった(死因不明)橘佐為(橘諸兄の弟)にかわって真備がその職を取り仕切ることとなったことにも注目したい。

七三七年当時、権力の中枢にいた不比等の長男である藤原武智麻呂(正二位)は五八歳、次男の房前(正三位)は五七歳、三男の宇合(正三位)が四四歳、そして、四男の麻呂(従三位)が四三歳であった。これに対し、藤原仲麻呂は三二歳で位は従五位下である。

すなわち、藤原四兄弟が公卿の立場にあったのに引きかえ、仲麻呂は貴族とはいえ、このときはまだその末端の立場である。そして、このことは常に自分より明らかに優位な立場にある親族がいることになり、まさに目の上のたんこぶであったに違いない。たとえが適当かどうか微妙であるが、大学のポジションでいえば、四兄弟のうちの長男と次男が教授、三男と四男が准教授~講師クラスであるのに対し、藤原仲麻呂の年齢と立場はやっと助教になりたてといったところであろうか。血気さかんなころでもあり、立場が上の人間の存在が最もわずらわしく思う頃でもある。

この年齢と位を考慮すると、間違いなく強い権力志向や上昇志向のあったと思われる藤原仲麻呂は「あと一〇年たっても彼ら四兄弟の下にいなければならない」というあせりのようなものがあっても不思議ではない。それどころか、このままで推移していけば、仲麻呂はあと一〇年たっても中央政権にも入れないかもしれない。仲麻呂にとってはかなりのストレスとなっていたことは間違いなかろうと思う。

四兄弟のうち、最初に亡くなったのが武智麻呂と対峙していたと考えられる次男の房前であったことも少々気にかかる。もしかしたら疱瘡によって先に亡くなったのかもしれないが、一方、もし、全員が暗殺されたとすれば、まずは父の武智麻呂体制に対して最も障壁となっていたと思われる武智麻呂の二歳下の房前を消して様子を見、ついであとの三人の暗殺に入ったとすれば、理解できないこともない。

ちなみに房前は元明天皇の信任厚く、長男の武智麻呂を差し置いて早い時期に参議となったが、表向きはその後この地位にとどまること二一年、参議のままで逝ったことになる。武智麻呂の方はその間に、大納言から右大臣に昇任していた。

藤原四兄弟の死によって、藤原一族は一時的に勢力が衰えたようにみえる。であれば、なぜ、そのようなことを同じ藤原一族の仲麻呂が画策するであろうか。しかも、藤原四兄弟の中には仲麻呂の実父の藤原武智麻呂も含まれ、他の人々も仲麻呂にとっては叔父たちである。いくら何でも、自分の上昇志向のために実の父親や叔父たちを殺害するだろうかと思われるかもしれない。

しかし、仲麻呂は、七四〇年の藤原広嗣の乱では従兄弟の藤原広嗣を殺害しているし、七四四年には、(おそらく)光明皇后の歓心を買うために自分の従兄弟にあたる聖武天皇の息子の安積(あさか)親王の暗殺にも手を染める。さらに、本格的に権力を握ったときには、吉備真備や僧玄昉を左遷するのみならず、後の橘奈良麻呂の乱の際には、やはり親戚筋にあたる橘奈良麻呂らを含め、なんと四四三人もの多数を殺害したり流罪にしたりした。この際には、実兄の藤原豊成についても、時の右大臣の立場から引き摺り下ろして大宰府の大宰員外帥(だざいいんげのそち)に左遷してしまったような人物であることを忘れてはいけない。

七三七年の父や叔父たち藤原四兄弟の死後、仲麻呂の出世は目に見えて順調となる。七三九年一月には従五位上、その二年後の七四一年には従四位下となっている。

そして、藤原仲麻呂はおそらく、後にわかってくるようにすでに橘諸兄の政治力の限界を見抜いていて「御しやすい」と判断していたとも考えられる。

このように、親族だからこそ、互いに殺し合いをしなければならない状況にまで陥るのが天平時代であった。

光明皇后の事件関与の可能性

七三七年の藤原四兄弟の死は、藤原仲麻呂、さらに玄昉と真備、そして聖武天皇や光明皇后、橘諸兄も関わった「共謀」によるある種のクーデターであったとも考えられる。そうすればその後の橘諸兄の台頭や藤原仲麻呂や、玄昉、真備の躍進も説明がつく。

この件に関しては、ひとつの可能性として、藤原のやり口にいささか嫌気がさす一方、橘諸兄を出世させようとしていた光明皇后と、自分の出世のために藤原四兄弟を排斥しようとしていた藤原仲麻呂の利害が一致し、まずは仲麻呂が御しやすいと考えていた橘諸兄を中心とした政権をつくりあげようという意図があったと考えてはいかがであろうか。藤原四兄弟は光明皇后にとっては異母兄弟たちであるが、橘諸兄は異父兄である。この段に関しては、梅澤恵美子の「光明子を『藤原の女』ではなく『藤原の味方を装っていた県犬養橘三千代の娘』と看做すと多くの謎が解けてくる」[2]という言葉が心に響く。

光明皇后は長屋王の変の後、七三〇年には施薬院や悲田院をつくり社会福祉的な事業に専心するようになる。また、藤原四兄弟の死後の七三九年には、法隆寺の東院に聖徳太子（厩戸皇子）の鎮魂のためとして夢殿を建立し、七四一年には父親の邸宅を寄進して法華寺（総国分尼寺）とした。そして、この寺の別名は「法華滅罪の寺」であった。この時期、仏教や事前事業に急激にのめり込んでいることも少々気にかかる。

なお、七三九年に法隆寺の夢殿の建立が行われたが、梅原猛は『隠された十字架』の中で、なぜこの時期に太子がかつて住んでいたといわれる斑鳩宮の跡地に東院（夢殿）が建てられ、太子を篤く祀ったのかを不審に思い、その理由を藤原四兄弟の死を聖徳太子の怨霊によるものであっ

2 梅澤恵美子、二〇一一年、一五九頁

たからと解釈している。[3]

私は、実際には自らの手で藤原四兄弟を殺めておきながら、その死を聖徳太子の怨霊のためと装い、ことさらに太子の霊を篤く祀るふりをしたのではないかと感じる。

この段については、上田による「呪いと怨霊、それは古代官廷人の思想に生きた魔物である」[4]という言葉が印象に残る。怨霊が人間を殺せるわけはなく、ある人間が死んだことを怨霊のせいとすれば、もし悪意がある場合、かなり狡猾な思想にもなりうると思う。法隆寺には光明子の母親の県犬養橘美千代により、著名な「橘夫人念持仏」も奉納されているように、この母娘とは何かと縁の深い寺でもある。

橘諸兄政権樹立と真備・玄昉の台頭

七三七年に藤原四兄弟が相次いで亡くなることにより、光明皇后の異父兄である橘諸兄を中心とした政権がたちあがる。橘諸兄は葛城王と名乗っていたが、前年一一月に臣籍に降下したばかりであった。そして、阿倍内親王の家庭教師もつとめることになった真備と、藤原宮子の病を治したとされる僧玄昉は、一躍政界の中央に躍り出た。

藤原四兄弟の死後まもなく、真備と玄昉はともに褒賞を得ている。前述したように玄昉は七三七年の疫病流行に際して宮中の仏殿である内道場に招かれ、僧正に任じられている。一方、

3　梅原猛、一九八一年、四七九頁
4　上田正昭、一九六八年、二〇七頁

真備は七三五年の帰国当時、従八位下という最低レベルの官位でしかなかったのであるが、帰国後ただちに一〇ランク上位の正六位下大学助に叙せられたにとどまらず、その後藤原四兄弟の死をはさみ、三年間のうちに従五位上という貴族に列する身分となり、右衛士督になり、中宮亮も兼ねて、天皇・皇后の側近ともなった。

七四〇年には藤原宇合の息子、藤原広嗣の乱が起きて、七四〇〜七四五年の間の聖武天皇の彷徨があり、七四五年には玄昉が大宰府へ左遷され、翌年に怪死する。また、七五二年には真備が藤原仲麻呂の意向で遣唐副使として唐に遣わされた。二度目の渡唐である。同年の遣唐使派遣の直後には大仏の開眼会が催されている。さらに、七五六年に聖武太上天皇が亡くなり、遺愛の品々が正倉院に奉納されるが、この中には大量の武器や薬もあったことは注目に値する。おそらくこれらには、藤原仲麻呂の考えが入っていたに違いない。また、この年には、橘諸兄が失言によって失脚、翌七五七年に薨じると、同年、諸兄の息子の奈良麻呂を首謀者とする橘奈良麻呂の乱が発覚する。やがてこの橘奈良麻呂の乱を機に四四三名もの人間を粛清した藤原仲麻呂のさらなる専横が始まるのである。

遣唐使は、当時の日本よりはるかに先進国であった唐の文物を輸入することも目的としていた。すでに述べたように、七三五年に帰国した僧玄昉は経論五千余巻や多数の仏像を、また、真備も『唐礼』百三十巻など多数の書籍のほか、楽器や測量器具、さらに弓矢のような武具を我が国にもたらしたことが知られている。

記録にしかとはないが、第1章に詳述したように、遣唐使たちは様々な薬（毒）物ももたらした

コラム◉痘瘡（天然痘）とその死亡率

痘瘡（天然痘）は大変に罹患しやすく、その死亡率も高い疾病であり、我が国では、痘瘡（もがさ）（裳瘡とも書く）や豌豆瘡（えんどうそう）などとも称されて恐れられた。現在では天然痘と称されている痘瘡は古い疾患であり、古代エジプトのラムセス五世（在位前一一四五～一一四一）のミイラにも痘瘡に罹患した痕跡がはっきりとみられるという。また、伝染病の専門家によれば、「天然痘による死亡率は二〇～三〇パーセントで、一歳以下の小児と妊婦で特に死亡率の高いのがこの病気の悲惨さを際立たせる」[1]とある。一九五八年には全世界で二〇〇〇万人が罹患し四〇〇万人が死亡したという。天然痘は大変に辛い悲惨な症状を示す病気であり、治癒したとしても皮膚には「あばた」と呼ばれるはっきりとした瘢痕が残る。

一九六六年にＷＨＯの根絶計画がスタートし、ワクチン投与などにより、一九七七年にソマリアのアリ・マオ・マーランさんを最後の痘瘡患者として、一九八〇年五月八日には天然痘の根絶宣言が出た。

ここに述べたように痘瘡の死亡率は二〇～三〇パーセントとされる。この死亡率は大変に高いとはいえるが、それでも、七三七年に藤原四兄弟がピンポイント的に四人とも死亡した

1　北村敬、五頁

ことは謎めいていると考えざるを得ない。一方、その罹患率は八〇パーセント以上ともいわれるにもかかわらず、藤原四兄弟の近辺の人物では罹患した記録もない。この事実は結果論であって、橘諸兄らはたまたま生き残ったためにその後の政権をになうことになったと言われるかもしれないが、そう結論するには摩訶不思議という他ないので、ここではその考察をしてみることにしたい。

筆者が和弓をたしなむことから、自然に考えついたことがある。和弓は的中を競う武道ではないが、和弓での的中率三〇パーセントというのは初期のひとつの目標ともいえる。すなわち、弓道の稽古に際しては、一回の立ちで通常四本（四つ矢または二手）の矢を射ることが多いが、四本の矢を射てそのうち一本が的中すれば的中率二五パーセントである。よって、的中率三〇パーセントとは、各回の立ちにて四本全てが的をはずしてしまわぬ程度の的中率ということになる。一方、四本とも的中することを皆中という。初心者にはなかなか達成できないものである。なぜなら、もし、的中率三〇パーセントの射手であれば、皆中する確率は、〇・三の四乗＝〇・〇〇八一、すなわち一パーセント以下の〇・八一パーセントとなる。これは、一〇〇回の立ちに一回あるかないかということである。

こんな計算をしては不謹慎のそしりをまぬがれないかもしれないが、痘瘡に罹患した藤原四兄弟が四人とも亡くなる確率は、各人の死亡率を最も高く見積もって三〇パーセントとしたとしても、〇・八一パーセント、すなわち一パーセントにも満たず、かなり可能性が低いということになる。しかも、ここでは死亡率を三〇パーセントとしたが、これは感染した患者について言っていることであり、ここにさらに感染の確率（八〇パーセントほどと高いとはいわれるが間違いなく一〇〇パーセント以下である）もかけあわせなければならないので、四人とも死亡する確率はさらに低いことになる。いいかえれば、四人が四人ともピンポイントで疱瘡で亡くなることはほとんどあり得ないことなのである。

藤原四兄弟の死はその後の僧玄昉と下道真備をブレインとした橘諸兄政権、さらにその後に続く紫微中台を中心とした光明皇后＋藤原仲麻呂政権への移行という点で、間違いなく歴史の一大転換点であったと思われる。実は、歴史の転換点に暗殺が関わることは大変に多いし、その際に毒が使用された例も多いのである。この転換点でも毒が使われたのではなかろうか。とすれば、まさにここでも毒が歴史を作ったともいえよう。

もちろん、歴史上、毒殺が疑われても、あからさまに毒殺とはわからない薬物による暗殺が多かった。化学という学問はおろか、毒という概念もおそらく朧（おぼろ）であり、もちろん毒の検出法もなかった当時、遣唐使がもたらした色も味も臭いも無い鴆毒（亜砒酸）は暗殺の目的にはいわば理想的な毒物（ツール）であったはずであり、この毒というツールを得た藤原仲麻呂はその後も「毒使い」となっていったのではないかとも思われる。

に違いない。その中には冶葛（やかつ）のような有毒生薬や、砒素化合物である雄黄（おおう）もあったと思われる。第1章に詳述したように、養老律令に記載されている毒のうちのひとつである冶葛は正倉院に奉納された薬物六〇種のリストである『種々薬帳』の末尾にも記載されている。

吉備真備の生涯

吉備真備は吉備地方の豪族の出身とされ、はじめ下道（しもつみち）真備と称し、現在の岡山県倉敷市真備（まび）町（ちょう）で生まれたと言われている。[5]

吉備真備という名前は七四六年（天平一八年）に真備が五〇歳を過ぎて吉備の姓を賜ってからの名前であり、それまでは前述のように下道真備という名前であった。しかし、一般には吉備真備としてよく知られているので、本書では基本的に吉備真備として記している。

吉備真備の生誕から晩年までの概観

吉備真備の生年については、六九三年説と六九五年説の二つがあるが、本書では前者の六九三年説をとりたい。それは、『続日本紀』の七七五年（宝亀六年）一〇月二日の項に、前右大臣・正二位・勲二等の吉備朝臣真備が薨じたという記述、「宝亀元年に書面で辞意を奏上したが、天皇は

5　高見茂、二〇〇三年、一四頁。

丁寧な詔を下して許さなかった。ただ中衛大将の職を辞すことだけは許可した。同二年に、再び書面をたてまつって辞職を請い願い、やっと許された。薨じた時、年は八十三歳であった」とあることによる。真備が亡くなったのは七七五年であり、このときに数えで八三歳とすれば、生年は六九三年となるわけである。井上靖も小説『天平の甍』にて六九三年生誕説を取っているし[6]、また、岡山県倉敷市真備町の吉備公墓碑にても真備の生年を六九三年三月二八日としている。

一方、六九五年生誕説についてであるが、七六四年（天平宝字八年）の藤原仲麻呂の乱（恵美押勝の乱）の平定に際して称徳天皇に登用されたおりに七〇歳だったといわれることによる。真備は七七〇年（宝亀元年）一〇月にも辞職の願い出をしているが、その上奏に「～去る天平宝字八年に、真備は、年齢が七十に満ちました」（『続日本紀』）とあるためという。この記載から六九五年生まれを支持する方もあるわけである。たとえば、宮田はこの段は上奏文ゆえ間違いはなかろうということで、このことから逆算して七六四年に七〇歳だったと看做したことから、六九五年生誕説をとっている。[7]

確かに、天平宝字八年は西暦七六四年であることから、生年を六九三年とすれば、藤原仲麻呂の乱を鎮めた七六四年には数えで七〇歳ではなく七二歳となってしまう。しかし「～年齢が七十に満ちました」という段は、年齢を正確に言ったというよりも、言葉として「かつて仲麻呂の征伐にあたったときにはもうすでに七〇歳を超えてしまっていた」という意味合いであったと看做せ

6　井上靖、一九六四年、一九五頁。
7　宮田俊彦、一九六一年、三頁および二三三頁

ば、矛盾はないと思われる。そして、養老律令には「凡そ官人年七十以上にして致仕（筆者註・退職）聴す」とあり、このことも念頭にあったと考えられる。公式文書といえる『続日本紀』の薨去の年齢と薨去した日の記載を尊重すれば、真備の生年は六九三年でよろしいのではないかと思う。六九三年生誕説をとれば、真備の享年は数えで八三歳で、いずれにせよ当時としてはかなりの長命だった。

吉備真備の生涯は次のように大きく六つに分けられるが、その生涯においては辛酸を嘗めた時期もあった。この時期は藤原仲麻呂の全盛時代であり、仲麻呂のいわば目の敵にされた真備は散々な目に遭うのである。しかしながら、晩年には、真備がかつて阿倍皇太子時代に家庭教師をしたことのある当時の称徳天皇の命によって都にもどされ、宿敵ともいうべき藤原仲麻呂を自らの手で討ち、最後には右大臣にまで登り詰めた。

（一）六九三年の生誕から二四歳で七一六年に遣唐留学生に選ばれるまで。

（二）二五歳にて入唐する七一七年から七三五年に四三歳で留学期間を終えて帰国するまで。

（三）七三五年から七四九年、すなわち、真備四三歳～五七歳の橘諸兄政権下における栄達時代。この時期には阿倍皇太子の家庭教師も務めた。また、この時期の七四六年には吉備の姓を賜り吉備真備と称するようになった。

（四）藤原仲麻呂の台頭により、七五〇年（五八歳）に筑前守、さらに肥前守として左遷され、その上、おそらくこれも仲麻呂の企みにより七五一年（五九歳）には遣唐副使に追加任命されて七五二年に二度目の入唐、七五四年（六二歳）になんとか無事に帰朝した後、今度は大宰府に左遷され、その後、七六四年（七二歳）に造東大寺司長官として再度入京するまでの辛酸を嘗めた時代。

（五）七六四年〜七七一年の参議・右大臣時代。この期間の初めの七六四年には藤原仲麻呂（恵美押勝）の乱を鎮め、仲麻呂を惨殺した。

（六）七七〇年の称徳天皇の崩御ののち、七七一年（七九歳）に右大臣を辞してから七七五年に八三歳にて亡くなるまで。

吉備真備は唐からの帰国後まもなくの若かりし頃、おそらく光明皇后の依頼により、当時、孝謙天皇の皇太子時代に家庭教師を務めるなど、光明皇后・阿倍内親王母娘とは親しい間柄であった。また、真備はおそらく二回目の渡唐の際には楊貴妃に見（まみ）えたことがあったと思うが、楊貴妃は七五六年に縊死によってその命を絶たれている。同年に聖武天皇も崩御した。後に表にして示すが、真備は長命であったこともあり、親しく見知っていたこれらの人々をいずれも見送っていることになる。

吉備真備の留学時代、帰朝と栄達

さて、吉備真備の留学時代、そして帰朝と栄達時代について見ていこう。

彼は唐に留学して、同時に留学した玄昉や阿倍仲麻呂（唐での名前は朝衡）とともに彼の地で名を成したと言われ、玄昉は、内典（仏典）における当代随一の学僧となり、吉備真備の方は、外典（儒教の教典）における当代随一の学者となったといわれる。ちなみに、『続日本紀』においても、「わが朝の学生にして名を唐国にあげる者は、ただ大臣（筆者註・吉備真備のこと）および朝衡の二人のみ」と賞されている。

真備の名前が世に出てくるのは留学後からである。前述のように七三五年に唐から帰国したときはすでに四三歳でありながら、従八位下という官人としては最低レベルの位階であった。そこから位を上げ、三年間のうちに従五位上右衛士督にまでのぼり、貴族に列することとなって、中宮亮を兼ねて天皇・皇后の側近ともなった。いわば地方豪族出身ながら中央政権の高官に登り詰めたことになる。

真備が七三五年四月二六日に帰朝した際には、『唐礼』一三〇巻・『太衍暦経』一巻・『太衍暦立成』十二巻・太陽の陽の影を測る鉄尺一枚・銅律管一部（調律用の銅の管）・鉄如方響（小さい鉄板を並べ吊るし、槌で旋律的に打つ打楽器）・写律管声十二条（鉄板で調律用の管の音を写したもの十二条）・『楽書要録』十巻（則天武后撰の音楽書）・絃纏漆角弓一張（絃を巻き漆を塗った角の弓）・馬上引水漆角一張（弓に馬上引水の図がある漆ぬりの角弓）・面を露し四節を漆れる角弓一張（四ヶ所の節を漆ぬりにし他は生地を出した弓）・甲を射る箭二十隻（甲も通す強箭二十本）・平射箭十隻（儀式とか遊戯に使う矢）を天皇に献上した（『続日本紀』）という。時の橘諸兄政権は僧玄昉や真備のような唐に渡ってその制度や文物を学んできた留学生を積極的に活用して、唐に負けないような国づくりをしようと考えたのであろう。

唐からの帰朝後、真備は孝謙天皇の皇太子時代に東宮学士・東宮大夫となって教育にあたったことから、玄昉との関係も含めると、この当時、皇太子（阿倍内親王）・光明皇后（光明子）・皇太夫人（宮子）という線で宮廷内部に関与していったことは間違いない。真備は、学友の玄昉を介して藤原宮子についてもかなり知っていたのみならず、前述のように、藤原宮子のためにおかれた中宮職の次官（中宮亮）も務めていた。

玄昉が宮子を治療したとされる際（七三七年）には、吉備真備も昇叙（従五位下から従五位上へ）の恩恵にあずかっている。また、七四三年五月には五節（ごせち）の宴が恭仁京の新宮の内裏で催され、阿倍皇太子が「五節の舞」を自ら披露したことにより、皇太子の家庭教師を務めていた真備は、この年の七月にさらに従四位下に三ランク昇叙されている。皇太子は二六歳、まさに女性として華のころであったことだろう。

吉備真備の文才

真備の唐での学習は『禮記』や『漢書』に止まらず、天文、暦法、音楽、孫子、呉子の兵法にまでおよんだといわれる。ただし、詩文についてはあまり得意ではなく、また習学の度もあまり熱心ではなかったのではないかという説もある[8]。本当にそうだろうか。

真備には『万葉集』への収載歌もなく、文学的には才がなかったのではないかともいわれるが、実際には、右大臣のころから書き進めていた著作として『私教類聚（しきょうるいじゅう）』という文書がある。七六

8　宮田俊彦、一九六一年、三二頁

歳以降の著作であり、吉備真備がそれまでの人生を振り返りながら、人生観や処世術をまとめたものである。今は次に示すような、三八項目の目次しか残されていないという。ここに示したのは岡山県倉敷市真備町の「まきび記念館」に掲示されていたものである（コラム参照）。その中には、儒教と仏教は共存できるが、道教は排斥することや、学問をよくし、弓を射る術を学ぶことを勧めることなどが記されている。

ただし、ここでは、第三二にはスパイという外来語が使われたり、第三八には弓道という、現代にできた語が使われたりしているので、原文がどうなっているのか知りたいと思っていたところ、原文では第三二は「不可監察事」、第三八は「可知弓射事」となっているらしい。[9] 概ねこんなことがらが書かれていたと理解していただければと思う。

第一　日本でいう五戒、儒教では五常という道徳を実行せよ　一、殺生をしない／二、盗みをしない／三、淫欲を起こさない／四、悪口をいわない／五、酒乱しない
第二　学問せよ
第三　道教を信じてはいけない
第四　人生ははかない
第五　人の道をふみおこなうこと
第六　殺生をしないこと

9　宮田俊彦、一九六一年、二二三頁

第七　盗みをしてはいけない
第八　淫欲を起こしてはいけない
第九　人の悪口をいってはいけない
第一〇　酒乱はいけない
第一一　忠孝を行え
第一二　友達との約束を守れ
第一三　仏教をうやまえ
第一四　言葉は慎重に用いよ
第一五　誤れば、ちゅうちょせず改めよ
第一六　考え、しかる後に行動に移れ
第一七　愚かな人を馬鹿にしてはいけない
第一八　他人の家に長くとう留すべきでない
第一九　交遊もあまり深入りすべきでない
第二〇　激情に走らず、忍耐せよ
第二一　暴飲暴食すべきでない
第二二　なにごとにも努力せよ
第二三　奢侈であってはいけない
第二四　正妻一人で、妾を持ってはいけない

第二五　もうけ仕事に走ってはいけない
第二六　博奕をしてはいけない
第二七　社会生活でしてはいけないこと
第二八　妊婦のしてはいけないこと
第二九　夫婦生活でしてはいけないこと
第三〇　社会生活での馬鹿げた行動のこと
第三一　あやしいまじないを信じてはいけない
第三二　人をスパイしてはいけない
第三三　音楽ばかりにふけってはいけない
第三四　正しい占いは知っておくこと
第三五　医学を勉強すべきこと
第三六　書道、数学を勉強すべきこと
第三七　読書につとめるべきこと
第三八　弓道を学ぶこと

当たり前のようなことがらばかりと思われるかもしれないが、奈良時代にこのようなわかりやすい内容の書き物をしているところに阿倍内親王の家庭教師を務めるほどの教育者であった吉備真備の真髄も見えてくる。

先述のように、吉備真備には文才がなくその証拠に『万葉集』にも歌が収載されていないといわれる。しかし、大伴家持によってまとめられた『万葉集』は告発の書といわれるくらいで、ときに並び称される『日本書紀』や『古事記』とは性格が異なると看做されている。たとえば、『万葉集』にはその成立時期にかぶる大事件であるはずの大仏建立に直接関連する歌もほとんどないことに着目しておきたい。すなわち、万葉集はかなり意図的に内容が選ばれた歌集でもあるといえる。

実際には、彼は、「天皇が平城宮内などに宴をひらくとき、まっさきに詩賦を命ぜられるのも、かれであった」[10]とされるほどの歌の名手でもあったのである。この段については『続日本紀』七三八年（天平一〇年）七月に見える次の記述をもっても真備の文芸能力を低く見るべきではないという指摘もある。ここには「大蔵省で相撲を覧じた聖武は夕方、西池宮に移り、殿前の梅樹を指して詩を詠ずることを求め、三〇人の文人が詩賦を奉じたのであるが、この場に居合わせた『諸才子』中、唯一名前が記されているのが真備である」とある。[11]

また、真備は、七五〇年に筑前守、次いで肥前守に左遷され、七六四年までの一〇年以上もの間、九州での生活を送り、この期間内には、七五一年に遣唐副使に任命され、翌年、再度入唐させられたりした（七五三年帰国、翌年帰朝）。この間に『道璿和上伝纂』を書いていることでも

10　青木和夫、二〇〇四年、三五一頁
11　大平聡、二〇〇九年、一二九頁

知られている。[12] 道璿（七〇二〜七六〇）は真備の最初の入唐からの帰国時に我が国に至った唐の高僧である。また、道璿はのちに七五二年の毘盧舎那仏の開眼供養会で呪願師を務めた。

さらに、先に述べたように真備は皇太子に五節の舞を指導している。五節の舞とは、五度、袖をひるがえすことにちなむ名称で、天武天皇が「礼と楽」とで天下を統括するために創始したとされる。このときの真備の昇叙は皇太子に五節の舞を指導したからにほかならない。真備は決して詩歌や芸術を解せぬ野暮な人物ではなかったと考えられる。

吉備真備と僧玄昉

僧玄昉は阿倍仲麻呂や吉備真備とともに、いずれも七一七年（養老元年）に入唐した。唐は、玄宗が全盛の時代である。二〇年近くを唐で過ごした後、僧玄昉と吉備真備（当時は下道真備）は七三五年（天平七年）に帰国したが、唐の科挙に合格して時の玄宗皇帝に重用されていた阿倍仲麻呂はこの時の帰国を許されなかった。

玄宗は唐に渡った玄昉を尊び、僧侶の最上の誉れである紫の袈裟を授けたという。玄昉は七三五年に、経論五千余巻および仏像多数などを携えて帰国した。先にふれた海龍王寺は藤原宮子に関係の深い寺であるが、実はこの寺は七三一年、遣唐使として唐に渡っていた玄昉が一切経と新しい仏法を我が国にもたらすことを願い、光明皇后によって創建されたとも伝わっている。

玄昉が唐より帰国の途中に東シナ海で暴風雨に襲われた際に海龍王経を唱えたところかろうじ

12　宮田俊彦、一九六一年、一一〇頁

て種子島に漂着し、奈良の都に帰ることができたことをきっかけとし、海龍王寺は遣唐使の無事を祈願する寺院となった。

七三五年は、『続日本紀』によれば、「この年には、作物が実らず、夏より冬に至るまで豌豆瘡(天然痘)を患って夭死(若くして死ぬこと)する者が多い」と記されている年である。帰国後、時の聖武天皇は玄昉に対して、封戸一〇〇戸、田一〇町、扶翼童子八人を賜り、紫の袈裟を授けるなど、僧侶として破格の厚遇でもてなした。また、皇室の内道場に招聘し、僧正の位も授けた。玄昉は内道場の僧となったことから、天皇をはじめとする皇室内部に私的な関係を深めていったと思われ、とくに仏道に帰依していた光明皇后との関係は深いものがあったと考えられる。その後、隅寺(すみでら)ともよばれることになった海龍王寺の別当ともなる。

七三七年(天平九年)一二月には、玄昉が宮子の長年の病気を治療したという有名な話があるが、このことについては、玄昉と宮子との性的関係を伝える話として解釈されることもある。また、興福寺の四恩堂(しおんどう)は宮子と玄昉の密通の場と言われ、そのため、その焼失後も再建されることがなかったという。[13] さらに、玄昉については光明皇后との深い関係について『今昔物語』に記され、さらに、『源平盛衰記』には、玄昉を排除しようと九州で兵を起こした七四〇年の(藤原)広嗣の乱の原因を皇后と玄昉との密通にあるように書かれているという。[14] しかし、いずれも後世になってからの史料である。「火の無い所に煙は立たぬ」とは言われるもののこれらの情報には信用

---

13 梅原猛、海人と天皇(上)四八四頁
14 林陸朗、一九六一年、一三八頁

に乏しいところもあるといえよう。

とかく玄昉については世の非難を受けるような記述も多いようだが、傑僧であったことも間違いなく、当時の仏教政策や施設には彼のアイデアから出たものも多いと思われる。たとえば、東大寺や国分寺の造営の企画には聖武天皇自身が非常に熱意をこめていたように思われているが、その最初の段階では光明皇后の勧めがあったともいわれている。とすれば、当時の光明皇后と玄昉との親しい関係からみると、七三八年（天平一〇年）ころに創建されたという国分寺の建立の発願にも玄昉のアイデアがかなり関与していると考えて間違いなかろう。

この国分寺の創建時期が正しければ、その前年の七三七年には藤原四兄弟がそろって亡くなった年である。国分寺（僧寺）を造る際には、国分尼寺も造り、こちらは法華滅罪之寺とされた。光明皇后（そして玄昉）たちにはこの時期、何かよほどやましいことがあったのだろうか。

一方、僧の行基は東大寺の盧舎那仏創建へ尽力した。行基の活動は当初は迫害を受けていたが、のちには大仏造立に協力したことによって、七四五年一月二一日には、当時の僧綱（そうごう）であった僧正玄昉、大僧都行達、少僧都栄弁、律師行信の上に立つ大僧正となった。

なお、僧正玄昉は同年一一月二日に大宰府の筑紫観世音寺造営別当として左遷され、翌七四六年の六月一八日にその地で亡くなる。『元亨釈書（げんこうしゃくしょ）』には、七四六年の観世音寺の落慶法要の日、玄昉が導師として高座に登り、鐘を鳴らしたとき、にわかに雲がかかり、雷とともに悪霊があらわれ、玄昉をつかんで空に舞い上がり、やがて胴や手足が落ちてきて、弟子たちがそれらを埋葬したと言われている。

玄昉の頭部は奈良の藤原氏の氏寺である当時の興福寺内に落ち、人々は、これはその六年前の七四〇年に乱を起こして処刑された藤原広嗣の怨霊の仕業だと伝えている（『続日本紀』）。しかし、これはおそらく、広嗣派の残党か藤原仲麻呂の差し金による暗殺であろう。

玄昉の頭部が飛んで奈良に帰ってきたところが、現在、奈良市高畑町にある頭塔（ずとう）（当時は興福寺境内）であるとされ、肘が落ちたところがＪＲ桜井線の京終（きょうばて）駅近くの肘塚（かいのつか）町であるという。なお、頭塔が七六七年に造営された時には土塔（どとう）と表記されていたが、平安時代になってから玄昉の首塚伝承が広まり、「どとう」が転訛して「ずとう」と称されるようになり、これに「頭塔」という漢字があてられたものと考えられている。

私は玄坊の七四五年の左遷の原因は七四四年の安積親王暗殺の秘密を握っていたこともあったのではないかと考えている。この暗殺の首謀者である仲麻呂が使用した毒物（おそらく雄黄から調製した鴆毒）を七三七年の藤原四兄弟の暗殺に引き続き、今回も玄昉が提供した可能性があると思うのである。そして、時期的にその口封じのためもあって玄昉は大宰府に左遷されたと考えられないこともない。

玄昉は宮子の病を治すために宮子に近付くことができ、そのことから宮子に思いを寄せていた、あるいは同情を寄せていたふしもあるといわれる。そのため、『竹取物語』は玄昉が宮子をかぐや姫のモデルとして書いたという説を提唱しておられる方もいる。[15] しかし、ここに述べたように、玄昉はあまりにも早くに亡くなり、しかもその晩年には常に命の危険性すらあった。私は、

15　金谷信之、一九九八年八月

玄昉にはその晩年に至るまで、政権への批判的な物語と考えられる『竹取物語』を著すような余力はとてもなかったろうと考えている。

玄昉は七四九年に孝謙天皇が即位したことも、七五四年に藤原宮子が亡くなったことも、七六〇年に光明皇太后が亡くなったことも、その後に道鏡が跋扈したことも知らずに亡くなってしまったことになる。

玄昉はこのように壮絶な死を迎えたが、その間も真備は表向きは順調な出世を遂げている。これは、真備が当時の首脳であった橘諸兄の有力なブレーンでありながらも政治的な野心をもたず、しかも学者としては極めて有能であったためであろう。聖武天皇や光明皇后、阿倍皇太子の信任も厚かったと思われる。

先にも述べたように、真備は七四六年（天平一八年）一〇月、五〇歳を過ぎてから新しく「吉備」の姓を得、「下道朝臣真備」から、「吉備朝臣真備」と名乗ることになった。[16] このことは、すなわち、その祖先が備中国（今の岡山県の一部）の下道郡の長官クラスの豪族の出身であった真備が、これで、その数十倍の大きさに当たる吉備（備前・備中・備後・美作の総称で、今の岡山県全域と広島県東部地方に該当する領域）を代表する立場に立ったわけである。なお、吉備は五～六世紀のころには「吉備王国」といわれるような、大和に対抗するほどの勢力を誇っていたという。[17]

16 高見茂、二〇〇三年、七六頁
17 高見茂、二〇〇三年、一八頁

真備・玄昉と藤原広嗣の乱

真備と玄昉が宮中にひとつの勢力を持つようになったのに対して、七四〇年（天平一二年）八月、藤原宇合の長男広嗣は、左遷先の大宰府から朝廷へ真備や玄昉の罷免をもとめる上表文を送った。藤原広嗣は真備に師事し、政界で重きをなすはずであったが、とくに玄昉とは肌が合わず、激しく対立したという。

この言動が謀反とされて召喚の勅が出され、聖武天皇側は直ちに挙兵した。朝廷軍に追いつめられた藤原広嗣は新羅へ逃れようとしたが五島列島で捕まり、弟の綱手とともに首をはねられた。これが藤原広嗣の乱である。

この乱は、それまでに藤原氏の作り上げた体制に対する、吉備真備や玄昉のようないわば異質な者の台頭への反感もはいっていたものであろう。

この時期から、聖武天皇は、五年間にわたって彷徨することになる。また、全国に国分寺を建立させることになったのも流行病の収束祈願とともに、藤原広嗣の怨霊を鎮めるためでもあったといわれる。

処刑された藤原広嗣は後に怨霊となって七四五年に大宰府に左遷された玄昉を翌七四六年に殺したともされ、このことも聖武天皇を悩ませることになる。

吉備真備と阿倍仲麻呂

阿倍仲麻呂は僧玄昉や真備と同時に七一七年（養老元年）に入唐したが、科挙に合格して玄宗皇帝の高官となっていたために皇帝から帰国を許されなかった。阿倍仲麻呂の唐での名前は仲満、のちには晁衡（朝衡とも）と称した。

玄宗皇帝の信任の厚かった阿倍仲麻呂はその後もなかなか公式に帰国を許されることはなかったが、彼は、二回目の渡唐を果たした吉備真備らが七五三年に帰国するときの遣唐使船（大使の藤原清河の乗った第一船）にて帰国を試みようとした。ところが、乗船した船が難破してしまい、結局は藤原清河とともに、また唐にとどまることになり、唐で一生を終えた。先にもふれたが、阿倍仲麻呂が望郷の念を詠ったとされる有名な次の歌が、平安時代前期に成立した『古今和歌集』に収載されている。その原文をカッコ内に示す。

天の原ふりさけみれば春日なる三笠の山にいでし月かも
（阿麻能波羅　布利佐計美禮婆　加須我奈流　美加佐能夜麻珥　以傳志都岐加毛）

この歌は、彼が帰国を意図した際の送別の宴で歌ったという説が有力であった。一方、この歌は、七五九年二月に恵美押勝（藤原仲麻呂）の命をうけて唐に派遣された使節団にいた高元度が、その師にあたる吉備真備の要請により朝衡（阿倍仲麻呂）に会った際に朝衡が筆をとって詠んだものという説もある。[18] さらに、林は、この漢字の使い方は一風変わっていることから、実は、阿

18　林青梧、一九九七年、二二六頁

倍仲麻呂から吉備真備に送った暗号ではないかという説を出している。

この歌の真意は「わたしはやむなく、中国皇帝の傘下にとどまる。真備どのや、天皇にお約束した日本援助が実現しなくて、あなた方はさぞや不機嫌なことだろう。しかし仲介人のわたしは、それでもなおあなた方を助けようとして、いろいろ考えている（この、高元度に持たせる武器の見本は、そのひとつだ）。わたしの生涯には、いろいろと多難なことが多かったが、長安の夜空に輝く月よ、三笠山の月となって、このわたしの気持ちをわずかでも伝えてほしいものだ[19]」であるという。林は、この歌の中の「麻珥（まに）」の部分の意味は「女の耳飾り」であるが、実は「武器の見本」に相当すると考えられ、なかなかの風趣で面白いと評している。

吉備真備の苦境時代

七四九年（天平勝宝元年）となり、聖武天皇の譲位によって孝謙天皇が即位し、藤原仲麻呂が台頭してくるころになると、吉備真備は苦難の時期を迎えることになる。この少し前の時期には永年の留学の後ようやく日本に帰国して大活躍をはじめた玄昉と真備の二人であったが、やがて藤原仲麻呂によって排斥される破目になる。

玄昉は七四五年（天平一七年）に筑前の観世音寺別当に移され、翌年六月に突然怪死してしまったことは先に述べた。この段について小野は「玄昉つぶし」と言い切り、「橘政権の弱体化を狙

19　林青悟、一九九七年、二二八頁

い、自らの政治基盤を強化しようとする藤原仲麻呂のもくろみと無関係とは考えにくい」[20]と述べている。

吉備真備は玄昉とともに橘諸兄政権下に重用されたが、藤原仲麻呂の全盛期には、造東大寺司長官などを解任させられ、政権からは遠ざけられる。そして、七五〇年正月一〇日には、九州に左遷され、筑前守となる。この件に関しては、宇治谷によれば、「藤原広嗣の怨霊の祟りとされることがあって却(しりぞ)けられたらしい」(『続日本紀』)としているが、著者は、この段はさらに権勢を高めた藤原仲麻呂の陰謀であると考える。真備はまもなく肥前守に移され、さらに七五一年、遣唐使の副使に追加任命されて再度入唐させられることになる。

吉備真備の遣唐副使追加任命には、目的として、鑑真の来朝を強く実現させようとする聖武太上天皇や光明皇后たちの意思、そして、光明子の甥にあたり、遣唐大使となった藤原清河(きよかわ)のサポート役を期待したこともあったかもしれない。しかし、一方、当時の唐への往復は大変な危険をともなうものであったことも考慮に入れる必要がある。

少々意地悪く考えをめぐらすと、七五一年には五九歳というこの当時としてはすでに老齢の域となっていた吉備真備の唐への二回目の派遣決定は、藤原仲麻呂の暗い陰謀であった可能性も否定できない。この渡唐で真備が命を落とすことへの期待である。

真備の二回目の入唐の時期は玄宗皇帝時代の末期であるが、七五六年に高力士によって首を括られて命をおとした楊貴妃はまだ存命中、というよりも絶頂期だったはずである。よって、先の

20 小野克正、二〇二〇年、一二三頁

入唐においてすでに玄宗皇帝に認められていた吉備真備はこのとき、間違いなく玄宗皇帝にまみえるとともに、楊貴妃の姿も見ていたと思われる。

後述するように、私は吉備真備が『竹取物語』の原作に関わっていると考えているが、かぐや姫のイメージのひとつとして、この二回目の入唐の際の楊貴妃のことも念頭にあったような気がしてならない。手に入れたくてもとても高貴でとうてい手の届かない女性が日本においてのみならず、唐にも存在していたという現実も、かぐや姫を生み出した可能性は高いと思うのである。

この、鑑真招致の目的も持った第一〇次遣唐使の七五二年閏三月の出発の際に、孝謙天皇が副使以上を内裏に召し、大使の藤原清河に節刀を授けた。そして、使節の一行は直ちに難波に向かい、四隻の船で唐に向かって出航した。東大寺で大仏開眼供養会が挙行される前月のことである。藤原清河は光明皇后の異母兄の藤原房前の四男、すなわち、光明子にとっては甥にあたる。この時に、光明子が清河に贈った次の歌が『万葉集』にみられる。

大船に真楫繁貫(まかじしじぬ)きこの吾子(あこ)を韓国(からくに)へ遣(や)る斎(いわ)へ神たち（巻一九—四二四〇）

大使藤原清河は、光明子の歌に返して次の歌を残した。しかし、清河は結局、帰りに乗った船が難破してしまい、阿倍仲麻呂とともに再び唐にもどることになり、ついに祖国の土を踏むことなく彼の地で没してしまう。

春日野に斎く三諸の梅の花栄えて在り待て還りくるまで（巻一九―四二四一）

吉備真備は、当然ながら七五二年四月九日の大仏開眼供養会には参加できなかったことになる。しかし、そもそも、真備は当初から大仏建立には賛成しかねていたようで、この国家的事業にあまり関与していない。もしかしたら、このような真備の存在を嫌った藤原仲麻呂が大仏開眼の時期に唐へ追いやった可能性も考えられる。

真備は、この二回目の渡唐から七五四年三月に無事帰国したものの、今度は、同年六月に大宰少弐として（七五九年には大宰大弐に昇任）再び大宰府に追いやられ、その地で一〇年ばかりを過ごすことになった。

吉備真備の中央への復権と藤原仲麻呂（恵美押勝）の乱の制圧

大宰大弐となった真備が帰京し、造東大寺司長官に返り咲いたのは七六四年（天平宝字八年）正月のことであった。これは間違いなく、藤原仲麻呂・淳仁天皇との関係が悪くなった孝謙上皇が七六二年に「国家の大事と賞罰との両者は、朕がする」という宣命を下したことによる。この時の人事は、あたかも仲麻呂派と孝謙上皇派の陣取り合戦の様相で、従五位以上だけでも四四名の大異動であった。なお、この際、大伴家持は薩摩守に左遷されている。

真備が返り咲いた造東大寺司長官の職は以前から藤原氏との関係が深く、永らく仲麻呂の支配下にあったものである。造東大寺司は大量の器材・人員（武器や兵）をかかえている点で、一朝事あるときは巨大な軍隊になり、仲麻呂にとっても重要なものであった。その長官にしかも当時の最高の軍師である吉備真備が任命されたわけである。この意味は大きい。

そして、この年の秋、藤原仲麻呂の乱が勃発し、藤原仲麻呂は吉備真備が参謀としてひきいる孝謙上皇の軍に討たれ、首を刎ねられる。

吉備真備はすでに七〇歳を過ぎていたが、この年（七六四年）九月一一日、上皇は「仲麻呂討つべし」との決断を下し、真備に作戦の総指揮をとるように命じた。合わせて真備を正四位下から従三位に上げ、参議・中衛大将に任じた。孝謙上皇（乱後まもなく称徳天皇として重祚）側の参謀となったのである。このようにして、吉備真備は藤原仲麻呂に対して自ら最後のとどめを刺したことになる。彼は、藤原仲麻呂の企みによる長い期間の左遷などを経たが、長生きして政権の中枢に返り咲くこともでき、また、自らの活躍によって藤原仲麻呂の最期を見届けることのできた人物となったのである。

吉備真備の右大臣時代

七六六年正月二日、大納言藤原永手が右大臣に、白壁王と藤原真楯（またて）が大納言に、そして吉備真備が中納言に任命されたが、真楯は三月一二日に五二歳で急死、かわりに真備が大納言に昇進した。やがて、同七六六年一〇月には道鏡が法王となるにおよび、藤原永手が左大臣、真備は右大臣に抜擢される。真備はこの年の正月に参議から中納言に昇任したばかりであったが、一年足らずのうちに参議から中納言、大納言、右大臣と三ランクも昇任したことになる。ただ、この真備の右大臣への昇任がたまたま道鏡（七〇〇頃～七七二）の法王への任命と同時期だったゆえ、その後真備にとって何かとマイナスイメージとなっていることはいなめない。

吉備真備は、孝謙上皇が道鏡に心酔し始めた頃のことを十分に知る立場にあった。道鏡はもともと学問にも修行にも熱心な僧であったが、藤原仲麻呂の死とともに淳仁天皇は淡路島に追いやられ、孝謙上皇が重祚して称徳天皇となり、やがて称徳天皇の寵愛を受けていた道鏡は太政大臣禅師となり、ついには法王の位を得るに至ると、天皇位をも手中にしようとしたものの失敗する。この顚末については後の項で詳述するが、七七〇年八月四日に称徳天皇が亡くなってしまうと、後ろ盾を失った道鏡はたちまち失脚し、下野国薬師寺に追放された。

その後、称徳天皇の次の天皇の座を巡り、左大臣藤原永手は、式家の藤原良継や百川らと謀って天智天皇の孫である六二歳の白壁王を皇太子に立て、七七〇年一〇月に光仁天皇の即位となった。称徳天皇の遺詔（いしょう）として永手が宣命をもって決定した（『続日本紀』）という。白壁王が新皇太子となったときには亡くなった称徳天皇よりも九歳年長であった。

なお、吉備真備は、天武天皇の孫で臣籍に降りた文屋真人浄三（きよみ）を皇嗣に推したが、浄三は固辞した。そこで、真備はその弟の大市を立てようとした。おそらく真備は天武天皇系を正統と見てこのような案を出したものであろう。しかし、浄三はこの年（七七〇年）の一〇月九日に亡くなってしまう。浄三は「臨終に際して遺言し、葬儀は簡単にして、朝廷からの鼓吹を受けないようにと命じた」（『続日本紀』）という。浄三の子どもたちはこの遺言に従い、当時の人々はこれを称賛したという。いかにも真備が推薦した人物らしいと思わせる最期である。

ところで、後述するが、称徳天皇は最期の時には道鏡も寄せ付けず、その側に仕えていたのは真備の娘の吉備由利(ゆり)だけであったという(『続日本紀』)。もし永手らが今際(いまわ)の際の称徳天皇に裁可をあおいだとしても、由利がそれを取り次いだだろうか。まずあり得ないと思う。

このことからも、かなりの確率で永手らの提示した称徳天皇の遺詔は偽造と思われる。一方、真備の主張は吉備由利からの情報による称徳天皇の真の意向だった可能性も高かったと考えられる。このように、おそらく、称徳天皇の真意が実現できないことになったが、真備にはどうしようもなかったのであろう。この一件は老齢に加えて、真備が政界を去る原因のひとつとなった可能性がある。真備はしかし、この段に関しては自分の意見が通らなかったことをうらんだとは思えず、ただ静かに去った感じである。

称徳天皇の最期を看取った正四位下吉備朝臣由利（七一七～七七四）は、七六四年の藤原仲麻呂の乱後に称徳天皇によって建立された西大寺に七六六年発願経（一〇二三部、五二八二巻／五一六帙）を残している。吉備氏一族のこの寺の建立に対する寄与の絶大さがこの経文の寄進によってもうかがえる。

なお、本経にはカタカナによる書き込みがあり、後に述べる吉備真備がカタカナの創始者と目されることと考え併せると大変に興味がそそられたが、どうやらこの書き込みは後の加筆[21]のようである。

21　宮田俊彦、一九六一年、二〇二頁

吉備真備の最晩年

吉備真備は称徳天皇の死の直後の一〇月八日に右大臣を辞することを上申した。しかし、この時は許されず、翌年、ようやく許されたようである。そして、それから約四年後の七七五年一一月三日（宝亀六年一〇月二日）に薨じる。右大臣・正二位・勲二等であった。この時、八三歳とある（『続日本紀』）。

このように、吉備真備は七七一年に右大臣を辞すが、それから、亡くなる七七五年までの約四年の間、中央政権や記録から全く姿を消す。それどころか、実際には真備はいつ右大臣を辞したかも不明なのである。すなわち、七七一年二月二二日に左大臣の藤原永手が亡くなるが、その後、三月一三日に左大臣が欠員のまま右大臣に大中臣清麻呂（おおなかとみのきよまろ）（七〇二〜七八八）が指名されていることから、この時期までの真備の退任が推測されるだけなのである。そして、七七五年に薨じるまでの吉備真備についての消息は詳しくはわからない。

ただ、真備の子の吉備朝臣泉については、真備退任の少し前の七七〇年七月二一日に正五位下から従四位下が授けられたという記事がある。また、彼が八月二八日には大学頭に任じられたという記事（それぞれ『続日本紀』）もある。さらには、真備の死後の七八四年にも彼はまだ従四位下のままで、伊予国守となってはいたものの、さしたる功績がないと評価され、また同僚と協調できないということで幾度も告訴されていたという記事が見られる。ただ、彼の父親の功績が偉大なので罪は大目に見るものの現職は解任するとある。実際に、同月には別人がその職を兼任する旨の勅（『続日本紀』）が出ている。

一方、前出のように真備の娘の吉備朝臣由利が、七七四年正月二日に尚蔵従三位として薨じたという記録もみられる（『続日本紀』）。これは真備の亡くなる前年のことであった。

吉備真備は晩年を奈良の都かその周辺ですごしたという説が有力であるが、故郷である現在の真備町に戻って余生を過ごしたという説もある。真備町内の小田川河畔にある上面が平らな大きな岩の上で、唐から持ち帰った琴を弾いて余生を送ったという言い伝えがあり、真備町ではこの言い伝えに因み、毎年、中秋の名月の頃にこの岩の上で琴と尺八を演奏して吉備真備公の遺徳を偲ぶ「弾琴祭」が行われているという。

真備は実際に音楽についての造詣が深かったようで、唐留学の帰国時の天皇への献上品の中には、「鉄如方響」という鉄の板を並べた打楽器とともに、「銅律管一部」と「写律管声十二条」という楽器の調律用具も含まれていたという。[22] また、七四三年（天平一五年）には家庭教師として指導していた阿倍内親王が「五節の舞」を舞った際には、真備の位が従五位上から従四位下に三階級上がった。このことから、琴を弾く場面もともなうというこの舞の指導に真備があたったことは間違いなかろう。

すでに述べたように、吉備真備の晩年は、称徳天皇の後の天皇の擁立をめぐって、左大臣の藤原永手らの画策により自らの案は通らずじまいとなり、右大臣を辞し、政界からも引退してしまっていた。しかし、私は、この時期は真備にとって過去をゆっくりと振り返る心休まる時期でもあったのではないかと思っている。

22　高見茂、二〇〇三年、一四〇頁

そして、吉備真備によって『竹取物語』が執筆されたのはまさにこの晩年の四年間の時期だったのではないかと思う。この時期には、真備にとって最も危険な人物だった藤原仲麻呂も自身が采配した軍により惨殺されており、もはや脅威ではなくなっていた。

吉備真備と道鏡事件（宇佐八幡の神託事件）

吉備真備は平安時代には高い評価を受け、桓武天皇による勅の中でも讃えられているという[23]。しかしながら、江戸時代になってから吉備真備は一部の国学者に、「右大臣となっていながら道鏡にのめり込む称徳天皇を諫めることもできなかった」と、いうなれば悪し様に言われることにもなった。たとえば、江戸時代の頼山陽（一七八一～一八三二）らはこの当時右大臣を務めていた吉備真備の行動を「吉備公がその政権下にありながら、弓削道鏡が天皇の位を簒奪（さんだつ）しようとしているのに、これを諫（いさ）めなかった」と責めている。

しかし、私は、真備にはそのときは立場上どうしようもなかったというのが本当のところではないかと考えている。ちなみに、江戸時代においても林羅山（一五八三～一六五七）のように、吉備真備を顕彰した人物がいた[24]ことも事実である。

真備には、家庭教師もして、その性格をよく知りぬいていた孝謙上皇（称徳天皇）が道鏡にのめり込んでいたときにはその動向を静観する他ないと判断していたことも容易に推定できる。すな

23　高見茂、二〇〇三年、一五〇頁
24　高見茂、二〇〇三年、一五五頁

わち、道鏡にのめりこんだ孝謙上皇は、淳仁天皇（淡路廃帝）を廃して称徳天皇として重祚し、道鏡を重用するが、この顚末については、真備にとっては、上皇が他人の忠告を聞くようなことはしないという性格から、静観するほかなかったのではないかと思われる。

一方、逆に、江戸時代の国学者たちによって賞賛されている和気清麻呂の行動には真備のアドバイスもあった可能性が高いと考える。七六九年のいわゆる道鏡事件（宇佐八幡宮神託事件）の際、称徳天皇は詔の中で「清麻呂とともに謀った人がいることは知っているが、この度は免罪とする」との言葉がある。その共謀者の可能性として藤原百川の名を挙げる人がいるが、実はこの段には当時右大臣だった吉備真備も関わった可能性が否定できないと思う。真備は、当時はまだ三〇歳代と若い和気清麻呂に対してあのように発言させた側の一人だったのではなかったか。その証拠と思われるが、事件の翌年の七七〇年八月四日の称徳天皇の崩御直後、九月六日には、早くも道鏡事件にて左遷された和気清麻呂が大隅（おおすみ）国から、また、清麻呂の姉の広虫（法均）も備後（びんご）国から早速召し出されて京に入っている（『続日本紀』）。また、同年の一〇月二五日には無位であった（位を剝奪されていた）和気広虫に従五位下が授けられ、また、翌七七一年三月二九日には和気清麻呂も本位の従五位下に復された（『続日本紀』）とある。吉備真備が右大臣の職を辞したのは七七一年三月ころであると考えられ、七七〇年には真備はまだ現職の右大臣であったはずである。

ちなみに、和気清麻呂も吉備真備（関係する下道は備中にあたる）と同じ吉備（備前）の出身であることにも留意したい。近年、とくに岡山県関係の出版物で、真備がまだ地位も低かった同郷の和気清麻呂をひそかに励まし指導して皇統を守ったとする説が相次いで出されている。[25]首肯できるところである。

道鏡にのめり込んだとされる称徳天皇については、後にはあらぬ噂を散々たてられ、その死についてすらも面白おかしくおとしめられた話とされてしまっているが、おそらく、母の光明子とともに、根は仏教に深く帰依した純粋な女人だったのではないかと考えられる。

そして、真備にとっては、かつて家庭教師もしたこの女人のことが愛(いと)おしくてならなかったのであろう。だからこそ、一時はこの女人と組んだ藤原仲麻呂の陰謀から大宰府に左遷されてしまったり、当時としてはかなりの高齢になってから遣唐副使として唐に派遣される危険な目にあわされたりしても、七〇歳を超えてから、今度は、この女人のもとめに応じて仲麻呂を討つ軍を指揮する役目を果たしたりしたのであろう。

それは自分のためでもあり、憎っくき仲麻呂を討つ為でもあったかもしれないが、真備にとってはやっと目を覚ました愛しい教え子の助けになれることに快哉を叫びたいような大きな喜びでもあったに違いない。

25　荒木栄悦、一九七八年、三三七頁／小野克正、二〇二〇年、二七〇頁

コラム◉真備町と大宰府に真備と玄昉の面影をたずねて

吉備真備は七七五年一一月三日に亡くなったが、その墓所として考えられているのは三カ所あるという。そのひとつは、岡山県倉敷市真備(まび)町で「吉備様」とよばれているところであり、二つ目は奈良市高畑町の奈良教育大学構内にある「吉備塚」、さらに、奈良県桜井市には吉備の地名があり、ここに大臣屋敷跡といわれる敷地があって、ここに一九三〇年に建立された「吉備大明神」の墓碑がある。吉備公は晩年ここに住み、ここで亡くなったとも言われている。[1]なお、当時は火葬の習慣もあったので、分骨によりこれら三ヶ所がいずれも墓所である可能性もあるとされる。

元号が平成から令和に替わってまもなくの二〇一九年七月一二日に「吉備様」を訪ねてみた。真備町は一九五二年(昭和二七年)に岡山県吉備郡の西南部に位置する箭田(やた)町と大備、薗、二万、呉妹の各村が合併し、吉備郡真備町が発足、ついで一九五六年に穂井田村の一部も加わって現在の町域が定まったという。さらに二〇〇五年(平成一七年)のいわゆる平成の大合併によって、吉備郡真備町は倉敷市に入り、倉敷市真備町となり現在にいたっている。

1 高見茂、二〇〇三年、一四三頁

ＪＲの岡山駅から伯備線に乗り、岡山駅から五つ目の駅である清音(きよね)駅で降りて、さらに井原(いばら)鉄道の一両編成の電車に乗り換え、二駅目の吉備真備(きびのまきび)駅で下車した。箭田地区にある吉備真備駅から北西方向へ一五分程歩くと、やがて「まきび公園」に至る。

真備町は二〇一八年七月の大洪水によって大きな被害を受けたところでもある。その途中では、前年の洪水によって被害を受けたためであろう、家の普請をしているところがあちこちにみられた。まきび公園の周辺は水害の被害をまぬがれたとのこと。

まきび公園内にある吉備真備記念館を見学の後、まきび公園にてしばらく過ごした。小川の流れの水音が印象的であった。まきび公園内には「カタカナの碑」もある。これは吉備真備こそがカタカナ創始者であると言われていることから造られたようである。また、一八四七年（弘化四年）銘の吉備真備公の墓碑もあり、その現代文の看板があった。そこでは、真備公の生年を六九三年（持統帝七年）としている。

まきび公園として整備されているわきから小高い丘に至る階段を登ると、神社の拝殿の裏側にほぼ接するように周囲が石垣でめぐらされた一画があり、一七九〇年銘

真備公園のカタカナの碑

の宝筐印塔(ほうきょういんとう)が建っている。これが吉備公の墓といわれているところである。一方、宝塔のあるところに登る四段の石段の一段目ぎりぎりに「吉備さま」の拝殿の裏側が接している。この拝殿の方は一九〇六年に建てられたものである。

丘の下には吉備寺がある。吉備寺はまきび公園に隣接しており、もともとは真蔵寺と言ったものが、一六九〇年頃に吉備寺となったという。

一方、玄昉ゆかりの観世音寺は太宰府市にある天台宗の寺院で、開基は天智天皇であり、六六一年に没した天智天皇の母親である斉明天皇の追善のために発願されたという。その造営の完了は一〇〇年以上後の七六五年のことである。

宝筐印塔

二〇一四年三月に熊本市で日本薬学会が開催された際に少し足を伸ばして太宰府の玄昉の墓所を訪れた。西鉄太宰府駅から観世音寺の入り口までタクシーに乗り、そこから車の入れない細い道を約五分程歩き、玄昉の墓所とされるところに向かった。訪れる人は少ないのであろうか、玄昉の墓所であることを示す古びた案内板があるものの、付近はとくに整備された様子は見られず、普通に田や畑が広がっており、墓所のすぐ右となりは民家である。また、左側には花菖蒲の栽培がなされている湿地という質素な場所で、寂れた感じである。

ここにたたずむと、唐の玄宗皇帝に重用され、橘諸兄政権下でも活躍したが、七四五年にはこの地に左遷され、翌七四六年の観世音寺造立供養の日に怪死してしまった玄昉のことが不憫（ふびん）に思われてくる。実は、ここの宝篋印塔は実際には奈良時代から六〇〇年ものちの南北朝時代のものと考えられている。しかし、いずれにせよ、玄昉がその晩年をこの墓所の周辺で過ごしていたのは間違いない事実である。

玄昉の墓所とされるところ

藤原仲麻呂の台頭と凋落

藤原仲麻呂は、藤原不比等の長男藤原武智麻呂の次男として生まれた。兄に二歳年長である豊成（七〇四～七六五）がいる。仲麻呂は生まれつき聡明で算学に優れていたという。第1章で紹介した『種々薬帳』に紫微中台の長官にあたる紫微令であった仲麻呂の真跡が残っている。紫微中台とは、それまで皇后宮職と呼ばれていたものを、聖武天皇の譲位・孝謙天皇の即位にともない光明皇后の為に七四九年に改組されたものであった。

藤原仲麻呂が中央政界にデビューしたのは七四三年（天平一五年）五月五日、この日は内裏で行われた宴で皇太子阿倍内親王が五節舞を舞った日であった。同日、議政官の人事も行われ、橘諸兄は左大臣となり、兄の豊成と巨勢奈弖麻呂（こせのなでまろ）が参議から中納言に昇進し、席の空いた参議の一人に仲麻呂が任じられた。ただし、先に述べたように、仲麻呂はすでに七三七年の藤原四兄弟の死に関連して影の立役者であった可能性が高い。そして、この七四三年の表向きのデビューの翌年の七四四年には安積親王の暗殺を決行したのではないかと強く疑われる。

安積親王の変死と藤原仲麻呂

安積親王は、聖武天皇と光明子との間に生まれて夭折した基王（もとい）（七二七～七二八）にわずかに遅れて、聖武天皇と県犬養広刀自（あがたのいぬかいのひろとじ）との間に生まれており、基王や阿倍皇太子の異母弟にあたる。また、県犬養広刀自は光明子の母方の従姉妹にあたることになる。

七四四年一月一一日、彷徨中の聖武天皇は恭仁京から難波宮(なにわのみや)に行幸した。このとき、一八歳となっていた安積親王も従ったが、親王は途中で病気(脚の病)になったために、恭仁宮へ引き返した。しかし、彼はそのわずか二日後の一月一三日に急死する。死の原因は脚の病とされているだけで詳細は不明であるが、いかにも不可解といわざるを得ない。

このときの恭仁京の留守役は正月一一日にその任を命じられたばかりの藤原仲麻呂であった。そして、仲麻呂の名はこの事件直後の同年二月二日に任命し直された五人の恭仁京の留守官の中にない(『続日本紀』)ので、この時、仲麻呂は留守居役の任を解かれたのであろう。こうしたことから、この件には仲麻呂が深く関わったのではないかといわれている。おそらく仲麻呂による安積親王の暗殺(毒殺)だったのではないかと考えられているのである。

安積親王は当時、反藤原派の橘氏のホープであった。そこで、安積親王の台頭をおそれた藤原側が安積親王を殺害して、藤原家から出た女性皇太子(阿倍内親王)の地位の安泰を図り、藤原勢力の挽回を企てたものではないかともされている。以上のことから、現在のところ、この安積親王の不可解な死は、おそらく藤原仲麻呂が関与している暗殺[26]という見方が有力なのである。

一方、この七四四年正月の安積親王の死には「暗殺されたのではない[27]」との意見もある。さらに、この安積親王の死がもし暗殺ならば仲麻呂には死罪を含む厳罰が下されたはずであり、まし

26 岸俊男、一九六九年、九三頁
27 瀧浪貞子、二〇一七年、一六二頁

てやその一年後の二階級昇叙がなされるはずがないという見方もある。[28]

しかし、私はこの案件は、藤原勢力の挽回というよりも、娘の阿倍内親王の行く末を思う光明皇后の意を汲んでの仲麻呂による暗殺であると睨んでいる。とすれば、厳罰どころか二階級昇叙があったとしても不思議ではない。残されたわずかな記録からの推察ではあるが、私は仲麻呂と毒物が関わったという暗殺説を支持したい。

なお、もしこの段が毒による暗殺であったならば、ここで使われたのは七三五年に帰国した遣唐使が持ち帰ったと考えられる「雄黄」から調製される「鴆毒」が使われた可能性が高いと思う。鴆毒の正体である亜砒酸は無色・無味・無臭であるから、化学という学問もなく、もちろん毒の検出法もなかった時代には、気付かれずに暗殺に使うにはまさに理想的な毒であった。その中毒症状もさまざまなことから、他の死に至る病との区別は、症状からだけでは難しいとされる。

鴆毒の原料である「雄黄」（第1章で述べた鴆の卵）を唐から持ち込み、おそらくこのものから鴆毒を製する方法も伝授したと考えられるのは玄昉ではなかろうか。そのため、この事件の後、彼はおそらく口封じの目的もあり、仲麻呂によって安積親王の死の翌年の七四五年に九州の観世音寺に左遷されたとも考えられる。玄昉はその地で翌年没している。これは、かなりの確率で、藤原仲麻呂の差し金による暗殺であろう。

なお、すでに少し触れたように、藤原仲麻呂はこの事件の翌年の七四五年正月に従四位上より正四位上に二階級昇進している。さらに七四六年四月には従三位に叙せられて公卿となり、

28　木本好信、二〇一一年、四三頁

七四八年（天平二〇年）三月には正三位となる。まさにトントン拍子の出世である。これは、この時期、仲麻呂が当時の陰の権力者といえる光明皇后と非常に親密な関係にあったといわれることも大いに関係したに違いない。当時、光明皇后は反藤原的でありながら藤原の申し子である阿倍皇太子の母でもあり、藤原仲麻呂とは蜜月時代であるという複雑な立場であった。

藤原仲麻呂の台頭

七四五年九月以降、聖武天皇は病気がちで、光明皇后が主に政治に関与していたという。七四七年三月には、光明皇后は天皇の快癒を祈念して新薬師寺を造営している。また、七四七年の九月二九日には、東大寺盧舎那仏（るしゃなぶつ）の本格的な鋳造が始まり、以後八回の鋳造工程を経、七四九年（天平勝宝元年）一〇月に成就した。

ちなみに、七四九年は天平二一年にもあたるが、この年の二月に陸奥国(現在の宮城県涌谷町)から金が産出して献上されたことから、同年の四月一四日に天平感宝元年と改元された。さらには、同年七月に聖武天皇が退位し、皇太子の阿倍内親王が孝謙天皇として即位した。そのため、七月二日に再び改元がなされ、天平勝宝元年となったのである。すなわち、西暦七四九年は、天平二一年であるとともに、その年の四月からは天平感宝元年、七月からは天平勝宝元年ということになる。

その後、七五一年には大仏殿も落成、翌七五二年（天平勝宝四年）四月九日、開眼の大法会が挙行された。この時期、おそらくは光明皇后が事実上、様々なことがらを采配し、藤原仲麻呂は光明皇后の信任のもとにその地位を着実に築き上げていったものと思われる。大仏の開眼会に集まったのは海外からの参加者も含めて一万人にもなったという。素朴な疑問であるが、これだけの人数の参加者の交通や食事、トイレ、宿泊などはどのような状況だったのであろうか。興味のあるところである。

大仏建立時の左大臣は光明皇后の異父兄の橘諸兄であり、右大臣は藤原武智麻呂の長男の藤原豊成、そして、豊成の弟にあたる藤原仲麻呂は大納言であった。また、参議には橘諸兄の息子の橘奈良麻呂がいた。よって、この時期には、大納言の藤原仲麻呂と参議の橘奈良麻呂という政敵同志が廟堂で顔を合わせていたことになる。

藤原仲麻呂と紫微中台

聖武天皇の譲位により孝謙天皇が即位した時期には、橘諸兄を筆頭とする太政官政治とは別に皇后宮職が拡大されて、新たに紫微中台と称する機構が出現した。そして、その長官（紫微令）に就任したのが藤原仲麻呂（当時大納言）であった。結局は太政官とは別に紫微中台を中心としたもうひとつの中央官庁が現れることになったわけである。

紫微宮とは、天の北極の正中にある星座をいい、天帝の座といわれている。唐では、玄宗皇帝の七一三年に宮中の庶務を掌る中書省を紫微省と改め、また、即天武后（六二四〜七〇五）の七〇三年には最高官庁である尚書省を中台と改めたことがある。紫微中台の名称はこれらのことを考え合わせて命名したものと思われ、藤原仲麻呂はその長官におさまった。

このように、光明皇后が政権に大きな関与をするようになると、それまでも、光明との関係によって上昇してきた藤原仲麻呂は、太政官としては、大納言でありながら右大臣である兄の藤原豊成をしのぐようなさらに大きな力を持つようになった。

七五六年の聖武上皇の死により、表向き、その七七忌に光明皇后の意向として正倉院に聖武の遺品として種々の宝物とともに、武器や薬をため込み、仲麻呂はその管理者となる。そして、この段には太政官や天皇は関与していないのにもかかわらず天皇御璽を手に入れ、奉納物のリストである『国家珍宝帳』や『種々薬帳』には一面に御璽をちりばめた。仲麻呂たちは、武器や薬を正倉院に集め、さらに天皇御璽も手に入れることに成功したのである。このことは、いわばこの七七忌をねらって決行された仲麻呂と光明皇后の無血クーデターともいえるものであった。

七五七年（天平勝宝九歳）八月一八日には天平宝字元年と改元する。この改元は、駿河国益頭(やきず)郡から献上された蚕が吐いた糸で「五月八日開下帝釈標知天皇命百年息(かいかたいしゃくひょうちてんおうめいひゃくねんそく)」と書いたためであるという。この改元理由は間違いなく作り事であるが、五月八日は聖武の一周忌の悔過が終わる日で、さらに、孝謙の宝寿不惑の四〇歳（五×八＝四〇）にも通じるとされた。

そして、翌七五八年八月一日、孝謙天皇は皇位を藤原仲麻呂の息のかかった皇太子の大炊王に譲位し、淳仁天皇が誕生する。ここに完全な藤原仲麻呂の天下となる。

なお、七五八年八月の月末には、仲麻呂は人民を「汎(ひろ)く恵むの美、これより美なるはなし」とか、橘奈良麻呂事件に際し、「暴を禁じ強に勝ち、戈(か)（武器）を止め乱を静む」と功績をたたえる勅をおそらく自作し、淳仁天皇から「恵美押勝」という名を授かる。すなわち、恵美とは、先祖となる藤原鎌足以来の忠勲の美を示し、押勝とは奈良麻呂の乱を防止した武功によるものであるらしい。なお、恵美押勝とは美称とのことであるが、何となく滑稽な感じもする名前である。

さらに、仲麻呂には、功封三千戸や功田一百町が給され、また「恵美家印」の使用が許された。そして、通貨を出す権利すらも得ている（『続日本紀』）。実際に、七六〇年（天平宝字四年）には和同開珎以来の貨幣として、現在、皇朝十二銭とされている貨幣の一つである万年通宝（萬年通寶）を発行している。この時期は仲麻呂と孝謙上皇との関係が絶頂期であり、恵美押勝の名は上皇が仲麻呂に会うたびに「笑み」がこぼれるために賜った名前とも言われる。このエピソードは『水鏡』[29]にも記載されている。

また、仲麻呂は役所や官名をすべて唐風に改め、たとえば、太政官は乾政官、太政大臣は大師、左大臣は大傅、右大臣は大保、大納言が御史大夫というように改名した。そして、仲麻呂はさっそくかつての右大臣にあたる大保に昇進し、七六〇年には、従一位を授けられ、大師（太政大臣）に任ぜられた。この地位はかつて天智天皇のときに大友皇子が任ぜられたことがあるものの、大宝律令施行後任ぜられたものがいなかった。かつては仲麻呂の祖父の不比等も固辞して受けなかったという地位である。まさに仲麻呂のやりたい放題という感じである。

なお、私はこの藤原仲麻呂という男は冷徹で計算ずくであらゆる物事を進めようとするところがある一方、調子に乗って恵美押勝という珍妙な名前を自分に付けて悦に入ってみたり、役所や官名を突然唐風にしてみたり、後述するが天皇や皇后に尊号をつけるときには聖武に使うべき

29　和田英松校訂、一九三〇年、八三頁

「天平」をすでに光明皇太后に使ってしまったために聖武には「勝宝」を使うはめになったりとか、どこかちぐはぐな感じのある人物にも見える。

橘諸兄・橘奈良麻呂親子と藤原仲麻呂

橘諸兄は美努王の子で当初は葛城（かつらぎ）王と称した。母親は県犬養橘三千代で、光明皇后にとって橘諸兄は同母で異父の兄となる。おそらく、この二人は光明子が幼少のころから互いを知り、親しい生活をしていたのではないかと思われる。

七三六年（天平八年）一一月九日、聖武天皇は叔母の元正太上天皇らと光明皇后の宮で宴をもよおし、葛城王に従三位を与え、橘（たちばな）の氏を賜って橘諸兄とした。葛城王は臣籍に降下して母である県犬養橘三千代の姓をついで橘氏を称し、橘宿禰（すくね）諸兄と名乗るようになったわけである（七五〇年には朝臣の姓を賜り、橘朝臣諸兄となった）。また、葛城王の同母弟の佐為王も橘宿禰佐為と名乗ることになった。彼らは母親の「橘」の姓を残したかったとともに、「橘」姓となった方が、藤原ならびに朝廷に近いこととなることも考慮に入れたことと思われる。この「橘」の姓は、前述のように、かつて三千代が元明天皇から七〇八年（和銅元年）にさずかったものであった。

この日、葛城王と佐為王が皇族から臣下に下り、母の橘の姓を継いで橘諸兄および橘佐為となった際に、元正太上天皇によるといわれる橘を言祝ぐ歌が『万葉集』にある。

橘は實さへ花さへその葉さへ　枝に霜降れどいや常葉の樹（巻六―一〇〇九）

七三七年には太政官の要職を占めていた藤原四兄弟が相次いで死亡した。その少し前の七三五年に僧玄昉や下道真備（吉備真備）が唐から帰国しており、その後、橘諸兄が玄昉や真備を重用することによって実質的に権力を握りはじめた。この時期や登場人物はかなり気になるところである。

橘諸兄は、藤原四兄弟が亡くなったあと中央政界で実権を握るようになる。当初、新政権が発足したときには橘諸兄は大納言であったが、藤原広嗣の乱が平定された後には正二位右大臣となり、さらに七四三年（天平一五年）には従一位左大臣まで昇任した。このころが橘諸兄政権の絶頂期と言ってよいだろう。

この後、藤原仲麻呂が台頭し、次第に仲麻呂の専横的な政治が顕著になっていく。とくに、聖武太上天皇が七五六年（天平勝宝八歳）五月に亡くなってからはその専横がはなはだしくなった。その前年の一〇月に聖武の病気が重い状態のなかで、橘諸兄は酒席において聖武亡き後のことをうっかり口に出してしまい、そのことが密告された。聖武はこのことをとがめだてしなかったが、諸兄はその責任を取り七五六年二月（聖武天皇崩御の年）に左大臣の職を辞し政界から引退してしまう。そして、七五七年正月、橘諸兄は七五歳で没した。

橘奈良麻呂の乱と乱後の冶葛使用の疑い

こうして、聖武天皇が亡くなり、橘諸兄も亡くなると、諸兄の息子の橘奈良麻呂を制する力がなくなったことで起きたとされるのが七五七年七月の橘奈良麻呂の乱であった。橘奈良麻呂の母親は藤原不比等の娘の多比能（光明子の異母妹にあたる）である。

橘奈良麻呂の行状については、かなり悪しざまに言われることもあるが、実際には、大仏の建立などで多大な金と労力を使って民が困っている状況の打破もめざしたものともいわれる。

この乱の主目的は、当時大納言の藤原仲麻呂を殺害し、孝謙天皇を廃位し、仲麻呂の屋敷の中にある大炊王の大殿を包囲して皇太子を廃し、叔母の光明皇后から駅鈴と天皇御璽を奪い、長屋王の遺児である安宿王・黄文王、あるいは、塩焼王・道祖王兄弟の中から次期の天皇を立てることであった。そして、一連の計画が成功したら、右大臣の藤原豊成（仲麻呂の兄）を首班とする政権をつくる計画であったという。すなわち、この乱は孝謙天皇の後釜争いの一環と見ることもできる。

ところが、決行予定日の七五七年七月二日、この企ては事前の密告によって発覚し、関係者は次々に捕まり、黄文王・道祖王・大伴古麻呂・小野東人・賀茂角足らは厳しい拷問の末に獄死し、大伴古慈悲も流罪となった。このクーデターは結局失敗に終わったのである。

右大臣の藤原豊成は当初小野東人の糺問にあたっていたが、七月四日には取り調べの役からはずされ、右大臣の地位も追われて大宰員外帥に左遷された。これは豊成の子の乙縄が奈良麻呂と親しかったことも関係しているとされる。ただ、左遷の時、豊成は病と称して実際には難波の別邸に至りそこに留まった。

クーデターの首謀者である橘奈良麻呂のその後の顚末について『続日本紀』には触れられてないが、おそらく拷問によって獄死したのではないかと考えられている。ただ、この一件が『続日本紀』に触れられていないのは、後年、彼の孫娘が後の嵯峨天皇に嫁して檀林皇后となったために忖度の結果、その祖父の名前を忌まわしい記事から省かれたのだろうとされている。[30]

いずれにせよ、この橘奈良麻呂の乱により、反勢力者を一掃した藤原仲麻呂の権力はますます強まることになった。橘奈良麻呂の乱後、仲麻呂は自分の功績をたたえる勅をおそらく自分で作り、淳仁天皇から「恵美押勝」の名をもらう。

この橘奈良麻呂の乱の起きた七五七年には、唐において、安禄山の軍に捕われた杜甫が、冒頭を「国破山河在（国破れて山河在り）、城春草木深（城春にして草木深し）」で始まる有名な「春望」と題する詩を歌っている。また、追いつめられた楊貴妃が高力士の手によって縊死させられたのは、その前年の七五六年のことであった。奇しくもこの年は聖武天皇の没年でもある。

橘奈良麻呂の乱のわずか一〇日後の七五七年七月一二日の孝謙天皇の詔には「皆死罪に該当する。このようであるが慈悲を賜り、刑を一等軽くし、姓名を変えて遠流に処することにした」とあり、また「陰謀に加わった人民らが、都の土を踏むことは汚らわしいので、出羽国小勝村の柵戸に移住させると、仰せになる天皇のお言葉を皆承るように申しつける」（『続日本紀』）とある。さらに、「大乱はすでに平らげられ、逆臣は遠くへ島流しにされた」（同）ともある。しかし、名が残る人たちの中にも拷問によって殺された人たちも多くいる。結局、何人が死罪となったのか

30　青木和夫、二〇〇四年、四八二頁

はわからないが、詔に「皆死罪に該当する」としていることからも、その数は相当の人数にのぼることは容易に予想できる。

その一三年後の七七〇年（宝亀元年）七月二三日の太政官の算定によれば、橘奈良麻呂の乱に連座したものの合計は四四三名にのぼるとされ、そのうち二六二人は罪が軽く免除してよいと思うという奏上があった。そして、それに対する称徳天皇の勅が出たが、それは「奏上のようにせよ。ただし、戸籍の名は本籍地に編入しても、その身柄は入京させてはならない」（『続日本紀』）というものであったという。逆に見れば、一三年経ったこの時期にも一八一名が許されなかった（あるいはすでに亡くなってしまったか罪がより軽かった）ということになる。繰り返しとなるが、一体このうち何人が死罪となったのであろうか。

そこで私がここで少々気になったのが養老律令の四つの毒の一つ（鴆毒・冶葛・烏頭・附子）にもあげられ、正倉院に奉納されている冶葛の出蔵である。

当初七五六年に七・一四キログラム（三二斤）奉納された冶葛は、七八七年の延暦六年曝涼使解、および七九三年の延暦一二年曝涼使解の際には、いずれも、わずかに約一〇グラム（三分）減の七・一三キログラム（三一斤一五両一分）となっているに過ぎない。しかし五五年後の八一一年の曝涼（弘仁二年勘物使解）の際にはそれから四・六六キログラム減の二・四七キログラム（一一斤一両）に、また、一〇〇年後の八五六年の曝涼（斉衡三年雑財物実録）時には、さらに一・八六キログラム減の〇・六一キログラム（二斤一一両二分）に激減している（現存量は〇・三九キログラム）。

なお、七八七年の曝涼記録には、付記として、七五八年（天平宝字二年）一二月一六日付で三斤三両（〇・七一キログラム）出蔵したという記録があり、そのため、このときの本来の収蔵量は当初の奉納量とされる三二斤の三分（約一〇グラム）減の三一斤一五両一分ではなく、それより三斤三両多い三五斤二両一分が収蔵されていたと計算される（勘定三五斤二両一分）とも記載されている。この記述によれば、当初の正倉院への冶葛の収蔵量は三二斤ではなく、それより三斤三両多い三五斤三両というのである。しかし、おそらく冶葛の当初の収蔵量に誤りはなかろうし、また、当時国内でまかなうことが不可能な冶葛が後に加算されるということなどとうてい考えられず、ここには何らかのからくりがありそうだ。

七八七年～八一一年の間の約四・六六キログラムもの大量の欠は注目に値する。八五六年にはさらに一・八六キログラム減少していることから、ここまでの全減少量は、七八七年までの一〇グラム減を除くと、合計六・五二キログラムにもおよぶ。実際にはこの量が出蔵されたのであろう。これは当初収蔵された量の九割超である。

一体このような大量の冶葛の出蔵は何のためだったのであろうか。この量は、冶葛の毒性を考慮すると、好んで経常的に服用したり外用したりした人物がいたとは考えにくい。

当初、私はこの冶葛の消費は当時しばしば流行ったとされる痘瘡の治療に使ったのだろうかとも考えていたが、もしそうだとしたら、これだけの大量の冶葛の真っ当な消費であれば、何らかのその正式な出蔵記録が残っているのが普通であろうと思う。そこで、頭に浮かんだのが当時正倉院の出蔵を勝手に行える人物、すなわち藤原仲麻呂である。これは仲麻呂がある時期に一気に大量に出蔵したための減量ではなかろうか。

藤原仲麻呂が紫微中台の長官として正倉院を管理していた際には、それぞれの出蔵に関して書類提出がされていたというが、実際には、仲麻呂は勝手に収蔵品を出蔵できる立場にあった。そして「仲麻呂が出蔵させたと思われるものについては、いずれもその出蔵の目的や趣旨が明記されていない」[31]という。七五六年六月に『種々藥帳』が作られたのち、仲麻呂の死の七六四年までの間における、冶葛の大量出蔵の可能性があった唯一の機会と私が疑っているのは、七五七年の橘奈良麻呂の乱後の処刑の時である。死罪となった人々に冶葛を使用した可能性がなかろうか。

仲麻呂はそれまでにも七三七年の藤原四兄弟の死、七四四年の安積親王の死にあたり、毒殺を実行した疑いのある人物である。七五七年の乱により死罪となった人たちがもし冶葛で処刑されたと考えれば、この大量の冶葛の出蔵の謎が解けるかもしれない。

先の二つの毒殺に使用されたと思われる鴆毒（亜砒酸と考えられる）と違い、アルカロイド類を有毒主成分とする冶葛は、口に入れると異様な味や刺激があると考えられる。しかし、毒による死刑の執行には、暗殺のように気付かれずに服用させる必要はなく、多少の味や刺激があろうとも問題はなかったはずである。

強毒成分を有する生薬である冶葛はゲルセミア・エレガンス（ゲルセミウム科）の根の乾燥品であり、棒状をしている。現代においても中国でゲルセミウム・エレガンスの葉を猫鍋に入れることによる殺人事件が起きていることは第1章で述べた。この植物の毒性は非常に強く、根にも

31　由水常雄、一九七七年、一〇三頁

有毒アルカロイド成分を含むことからその抽出物の一定量以上は人間を確実に死に至らしめる作用があると推定される。

ここから先は全くの想像であるが、仲麻呂の指示のもとに、その手下が冶葛を鍋にて煮出した猛毒スープを調製し、死罪を申し渡された人たちに飲ませたのではなかろうか。当初はどの位の量で死に至るかを調べながら飲ませたかもしれない。四人たちはしばらく水分を絶つ状態にされたら競ってこの猛毒スープを服用したことであろう。まさに阿鼻叫喚地獄である。仲麻呂という人間の恐ろしさを垣間見る気がするし、仲麻呂という男はそのようなことも平気でできる人物だったのではないかと思える。

すでに述べたように、橘奈良麻呂の乱の起きる前年の六月二一日付で正倉院に冶葛七・一四キログラムが奉納され、その記録は『種々薬帳』に残されている。また、この乱の起きる二ヶ月弱前の、七五七年五月二〇日には、四つの毒についての記載もある養老律令が藤原仲麻呂の手によって施行されていることも気になるところである。

二〇二〇年秋に奈良の国立博物館にて開催された第七二回正倉院展を拝観した際、延暦一二年曝涼使解（七九三年）の実物を見ることができた。もし、橘奈良麻呂の乱後まもなくに冶葛が出蔵されたならばその出蔵の記録が読み取れるはずである。ところが、そこには、前述の通り、当初七五六年に三二斤（七・一四キログラム）奉納された冶葛はわずかに三分（約一〇グラム）減に該当する残量三一斤一五両一分（七・一三キログラム）との記録が見られるのみであった。これでは七五七年の橘奈良麻呂の乱後に大量の冶葛の出蔵という私の推定は根底から崩れてしまう。

そこで再度着目したのが、その六年前の七八七年（延暦六年）の曝涼記録に付記としてある「天平宝字二年（七五八年）一二月一六日付の三斤三両（〇・七一キログラム）出蔵」したという記録である。実はこれは、大量に出蔵した事実を隠蔽するための嘘の記録だったのではなかろうか。実際には、これ以前に、その後の八一一年あるいは八五六年に残っていた冶葛の量を差し引いた四・六六キログラム（二〇斤一四両一分）、または、六・五二キログラム（二九斤三両三分）を出蔵していたのではと考えられる。そして、これらの量を出蔵した際に、記録としては合計三斤三両出蔵という嘘の記録を残したと疑わざるを得ない。なぜ誤魔化す必要があったのか。それはもちろん表沙汰にしたくない背景があったからにほかならない。

しかしながら悪いことはできないもので、実際の出納の隠蔽には失敗してしまったようだ。すなわち、おそらく冶葛に外形の似た生薬をダミーとして入れ替えたものの、入れ替える量を誤ったものと思われる。

もし「三斤三両出蔵したと正確に誤魔化す」ためには、出蔵前は記録上、その時は当初の所蔵量の三二斤から三分減の三一斤一五両一分であったのだから、ダミーを加える際には、この量から三斤三両減として残量を二八斤一二両一分としておかなければならなかった。しかし、ダミーを加えて、全量を出蔵前と同じ量の三一斤一五両一分にしてしまったものだから、七八七年の段階で、もともと「嘘の出蔵記録」であった三斤三両多い「勘定三五斤二両一分」と記載されるということになってしまったと考えられる。

ところで、その際、冶葛のダミーに使われた生薬は何であろうか。可能性として私が推定するのは、やはり根を原料とすることから外形が似ていて大量に収蔵されていた甘草（かんぞう）である。『種々薬帳』に記載されている生薬の中で、根を材料としていて冶葛と外形が似て一定量のあるのは甘草しかない。甘草は七五六年に正倉院に九六〇斤収蔵されているが、それが七八七年には五八一斤五両にまで「正式に」減っている。奇しくも甘草は嬌味（きょうみ）（甘味などを呈して味を変え、薬を飲みやすくする）の目的で現代でも多用される生薬なので、もしかしたら猛毒の冶葛エキスをより効果的に服用させるための嬌味剤としても使われたかもしれない。

この件に関してはもうひとつ気になることがある。それは、正倉院にことさらに「冶葛」の名が書かれている大型の壺（胴径三九・四センチメートル、高さ三二・三センチメートル、口径一七・六センチメートル）が収蔵されていることである。この壺の存在は七八七年の曝涼記録にはすでに記載されており、現存している。この壺は、その口が狭まっており、棒状の冶葛を全形のままで保存するには不都合な形状をしている。そこで、これは冶葛を刻んだものを入れたのではないかという説もある。

この壺の存在について、私は別の可能性を考えている。実は、生薬は全形のままよりも、刻むと誤魔化しやすくなる。昔から生薬を刻みの状態として誤魔化すことは行われていた。そこで、私は、実際に使った冶葛の代わりにダミーとした細かく刻んだ甘草を大きな壺に入れて、その壺をことさらに冶葛壺としておいたのではないかと睨んでいる。

そして、おそらく、藤原仲麻呂の出蔵した冶葛のダミーとして入れた生薬（可能性として細かく刻んだ甘草）は七八七年および七九三年の曝涼では気付かれなかったものの、八一一年の曝涼時にばれてしまい、その結果、この時には冶葛のうち二〇斤一四両一分（四・六六キログラム）が「欠」となり、もしかしたら八五六年にはさらなるダミーの存在が暴かれ、冶葛の残量は〇・六一キログラム（二斤一一両二分）となり、結局、それまでの冶葛の総出蔵量は六・五三キログラムとなってしまった。そして、この量（当初出蔵の一〇グラムは不明だが）こそが藤原仲麻呂による実際の冶葛の出蔵量ではなかったかということになる。冶葛が『種々薬帳』に記載されていながらその後行方不明になり、やがて帳外薬にまぎれこんでいたことも、尋常でない目的で出蔵された証拠ではないかと思われる。

その抽出法などに多くのファクターがからむために正確な致死量はわからないものの、冶葛二〇〜四〇グラムの抽出エキスは、相当雑に抽出（煮出し）したとしても人間一人を確実に殺害できる量となるのは間違いなかろう。とすれば、正倉院からこの目的で出蔵された冶葛が六・五二キログラムとすれば、この量は成人約一六〇人〜三三〇人の命に関わる量となる。

繰り返しとなるが、橘奈良麻呂の乱において死罪や流罪などの何らかの刑に服したのは四四三名であってその一三年後に許された人が二六二名であるという。そうすると、残りの人数は一八一名となる。この中の何人が死罪となったのかは不明であるが、この人数も考え併せるとこの恐ろしい推定もまんざら単なる妄想とは言えまい。

光明皇太后の晩年の心配は、橘奈良麻呂の乱で反対勢力をことごとく抹殺したことでさらに専横を強める藤原仲麻呂と、聖武の正統な後継者と自負する娘の孝謙上皇との対立であったという。奇しくも光明皇太后没後の七六四年の藤原仲麻呂の乱の勃発によってこのことは現実となってしまった。

栄達の頂点から藤原仲麻呂（恵美押勝）の乱まで

このようにまさに順風満帆だった仲麻呂であったが、仲麻呂の後ろ盾で、事実上の孝謙天皇の摂政であった光明皇太后は七六〇年の春から病の床に伏し、この年の六月七日に亡くなってしまった。皇太后の亡骸（なきがら）は聖武上皇とならべて添上郡（そうのかみ）佐保山稜に葬られた。

光明皇太后が亡くなってしまうと仲麻呂の力に急速に陰りが見え始める。仲麻呂政権を支えてきたのは、事実上天皇大権を掌握していた光明皇太后と、母に従順に従ってきた孝謙天皇（上皇）の後ろ盾によるものだったからである。七三四年以降の藤原仲麻呂の栄達と凋落に関し、彼の官位の変遷を示す。

七三四年一月：正六位下→従五位下
七三九年一月：従五位上
七四〇年一月：正五位下
　同年一一月：正五位上
七四一年三月：従四位下
七四三年五月：従四位上
七四五年一月：正四位上

七四六年四月：従三位
七四八年三月：正三位
七五〇年一月：従二位
七六〇年一月：従一位
七六二年二月：正一位
七六四年九月：謀反発覚し、吉備真備の指揮する軍により斬首[32]

藤原仲麻呂の乱の勃発は、孝謙上皇側が御璽と駅鈴を淳仁天皇側から回収したことに始まる。それに対して仲麻呂側は駅鈴を奪回、今度は孝謙上皇側が仲麻呂一族の官位を奪い、藤原の氏姓も没収する。結局、仲麻呂側が兵を挙げざるを得ず、これを謀反と断じた孝謙上皇側も兵をあげるという事態となったのである。

一方、七六四年正月にはずっと都から遠ざけられていた吉備真備が造東大寺司長官に返り咲いた。この地位はながらく仲麻呂の支配下にあったものである。それまで、吉備真備は七五〇年（天平勝宝二年）からは、七五二年〜七五四年の渡唐をはさみ、仲麻呂により右衛士督・右京大夫から筑前守に左遷され、その後も肥前守・遣唐副使・大宰大弐などを約一〇年にわたり務めてきた。

なお、藤原仲麻呂の栄達のグラフに吉備真備の昇叙を重ね合わせると、七三七年の藤原四兄弟の死のあとの仲麻呂と真備の急激な栄達と、七四四年の安積親王の死を経ても仲麻呂の栄達がめ

32　岸俊男、藤原仲麻呂、吉川弘文館、一九六九年を参考

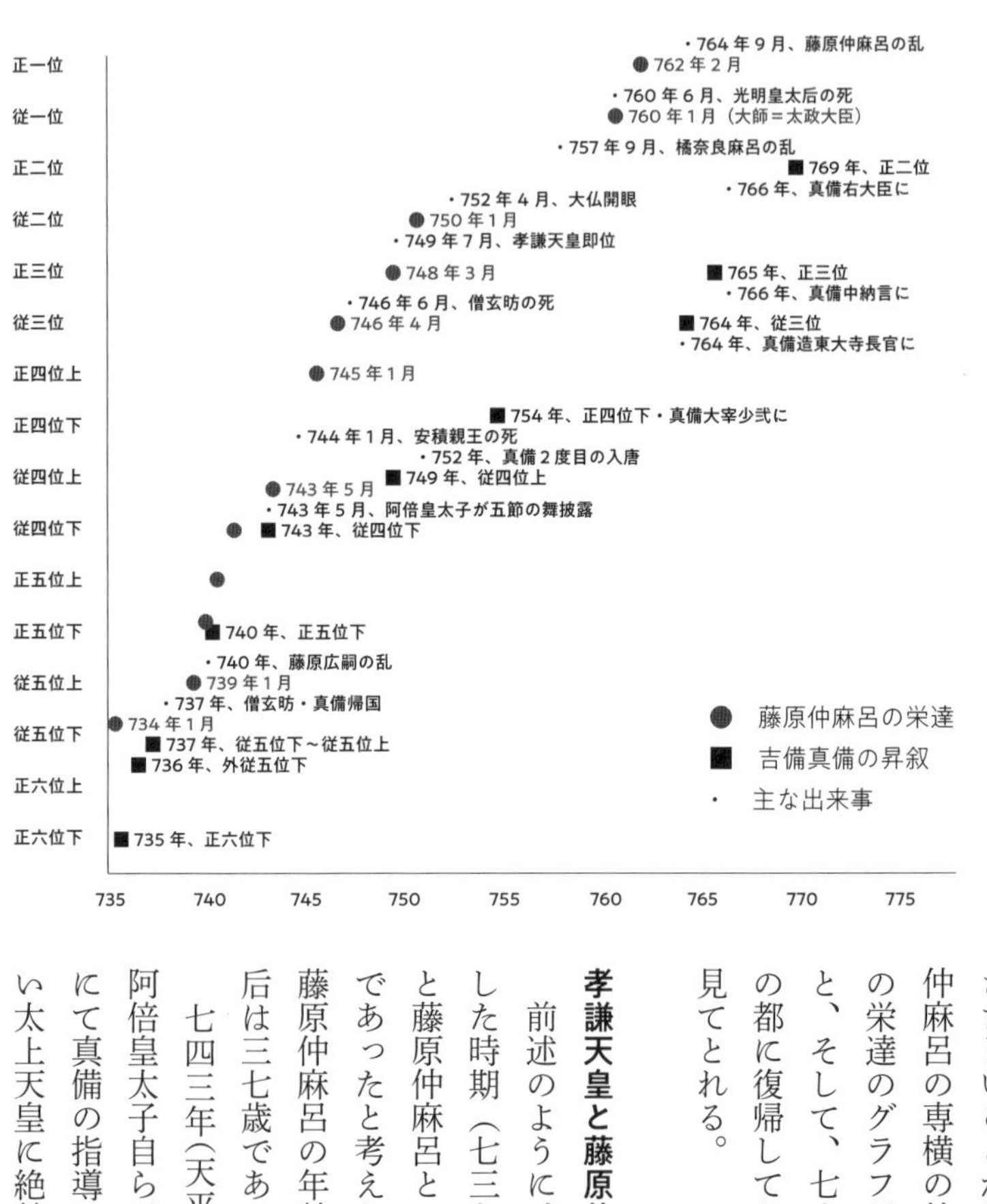

ざましいことがわかる。また一方、仲麻呂の専横の始まるころから真備の栄達のグラフが横に寝てしまうこと、そして、七六四年に真備が奈良の都に復帰してからの急激な栄達も見てとれる。

孝謙天皇と藤原仲麻呂

前述のように、藤原四兄弟が死亡した時期（七三七年）には光明皇后と藤原仲麻呂との関係は大変に親密であったと考えられる。このときの藤原仲麻呂の年齢は三二歳、光明皇后は三七歳であった。

七四三年（天平一五年）五月五日、阿倍皇太子自らが元正太上天皇の前にて真備の指導による五節の舞を舞い太上天皇に絶賛される。この日、聖武天皇は皇太子である二六歳の阿倍内親王の皇太子としての地位を確認し、正式な皇位継承者であることを貴族たちに認めさせた。それとともに、議政官の人事が行われ、橘諸兄が左大臣、参議の藤原豊成と藤原巨勢奈弖麻呂が中納言に昇進、その後任の参議に藤原仲麻呂と紀麻呂が新たに任じられ、これ以降、藤原仲麻呂は急速に政権内部において大きな力を伸ばしていくことになる。翌七四四年には仲麻呂が関わったと思われる安積親王の変死事件がおきたことも記憶にとどめておくべきであろう。

七四九年、聖武天皇が譲位して三二歳の阿倍内親王が即位し孝謙天皇となる。一方、前述のように、藤原仲麻呂は紫微中台の長官（紫微令）となることで、朝政を牛耳ることになる。孝謙天皇は即位はしたものの、実権は光明皇后および藤原仲麻呂が持つこととなった。

孝謙天皇の最初の仕事は、父である聖武天皇が発願した大仏造立事業を引き継ぐことだった。そして、七四九年には四四歳となった藤原仲麻呂は紫微中台の長官として三二歳の孝謙天皇とともに大仏建立事業にとりくむことによって、今度はこの二人の仲が親密なものとなっていく。このときの光明子は四九歳である。

七五二年（天平勝宝四年）四月九日の大仏の開眼会の当日、孝謙天皇は平城宮にもどらず、当時大納言となっていた藤原仲麻呂の私邸である田村第に泊まっている。この際には母親の光明子も一緒であったというが、天皇の田村第への滞在は数日におよんだという。すなわち、この期間は田村宮が御在所となった。この二人の当時の親密な仲がわかる。

七五六年に聖武太上天皇が亡くなった際、聖武天皇による道祖王（ふなど）を皇太子とするようにという遺詔があり、その通りに実行された。しかしながら、道祖王は、太上天皇の喪中でありながら、不適切な性行為におよんだり、また、機密のことを民間に漏らしたりしたこともあると、いわば何かと難癖をつけられ、七五七年三月二九日に皇太子の地位を追われた。

同年四月四日、孝謙天皇は右大臣の藤原豊成などの諸高官を集めて次の皇太子は誰がふさわしいかをたずねた。道祖王の兄の塩焼（しおやき）王や、舎人親王の子である池田王など種々の候補者があげられたが、最後に発言した藤原仲麻呂は「皇太子を選ぶのに最もふさわしいのは天皇である」と述べるにとどめたという。

これを受けて、孝謙天皇は候補としてあげられた王たちの欠点を次々にあげていってこれらを退けた上、「大炊王がよい」と言って、皇太子に立てることにした。実は、大炊王は、当時、仲麻呂の亡くなった息子の妻であった粟田諸姉（もろあね）を妻とし、仲麻呂の屋敷に起居している人物であった。おそらく、道祖王の廃太子と大炊王の立太子は孝謙天皇と仲麻呂の間ではすでに相談済みのことであったものであろう。そして、ここには光明皇后の意思も入っていたのではないかとも考えられる。

そうしたうち、前述のように、七五七年七月、橘諸兄の息子による橘奈良麻呂の乱がおきた。というよりも決起前の密告により発覚することになった。

孝謙天皇は、この乱の計画の発覚した七五七年七月二日の朝に諸氏に忠勤の旨を戒告。翌三日には、光明皇后も主要人物を御在所に召し出し、詔を伝え述べ、謀反の王臣たちに説教した。すなわち、ここで、傀儡である（孝謙）天皇ではなく、本来の首班である光明皇后自らが表に出てきたのであった。

紫微内相の仲麻呂は、この乱に乗じて、彼の勢力伸張の邪魔になりそうな高官も次々と指弾する。たとえば、前述のように、右大臣であった藤原豊成は、その第三子である乙縄が奈良麻呂と親交があったという理由などで解任され、大宰員外帥に左遷された。その時の七月一二日の天皇の勅は「右大臣の豊成は、君に仕えて不忠であり、臣下として不義というべきである。彼は密かに賊の仲間に加わり、内々で内相を憎んでいた。大乱を計画しているのを知りながら、敢て奏上することなく、事件が発覚してからも、究明に務めようとしなかった。(中略)大宰員外帥に左遷する」(『続日本紀』)とある。

この乱によって仲麻呂は朝廷の権力を完全に掌中におさめることになる。翌七五八年には孝謙天皇が譲位し、仲麻呂の息のかかった大炊王が即位して淳仁天皇の誕生となった。ここまでは、まさに、孝謙天皇・光明皇太后、そして藤原仲麻呂が意図した通りにことは運んだ感じである。そして、孝謙上皇と光明皇太后にそれぞれ上台および中台という尊号を付け、上台宝字称徳孝謙皇帝および、中台天平応真仁正皇太后と称することになり、先帝(聖武太上天皇)には勝宝感神聖武皇帝という称号を贈った。これらは仲麻呂の好む中国趣味ゆえである。

七六〇年(天平宝字四年)、仲麻呂には従一位が授けられ、大師(太政大臣)に任ぜられた。太政大臣に該当する立場に皇族以外で就いたのは初めての例である。

しかしながら、この年、仲麻呂の後ろ盾であった光明皇太后が六〇歳で亡くなり、彼の権勢にかげりが見えはじめる。加えて、翌七六一年には近江の保良宮遷都を宣言した時期から、孝謙上皇の前に道鏡があらわれた。それ以来、淳仁天皇と孝謙上皇との間は不和となり、七六一年五月、天皇は仲麻呂側の中宮院に住み、上皇は法華寺に住むようになる。そして、翌七六二年六月に上皇は詔を発して自分は出家して仏門に入るが、今後、天皇はまつりごとの小事だけを行い、論功・賞罰・人事などの大事はすべて自分が行うと宣言した。

やがて、七六四年（天平宝字八年）、藤原仲麻呂が兵をあげる。藤原仲麻呂の乱である。これを討った孝謙上皇側の参謀が七二歳になる吉備真備であった。この年の初め、吉備真備は藤原仲麻呂によって左遷されていた九州から造東大寺司長官に返り咲いて孝謙上皇の有力なブレーンとなっていたのである。

仲麻呂がおこした自身の出世に関わる大きな事件には、いずれも毒が関係していたのではないかと考えられる。おそらく鴆毒がからむと思われる七三七年の藤原四兄弟の死と七四四年の安積親王の死、そして、七五七年の橘奈良麻呂の乱後の冶葛の使用疑惑がある。養老律令の規定があるゆえ、表向きは毒殺を標榜することができないのは当然であるが、いわば、毒の使用を思いついて、その威力を実感し、また、案外ばれないということにも気がついたのではと考えてしまう。とすれば、毒の威力により一時は天下を制圧する勢いを得ることに成功したわけである。

日本史においてはその後も鴆毒や附子（トリカブト）などのからむ暗殺事件が頻発しているが、世界史を眺めてみても、イタリアのルネサンス期には、ボルジア家における、鴆毒に該当する亜砒酸を使ったカンタレラという暗殺薬があったことなどが知られている。[33]

33　船山信次、毒と薬の文化史、二〇一七年、三〇頁藤原仲麻呂は不比等の長男の武智麻呂の次男であり、孝謙上皇は不比等の三女の光明子の娘である。すなわち、仲麻呂と孝謙上皇は従兄妹同士。身内だからこそ殺しあう場面が多く見られたのも天平時代であった。

孝謙上皇（称徳天皇）と道鏡

七三七年に藤原四兄弟が没し、翌七三八年、阿倍内親王が二一歳で立太子する。実はこのとき、聖武天皇の子としては別に夫人（ぶにん）の県犬養広刀自との間に七二八年に誕生した安積親王という一一歳の男子もいた。

聖武天皇はかつて光明子との間に七二七年に生まれたばかりの男子（翌七二八年に死亡）を皇太子とした程であるから、このときに安積親王を皇太子とすることには不足はなかったはずである。しかも初の女性皇太子の擁立にはかなりの抵抗があってもよかったと思うのだが、阿倍内親王が七二九年に立后した光明皇后の子であったことと、もしかしたら女性皇太子の擁立に賛成しかねていた藤原四兄弟の相次ぐ死亡後のいわば「どさくさ」をねらって立太子が押し切られたものかもしれない。

すなわち、可能性として、藤原四兄弟は女性の阿倍内親王よりも、同じく「藤原の子であるとしている」聖武の血を引くのであるから男子の安積親王の方を皇太子として擁立したかった意思

コラム◉多賀城碑と藤原朝獦

栄達の末に首を刎ねられてしまった藤原仲麻呂の息子の一人に藤原朝獦（あさかり）（？～七六四）がいる。その名の残る宮城県仙台市北東部に隣接する多賀城市にある多賀城碑を二〇一九年六月一二日に訪れてみた。この多賀城碑は天平時代のものという。

この日はたまたま一九七八年（昭和五三年）に発生した「宮城県沖地震」から丸四一年目の日でもあった。多賀城市は仙台市への通勤圏として、近年急速に市街化が進んでいる地域である。また二〇一一年三月一一日の「東日本大震災」においては大津波の被害を受けたところでもある。

古代では、国—郡—里（郷（ごう））という行政区分に役所がおかれ、国司や郡司といった役人がおかれていたが、中でもひときわ大きな役所のおかれたのが、日本列島の南北におかれた大宰府と多賀城であった。これは大宰府においては、新羅や渤海といった海外からの外交使節への対応のためであり、また、北方の多賀城では、国家に服属しない集団と認識されていた蝦夷に対して、その威厳を見せつけようとするためであったようである。このような背景から、都から遠く離れた大宰府と多賀城に、当時の最新の統治技術や文化が結集したのである。

多賀城は、七二四年（神亀元年）に大野東人によって創建され、ここに陸奥国府と蝦夷対策の鎮守府が置かれた。発掘調査の結果（現在も継続中）、約九〇〇メートル四方の広大な城内の中央には重要な政務や儀式を行った政庁があり、平城宮跡（奈良県）、大宰府跡（福岡県）とともに日本三大史跡のひとつに数えられている。また、あまり知られていないかもしれないが、多賀城は『万葉集』の編者と目されている大伴家持終焉の地と言われる。

さて、奈良時代の政庁の址とその時期に作成された多賀城碑の見学の前に、まずは近くの東北歴史博物館へ向かい、多賀城碑のレプリカや、七六四年の藤原仲麻呂の乱後の七七〇年に当時の称徳天皇の命で作られた木製小塔である百万塔のレプリカなどを見学した。

この百万塔制作の目的については「称徳天皇の最晩年に心裡に揺曳するのは寵臣であった藤原仲麻呂の敗死であったことであろう。百万塔はそのために制作させたものである。高さは四寸五分、基台の径三寸五分。露盤の下に『根本、自心、相輪、六度などの陀羅尼』を収めさせた」[1]と表現しておられる方がいる。私も首肯するところであり、称徳天皇はおそらく自分の最初の男であり、蜜月時代もあった従兄弟の仲麻呂を殺害しなければならない運命となったことをとてもつらく思ったための事業であったに違いない。

このような塔（高さ約一四センチメートル）を一〇〇万個、巻物を一〇〇万巻作成させた

1　北山茂夫、二〇〇八年、一六九頁

百万塔（複製、東北歴史博物館）

というのであるから常軌を逸する大事業である。なお、塔を一万個作るごとに七重塔（高さ約五〇センチメートル）を作らせ（計一〇〇個）、一〇万個ごとに十三重塔（高さ約六〇センチメートル）を作らせた（計一〇個）。これらをそれぞれ、一万節塔、十万節塔と称するという。ろくろで短期間に大量に製作せざるを得なかったためでもあろうが、まるで碍子を思わせるようなどこか無機質な形状をしている。

　これらの塔は、奈良の大安寺、元興寺、東大寺、西大寺、薬師寺、興福寺、法華寺、川原寺、大阪の四天王寺、滋賀の崇福寺の十か寺に配られた。しかし、今、お寺に残っているのは法隆寺に塔身四三七五五基分、相輪二六〇五四基あるのが最も多い例という。

なお、この塔の中に納められた巻物を「陀羅尼」というが、世界最古の印刷物といわれてきた。しかし、一九六六年に現在の韓国の慶州市にある仏国寺三層石塔に納められた木版摺の「無垢浄光大陀羅尼経」が発掘され、このものが八世紀前半の作と思われることから、この発見により「百万塔陀羅尼」は世界最古の印刷物の座を譲らざるを得なくなったとされる。

多賀城碑を覆う覆屋

多賀城碑の実物は現在、覆屋（おおいや）の中に入っている。高さ一九六センチメートル、幅九二センチメートルの碑には、「去京一千五百里、去蝦夷国界一百廿里、去常陸国界四百十二里、去下野国界二百七十四里」[2]という平城京や各国境からの距離、そして、大野東人が多賀城を創建し、藤原仲麻呂の息子である藤原朝獦が修造したことなど、多賀城の創建や修造について一四一文字が記載されている。なお、大野東人は七四〇年に起きた藤原広嗣の乱の鎮圧の際の大将軍に起用されている人物である。

このように、この碑には、藤原朝獦の名前が確認できるが、名前には、仲麻呂が当時の淳仁天皇から賜った名前という「恵美」の文字もはいっており、「従四位上……鎮守将軍藤原恵美朝臣朝獦修造也　天平宝字六年十二月一日」となっている。天平宝字六年は西暦七六二年であり、そのわずか二年後の七六四年、父の藤原仲麻呂（恵美押勝）の乱に際して殺害される彼の運命を知ると、藤原恵美朝臣朝獦の名前はどこかあわれにも思えた。

江戸時代には松尾芭蕉がこの地を訪れてこの碑に対面し、その感激を『奥の細道』に記し

2　養老律令の規定によれば一里＝六町で約六五四メートル

ている。この碑は平安時代の終わりごろから登場する歌枕の「壺碑(つぼのいしぶみ)」として、西行や源頼朝の和歌で知られるようになっていたのである。

この碑は、現在、那須国造碑(栃木県)、多胡碑(群馬県)とともに日本三古碑のひとつに数えられている。なお、一時期の明治・大正期には、碑文の内容・書体・彫り方などの点で疑問が唱えられ、偽作説が有力となったこともあったが、近年の再検討で、偽作説の根拠が失われ、平成一〇年(一九九八年)に重要文化財に指定された。[3]

この場所には、前述のように壮大な政庁もあったが、現在はその址が残っているのみである。

3 東北歴史博物館パンフレット、二〇一七年一二月発刊よりがあったのかもしれない。さらに「次の皇太子としては、確実に藤原の血は引いているものの、その母親三千代の影響か『親・橘化』し始め『反・藤原四兄弟化』している光明皇后の血は引かない方がよろしいのではないか」という考えがあったかもしれないことは否定できまい。逆にこのことが藤原四兄弟の死に繋がっていた可能性も否定できないと思う。すなわち、藤原四兄弟の死は光明皇后の望むところであった可能性もあるわけである。

阿倍皇太子はその後、聖武天皇の譲位によって孝謙天皇として即位する。さらには、藤原仲麻呂の息のかかった大炊王が七五八年に第四八代淳仁天皇として即位するのに従い、譲位して孝謙上皇となった。

孝謙上皇と淳仁天皇

孝謙天皇は七四九年に即位し、七五二年の毘盧舎那仏（奈良の大仏）の開眼供養などを迎えたのち、七五六年には父の聖武上皇が崩御、七六〇年には母の光明皇太后も亡くなり、たよれる兄弟姉妹も配偶者も子供もなく、全くの孤独となる。その間の七五七年には聖武上皇の遺詔によって立太子していた道祖王が廃されて藤原仲麻呂の息のかかった大炊王が新たな皇太子となった。ただし、この時期、孝謙天皇・光明皇太后と藤原仲麻呂の三人はまさに蜜月時代であった。そして、孝謙天皇は、七五八年に母の光明皇太后への孝行を尽くすためとして大炊王に譲位して、ここに淳仁天皇と孝謙上皇の誕生となったわけである。

孝謙天皇および孝謙上皇は、光明子が存命のときには、主にこの母の考えで政権を運営できていたが、七六〇年に光明皇太后が亡くなると、自分の考えで種々の判断をせざるを得なくなった。このとき彼女は全くの孤独になっていて相当に心細かったに違いない。そんな時に現われたのが道鏡であった。

あるいは一方では母親の重しがなくなって一種の開放感もあったのであろうか。それまで、まさに光明子の立后にはじまった年号である七二九年の天平にはじまり、その後、天平感宝・天平勝宝・天平宝字・天平神護と続いてきた「天平」の元号であったが、その後に道鏡にのめり込んでいった七六七年には元号を神護慶雲と改元して、「天平」の文字をなくしてしまった。このとき孝謙天皇は孝謙上皇時代を経、重祚して称徳天皇となっていた。齢は五〇歳である。

光明皇太后が亡くなった翌年の七六一年（天平宝字五年）一〇月、孝謙上皇は淳仁天皇とともに、琵琶湖南端の石山寺（いしやまでら）付近の保良宮（ほらのみや）に行幸した際に体調を崩した。この際に看病禅師として近付いてきたのが弓削道鏡（七〇〇？～七七二）である。これを機に上皇は道鏡を寵愛するようになった。また、この孝謙上皇と道鏡との出会いが藤原仲麻呂の凋落の始まりともなった。このとき孝謙上皇は四四歳であった。

保良宮とは、光明皇后の信任を得て時の権力者となり、淳仁天皇の後ろ盾でもあった藤原仲麻呂が、帝都はいくつもあった方が王の尊厳を増すと考えて、七六〇年の冬から造営していて、北京（ほっきょう）と呼んでいたが、平城宮を改造するために孝謙・淳仁ともども一時的に移ったのであった。

仲麻呂は上皇と道鏡の仲を疑い、事あるごとに淳仁天皇を介して上皇に苦言を呈するようになる。そのために天皇と上皇の関係は決裂し、孝謙上皇はついに七六二年六月三日、「淳仁は朕にうやうやしく従うことなく、外人（そとびと）の仇（かたき）が言うような、言うべからざることをも言い、なすまじき事もしてきた。およそこのようなことを言われるべき朕ではない」（『続日本紀』）とし、この夏、保良宮から平城京にもどると、出家して法基と号して法華寺に入ってしまう。この際、淳仁天皇も平城宮の中宮に帰った。

その上、孝謙上皇は宣命を下して淳仁天皇の権限を限定してしまう。すなわち、「今後、今の天皇は、神々の祭や小さな事にかぎって裁決するがいい。国家の大事と賞罰との両者は、朕がする」という内容の宣命を下したのである。おそらくこの宣命のためもあろう、このあと七六四年正月には吉備真備が造東大寺司長官として中央に呼びもどされることにもなった。

なお、この時期の七六一年から四年にかけて、仲麻呂政権の支柱だった巨勢堺麻呂（こせのせきまろ）・石川年足・藤原御楯（みたて）らが相次いで世を去った。

称徳天皇と道鏡

七六四年の藤原仲麻呂の乱の後、孝謙上皇は淳仁天皇（淡路廃帝）を廃して淡路に配流、自ら称徳天皇として重祚する。また、それ以前の七六三年には、仲麻呂と親しかった少僧都慈訓（じきん）を取締り不行届のかどで僧綱の座から追いやり、かわりに道鏡を小僧都の地位につけた。

また、称徳天皇は藤原仲麻呂の乱の翌年の七六五年に西大寺を建立し、四天王像を鋳造して国家の安泰を願い、道鏡を太政大臣禅師とした。翌年の七六六年には道鏡を法王としている。藤原仲麻呂亡きあとの実際の政務は左大臣となっていた藤原永手が担っており、道鏡が法王となった七六六年には、吉備真備が右大臣に登用されている。

孝謙天皇（称徳天皇）には、気に入らない者を改名させておとしめるという性癖があった。橘奈良麻呂の乱（七五七年）の際には、黄文王を久奈多夫礼（くなたぶれ）（気がふれた悪者）、道祖王（ふなどおう）を麻度比（まどい）（いつも迷っている愚か者）、賀茂角足を乃呂志（のろし）（うすのろ）と改名させている。[34]

また、七六四年に藤原仲麻呂の乱がおき、同年九月一八日に仲麻呂が惨殺された後の『続日本紀』七六四年九月二〇日の項には、仲麻呂のことをわざわざ「仲末呂」と記載してあり、もしかしたらこの名前も時の孝謙上皇の意向（あるいは周辺の人間の忖度）なのかもしれない。

さらに、その晩年（七六九年）にも、道鏡との顚末（宇佐八幡宮神託事件）にて、和気清麻呂は官位を剝脱された上、別部穢麻呂（わけべのきたなまろ）、清麻呂の姉の法均（広虫）は還俗させられて別部広虫とされ、さらには別部狭虫（さむし）と改名され、それぞれ、清麻呂は大隅国（現在の鹿児島の一部）、広虫は備後国（広島の一部）へと流罪になった。なお、このときの改名については称徳天皇の名前を使った道鏡のしわざだったのではないかという説[35]もある。結局、和気姉弟の二人とも、翌七七〇年の称徳天皇の崩御まもなくには再び召し出されて再入京している（『続日本紀』）。

称徳天皇の孤独

ほぼ完全に頼っていた母親の光明皇太后が七六〇年に亡くなったあと、藤原仲麻呂の息のか

34　遠山美都男、天平の三姉妹、二〇一〇年、一三九頁
35　荒木栄悦、一九七八年、三〇九頁

かった淳仁天皇（七五八年即位）との間もうまくいかず、仲麻呂の専横がさらに増し、さらに一時は信頼し頼り切っていた仲麻呂を自らの命により斬首する事態となってしまい、この時の称徳天皇はどれだけ心細かったことであろうか。

この時期、この女帝は絶大な権力を持ちながらも、たよれる人を次々に失い、草壁親王以来の血統も自分で終わりになるという気持ちはほとんど絶望的なものであったに違いない。称徳天皇と道鏡との関係については、その後、時代を下り、とんでもない侮蔑も行われ、面白おかしく話が盛られた感があるが、実際のところはちょっと違っていたのではないかと思われてくる。彼女は本当に心細く頼れるものがほしかったのであろう。その時期に現れたのが道鏡だったということであろうか。

晩年の称徳天皇には、後継者として他戸（おさべ）親王（七六一？〜七七五）のことも頭にあったと思われる。称徳にとっては異母姉にあたる井上（いがみ）内親王（七一七〜七七五）と白壁王（しらかべのおおきみ）との間との子である。井上内親王は藤原仲麻呂の手にかかって七四四年に殺害されたと考えられる安積親王の同母姉にあたる人物でもある。ただし、他戸親王はまだ幼いので、その父である六〇歳を超えた白壁王を中継ぎにする案もあったのかもしれない。さらには、この白壁王のかわりに中継ぎとして敬愛する道鏡を天皇とする案が浮上したと考えることもできるのである。遠山のように、実際にそのように推定している方もいる。[36]

後述のように、白壁王が皇太子に立てられ光仁天皇となったので、この段の一部は称徳天皇の

36　遠山美都男、天平の三姉妹、二〇一〇年、二六一頁

思いの通りになった可能性もあったといえるのかもしれない。しかし、結局のところ、重祚した称徳天皇は自らの手で後継者を決定できないままに七七〇年（神護景雲四年）八月四日に五三歳にてこの世を去ってしまう。

称徳天皇は（あるいは周囲がそのように仕向けたのかもしれないが）、最後には道鏡も側に寄せ付けず、それまでに側近としてきた法均（和気広虫）も宇佐八満宮神社事件で流罪としてしまっていたので、側に控えたのは、吉備真備の娘である女官の吉備由利（きびのゆり）だけであったという（『続日本紀』）。称徳天皇は、まさに「自分の人生は何だったのか？」と自問して亡くなったのではなかろうか。橋本治は称徳天皇の最後について「『意味のない恋をしていた。一体、朕はなにをしていたんだろう』というのが、胸の内だったんでしょう」[37]と述べている。

称徳天皇が七七〇年八月に亡くなり、後ろ盾を失ってしまった道鏡はまたたく間に失脚し、九月二一日に下野国薬師寺別当に追放される。道鏡は、天皇崩御後しばらくは、称徳天皇の御陵に仕え、そのまま山稜の辺に庵して留まっていたという（『続日本紀』）。

道鏡が追いやられた下野国薬師寺は名刹である。追放とはいえ、このような寺の別当としての配流であるからそう悪い扱いではなかったようにも思われる。

ちなみに道鏡が七七二年四月に亡くなった際の『続日本紀』の記載にもそう悪いことは書かれていない。しかし、三位以上の貴人の死に使う「薨去」ではなく「死去」が使われ、「先帝の寵愛されていたところでもあり、法によって道鏡を処断するに忍びず、そこで造下野国の薬師寺別当

37　橋本治、二〇八頁

に任じて、駅家(うまや)を順送りして下向させた。死去した時は、庶人としての待遇で葬った」とある。罪人ではないが一般人として葬られたというわけである。

なお、左大臣の藤原永手は式家の藤原良継や百川らと謀って、右大臣の吉備真備案を押し切り、白壁王を皇太子に立てて七七〇年一〇月に即位させ、光仁天皇の即位となった。白壁王を皇太子にというのは称徳天皇の遺言だとされたが、一般には、これは藤原永手らの偽作だったと言われている。天武系を本筋と考え、この藤原永手・百川らの案に反対であった吉備真備はこのあと七七五年に亡くなるまでの約四年間、表舞台から姿を消す。

ここに、ついに古代の女性天皇の歴史が幕を閉じたとも言えよう。また、その後、光仁天皇の後継として、藤原永手は光仁天皇の息子である前出の他戸(おさべ)親王、藤原百川は山部親王を推していたが、永手の病死により、事態は大きく動き、百川は「他戸親王と母の井上内親王が光仁天皇を呪詛した」とでっちあげ、二人を幽閉する。こうして藤原百川が推す山部親王が皇太子となり、七八一年に桓武天皇として即位する。[38]

先にも述べたように、称徳天皇には他戸親王へと繋げる考えもあったとも思われるが、その後、幽閉された他戸親王と井上内親王母子は、七七五年の同じ日に亡くなっている。異常な死である。

38　榎本秋、二〇〇八年、一四六頁

コラム◉孝謙天皇（称徳天皇）の墓所と西大寺をたずねて

二〇一九年七月一〇日、西大寺を訪れるとともに、称徳天皇の墓所も訪れる機会があった。西大寺は平城京の西側にあり、東大寺に対抗する堂々たる伽藍を有するものであった。現在、近鉄大和西大寺駅から最も近い西大寺の東門までは徒歩三分ほどである。東門は比較的こぢんまりとしているが、西大寺は、もともとは壮大な伽藍を有しており、さすがに奈良の七大寺（南都七大寺）の一つであったと思わせるものであった。現在は約一万坪というが往時は約二八万坪あったらしい。また、現在の建造物は江戸時代以降のものというが、さぞかし巨大であったと思われる創建当時の東塔の跡地も見ることが出来る。塔の跡地付近には、季節柄、種々の鉢植えのハスの花が咲いていて大変にいやされた。

七六四年九月一一日、淳仁天皇から恵美押勝の名を得ていた藤原仲麻呂が謀反をおこすと、吉備真備が参謀となった孝謙上皇の軍はこれを討ち、仲麻呂を斬首

真言律宗総本山 勝寶山、東門

し、淳仁天皇を廃して、孝謙上皇が称徳天皇として重祚する。

そして、翌七六五年、称徳天皇の勅願により西大寺が創建された。前項のコラム「多賀城碑と藤原朝獦」のところで紹介した百万塔を作ることを命じたのもこの乱の後の称徳天皇の発願であった。

西大寺の建立や百万塔の制作は、称徳天皇の、自らの命令によって殺害しなければならなくなった藤原仲麻呂の霊を慰める目的もあったのかもしれないと思われる。

称徳天皇がかつては蜜月時代を過ごしたこともあった藤原仲麻呂を自分の命令で討伐しなければならない運命となり、結局は殺害に至ったが、その寂寥感を埋めるためもあったのであろうか、そして、母親の作り上げた東大寺に対抗するつもりもあったのであろうか。西大寺はかつては壮大な伽藍を有したといわれながら何となくわびしさも感じさせる場所でもあった。

なお、藤原仲麻呂の乱ののち、孝謙上皇は乱の関係者三七五人を死罪にするとしたが、これに対して、当時上皇に仕えていた和気広虫（和気清麻呂の三歳年上の姉）が上皇を必死に説得してこれを流罪などへと変更させたといわれる。また、広虫は仲麻呂の乱後に多く出た孤児を引き取って養育し、その数八三人にもなったという。彼女は称徳天皇の孝謙上皇時代の七六二年夏に一緒に出家して法均尼と名乗っている（上皇は法基尼と号した）。上皇から

称徳天皇墓所

の信頼も厚く優しい女性であったと思われるが、称徳天皇崩御時には、広虫は七六九年の道鏡にからむ宇佐八幡宮神託事件により、別部狭虫と改名させられ備後国に流されていた。しかし、七七〇年の称徳天皇の死の後、大隅国に流されていた弟の和気清麻呂とともに許されて中央にもどり、その後、平安時代にかけて姉弟の二人とも大活躍する。

この西大寺を訪問した日、西大寺から歩いて二〇分程のところにある称徳天皇の廟（大和国添下郡佐貫郷高野山陵）も訪れた。称徳天皇高野陵という案内板のあるこの墓所は、さすがに荘厳さが漂う所であるが、ここでもどこかもの悲しさをも感じた。

孝謙上皇（後の称徳天皇）と道鏡との関係はその後、時代を経るに従って、面白おかしく盛られて語られることが多いものの、この女人の一生を詳しく見ていくと、天武・持統天皇、そして草壁皇子の正当な皇統を継ぐべく、母親である光明子の意向を守り、結婚することも、そして、自由な恋愛をすることすらもできないという、その窮屈でもの悲しい運命がよく理解できたような気がする。

彼女はおそらくかなりのかんしゃくもちではあったかもしれないが、一方では仏教に傾倒する実に純粋な側面も持った女性と思われる。それが道鏡への異様な寵愛という形として語られることになってしまったのではなかろうか。道鏡と出会ったときにはすでに頼りにしていた母の光明皇太后も亡くなってしまっており、淳仁天皇や仲麻呂との関係も悪化していて、本当に孤独となり、心細くて頼りにするものが必要だったのであろう。

吉備真備は、称徳天皇がまだ孝謙天皇として即位する前の皇太子時代に彼女の家庭教師を務めることにより、この女人の純粋な性格をもよく摑んでいたのではないかと思う。もしかしたら、彼女のことをたとえ何歳となっても愛おしくて仕方がなかったのかもしれない。

そんな教え子であった称徳天皇も師の真備より早く亡くなってしまうことになってしまった。

真備にとっては、自分の娘の由利が最後まで称徳天皇の側に仕えていられたことは安らぎでもあったかもしれない。吉備由利も真備同様に辛抱強くこの女人と付き合い、また、同情や愛情も寄せていたのであろう。また、この父娘だったからこそ、この天皇の信頼を最後に得ることができたのであろうとも思う。

第4章

竹取物語に込められた秘密とかぐや姫の正体

――『竹取物語』は告発の書だった

「にっくき仲麻呂め、許せるものか。それにしても女人は美しく、悲しく、愛おしく、またおそろしいものよ」。かつて若い頃に二〇年近くの間、唐に留学し、帰国後、中央政権に重用されたものの、やがて実質的に政権を奪った藤原仲麻呂の専横で辛酸をなめ、晩年に再び復活した老人は独り言ちた。

第2章冒頭にあげたように「あをによし奈良の都は咲く花のにほふがごとく今盛りなり」（万葉集巻三―三二八）とうたわれた天平の時代であるが、実際には、謀略にみち政争にあけくれた時期でもあった。この主因には女帝と女帝を利用した時の藤原家を中心とした存在があった。そして、この情況を憎んでいた人間も多かったことと思う。

第2章～第3章では、様々な登場人物やそれぞれの関係について、知られている事実をもとに出来るだけ淡々と述べてきたが、これらの人々について考えをめぐらせる中で、自然に浮かび上がってきたことがある。

筆者は薬学を専攻したことから、その観点で奈良時代の毒や薬、そして、関連する人々の動向をながめていくと、実は、私たちが子供のころから知っている『竹取物語』は奈良時代の毒や薬に関係する怨念に満ちた大変におそろしい物語ではないかと思うようになったのである。

よく知られているように『竹取物語』は、別名を『かぐや姫の物語』として、美しい童話のようなイメージで伝えられているものの、その実は「鎮魂と恨みの書」あるいは「告発と糾弾の書」といってもよいものであると思う。今、私は、はっきりと言える。この物語は天平のどろどろとした時代の魂の吐露の書であると。

古代の書物の中には『古事記』や『日本書紀』のように正規の歴史書として伝わっているものがある一方、『万葉集』のように実は告発の書であるといわれるものもある。この分け方からすれば、『竹取物語』は後者の『万葉集』と性格が似たところがあるといってもよいかもしれない。いつの時代にも権力を得た者には隠しておきたいことがある。

このいわばおとぎ話として伝えられてきた『竹取物語』における大きな暴露のひとつは、藤原宮子の出自が藤原不比等の実の娘ではないということであると思う。梅原猛はこの段について、宮子は紀州の海人（あま）（漁師）の娘であることを様々な面から検証を加えて喝破している。[1]

すでに述べたように、文武天皇は、藤原不比等の長女とされた夫人の宮子が後の聖武天皇になる首皇子を生んだ七〇一年に宮子の故郷と思われる紀州に行幸している。一方、かぐや姫は竹取の翁によって竹の中から見出され育てられ、そのうちに翁たちは大金持ちになるという話になっ

1　梅原猛、海人と天皇（上）（下）

ているが、翁を藤原不比等とし、かぐや姫を宮子と置き換えたらどうであろうか。すなわち、宮子は七〇一年に首皇子を産むことによって「かぐや姫」となったのである。同じ七〇一年にはやはり不比等に莫大なチャンスを与えることになる三女の安宿媛（光明子）が県犬養美千代との間に生まれている。とすれば、光明子も「かぐや姫」ということになる。この年は対馬国から金が献上されたことから大宝元年と改元され、また、新律令（大宝律令）によって官位が発表となった。後述のように、その中には『竹取物語』に出てくる貴公子たちのモデルになったと思われる人々の名前（丹治比真人嶋、阿倍朝臣御主人、石上朝臣麻呂、藤原朝臣不比等、大伴宿禰御行）も出てくる。

一方、この『竹取物語』は、時の政権に翻弄された高貴な女性たちへの鎮魂の目的で書かれた書でもあったと看做して間違いないと思う。そして、この物語の中では、おそらく、その著者や高貴な女性たちが大いに被害を被った悪辣な藤原仲麻呂への恨みも明かしたように思われる。さらに、これらの人物が関わりあった結果生まれた『竹取物語』には、実は「毒や薬」も大いに関係があったのである。

竹取物語とは

もう気がついた方も多いと思うが、この章の冒頭に出てくる老人とは吉備真備である。

かぐや姫の物語としても知られる『竹取物語』は、いわゆるおとぎ話のひとつとして私たちになじみ深い。平安時代中期に成立した『源氏物語』の中で、作者の紫式部は『竹取物語』のことを「物語の祖」と語っているほど古い物語でもある。

ただし、この件については少々気になることもある。それは、紫式部が『竹取物語』のことを「物語の祖」と書いているにもかかわらず、同時代に生きた清少納言は『竹取物語』に触れていないようである。たとえば、『枕草子』に「物語は」という章段が設けられているが、そこに『竹取物語』をあげていない。すなわち、「物語は住吉。宇津保の類。殿うつり。月待つ女。交野(かたの)の少将。梅壺の少将。国譲(くにゆづり)。埋木。道心(だうしん)すすむ。松が枝。こま野の物語は、古き蝙蝠(かはほり)さし出でてもいにしがをかしきなり[2]」として、当時知られていた著明な物語を列挙しているにもかかわらず、ここには『竹取物語』の名前があげられていない。少し不思議である。

実は『竹取物語』というのは通称であり、他に『竹取翁の物語』とか『かぐや姫の物語』とも呼ばれていたという。その成立年や作者ともに不詳であり、仮名によって書かれた最初期の物語のひとつであるともいわれてきた。その全文は漢字仮名交じり文としてせいぜい原稿用紙五〇枚程度と、そう長いものではない。

なお、『万葉集』巻一六―三七九〇には「竹取の翁」という人物が登場し、この「竹取の翁」と「竹取物語」の翁との関連性が指摘されることもあるが、私はこの段はたまたま名前が同じというだけであり、関係はないと思う。

2　この部分「持ていきし」となっている文献もある

竹取物語の成立時期

これまで、『竹取物語』は平安時代初期に成立し、その作者は紀貫之ではないかなどと言われてきた。

その理由として、この物語の中には蒔絵(まきえ)や塗籠(ぬりごめ)や頭(とう)の中将(ちゅうじょう)など、平安期に至って現れる用法があるためという。そのために物語が平安時代に書かれた王朝文学のひとつと看做す向きもある。しかし、一方では「これら(の用語)は仮名書きに改める際、または書き写しなどの折の改竄(かいざん)、加筆の結果とみることもできよう」[3]との意見もある。大いに首肯できるところであり、私はこれらの文言の存在ゆえに『竹取物語』が平安時代に書かれたものであるという見方には同意しかねる。このような文言などいくらでも変えられるものである。しかも、この『竹取物語』の最も古い写本でも室町時代のものといわれる。内容的には相当の書き直しもあるに違いない。

また、この物語では月からの使者が地上五尺のところで、空飛ぶ車や月の人々が浮かんでとどまっているという表現があり、これは阿弥陀信仰と浄土宗を思いおこさせ、そのため、この物語の成立が平安時代という根拠のひとつともなっているという説もある。しかし、根拠としての説得力はそう大きいものではないと思う。

よく知られているように、竹取の翁は竹林で光る竹を見つけ、かぐや姫と遭遇する。明らかに、かぐや姫は翁の実子ではない。このことは、かぐや姫のモデルのひとりと目される藤原宮子が藤

---

3 伊藤清司、一九七三年、九三頁

原不比等の実子でないことを示していると考える。

かぐや姫は月からやってきたことにしているが、これは藤原宮子が藤原不比等の実子でないことを示し、竹取の翁がかぐや姫が来てから富を得る過程は、藤原不比等が、宮子を文武天皇の後宮に入れてから一門が栄えるようになったことを暗示しているものと思う。より具体的には、宮子が首皇子（後の聖武天皇）を産むことによって「かぐや姫」になったということである。

今、私は、次のことをはっきりと言える。

まず、この物語の時代背景が奈良時代ということには誰しも依存はないと思う。しかし、この物語は、普通言われるような平安朝に成立した王朝文学などではなく、奈良時代に成立した糾弾の書であり、実は、どろどろとした愛憎と怨念や権力構造の告発すらも含む、おそろしい物語であると思う。この章の初めの方に述べたように、『万葉集』は告発の書であるといわれるが、『竹取物語』も童話のような構成でできているものの、その内実は告発の書といってよかろう。この点で、『万葉集』に性格が似ていると思う。

竹取物語の成立時期について、中川興一は『竹取物語』の解説の中で「『その登場人物の人名の古風である點から、その素材發生の時期は、寧ろ奈良時代末期まで遡らねばならぬだらう』と武田祐吉博士は云はれてゐる。いづれにしても、その筆者も、その成立の年代も今のところではハッキリと摑むことが出来ないのである」[4]と述べておられる。これが本当のところであろう。

また、すでに述べたように、七四九年に現在の宮城県遠田郡涌谷（わくや）町から我が国初の産金の報告

4　中河與一訳注、一九五六年、一〇七頁

があった。この黄金が毘盧舎那仏（奈良の大仏）の鍍金の一部に使われたのである。物語に「竹取の翁、この子を見つけて後に竹とるに、節を隔てゝよごとに金ある竹を見つくる事かさなりぬ（以下略）」とあるのは、この涌谷から金が産出したという事実を知ったこともその内容に関係しているのではなかろうか。

おそらく、作者の脳裏には、我が国での初めての産金の情報に直に接したという記憶が鮮明にあるのではないかと思われる。このことからも、この物語が奈良時代に書かれたことを支持したい。

中国大陸における『竹取物語』に類似した物語

古来、中国大陸では月に住む天女である「嫦娥（じょうが）」（常娥とも書かれる）の伝説があり、唐の玄宗皇帝は夢の中で月宮を訪れ、天女の嫦娥の舞を鑑賞したといわれている。[5]

このような嫦娥の伝説もあることから、私は、なおさら、『竹取物語』は遣唐使となったことのある奈良時代の人物が作者である可能性は高いと思っている。中でも玄宗皇帝にまみえた人ならばなお可能性は高かろう。

一方、一九五四年に、中国四川省のアバ・チベット族に伝わる民間伝承として見出された『斑竹姑娘（パヌチウクウニャン）』と題する小篇があり、この内容が『竹取物語』に極似しているという。そのため、

5　王敏（ワンミン）、一九九八年、一六〇頁

『竹取物語』はこの話が原点ではないかという説も出た。[6] この『斑竹姑娘』においても『竹取物語』と同様に五人の結婚願望者があらわれ、五つの難題が課されるが、その課題が『竹取物語』とそっくりなのである。しかし、『斑竹姑娘』は古くからの伝承とは言われているものの、この物語が収録されたのは一九五〇年代のことである。このことからも、むしろ、我が国の『竹取物語』の内容が彼の国に伝わって『斑竹姑娘』となった可能性を考えた方が自然であると思われるがいかがであろうか。この段に関しては、やはり私と同様に「日本の『竹取物語』が向こうに伝わり、それを潤色して作られた新中国の物語だと考える」[7] という見方をしている方がおられることを指摘しておく。

竹取物語の構成

沖浦によれば、『竹取物語』はその構成要素を分解すれば、次の六つに分けられるという。[8]

(一) かぐや姫の誕生(化生伝説)
(二) 竹取翁の長者譚(長者伝説)
(三) 五人の貴人の求婚(求婚難題説話)

---

6 伊藤清司、一九七三年、一五四頁
7 沖浦和光、一九九一年、一六二頁
8 沖浦和光、一九九一年、一四八頁

（四）帝の求婚譚
（五）かぐや姫の昇天（羽衣伝説）
（六）ふじの煙（富士縁起説話）

話の内容はよく知られているが簡単に説明すると、まず、（一）（二）では、翁が竹林で光る竹を見つけ、竹の中に小さな女の子を見つける。翁と媼はこの小さな女の子を大切に育て、やがてかぐや姫と名付けられた女の子はたいそう美しい女性となる。その間、竹取翁は、竹林にて金が入っている竹を見つけたりして裕福となる。話は、やがて（三）に移り、その美しさを聞きつけた五人の貴公子がかぐや姫に求婚してくる。かぐや姫はこの五人の貴公子たちにそれぞれ求めてきてほしいものを伝え、このものを得ることができたらいうことをききましょうという条件を出す。しかし、五人の貴公子たちは結局全て失敗してしまう。物語の中ではそれぞれ、ユーモアを込めたりして、それぞれの失敗を生き生きと描き出している。そうこうしているうちに、やがて、（四）では、天皇までが後宮に入るように迫るがそれも断ってしまう。ついには、（五）において、かぐや姫は翁と媼に、自分は月の世界から来たのでこちらの人とは結婚できない運命であると打ち明ける。そして、月の世界からかぐや姫を迎える使者が来て、かぐや姫は不死の薬を帝に残して迎えの使者とともに月の世界に帰ってしまうのである。最後の（六）において、天皇は、かぐや姫のいない世に不死の薬はいらないと言い、その薬を不死の山（富士山）の山頂で焼かせてしまう。そのため、富士山は今も頂上から煙を噴いている、という話である。

この物語はまるで、それぞれの短い話を繋げていって作られた感じがする。とくに、この分類中の(三)にあたる五人の貴公子たちがかぐや姫を我がものにしようとして翁の家に赴く場面は「妻どい」と称されるが、次にあげられる各人にそれぞれに難題が与えられて、与えられる方はそれぞれ何とかしようとする話となっている。上に貴公子の名前、そして、下にかぐや姫が求めることを要求したものを示す。この話の部分はとくに、それぞれの短い話をたとえばカード化し、ひとつずつの話を完結し、それを繋げたような感じである。

① 石作皇子――仏の御石(みいし)の鉢
② 車持皇子――蓬萊(ほうらい)の玉の枝
③ 阿倍御主人――火鼠(ひねずみ)の皮衣
④ 大伴大納言――龍の頸の玉
⑤ 石上中納言――燕(つばくらめ)の子安貝

このことからも、この物語は、かなり理知的かつ合理的な思考方法を有する人間の作ったものという感じがする。五人の貴公子の出し方も、考えられているモデルからすれば、二人の皇子に始まり、左大臣、大納言、そして中納言とランク順である。また、後にやや詳しく考証するが、この五人のうち、①③⑤の奇数番が七〇一年時の実在の人物をモデルとし、②④は後の(おそらく著者と同時代の)人物をモデルとしているように思える。

なお、もうひとつ気がつくのは、かぐや姫が五人の貴公子に種々の要求をしたが、この要求するものが、なんとなく、貴公子のランク順に遠くでしか得られないものから身近でも得られるのではないかというものへと移っているような気もする。仏の御石の鉢はインドのものであるし、蓬萊の玉の枝の蓬萊とは東の海上にある仙人が住むという仙郷、火鼠の皮衣は当時の唐で手に入るもののようである。一方、龍の頸の玉は唐に至る海上で得られそうで、最後の燕の子安貝は近辺で得られそうである。このような並べ方にもなんとなくシステマチックな感じがある。

これらの品々は存在しえないものが多いのであるが、火鼠の皮衣は今でいうアスベスト（火浣布）のことであろうか。とすれば、このものは現在では容易に入手可能である（ただし、その毒性がわかったことから現代では別の意味で、入手が困難）が、当時、アスベストのようなものを知っている人はごく限られた人だったはずである。このことからも、この物語の作者が当時のかなりのインテリ、しかも今で言えば理科系的インテリであったのではなかろうかと想像をめぐらすきっかけとなった。

また、かぐや姫が石上中納言に対して「燕の子安貝」を所望する段がある。子安貝とはかつては貨幣として用いられたり、お産の時のお守りとされたりもしたが、それは、その形状が女性器をイメージするものであることもその理由のひとつであったという。そのため、この段はかぐや姫のユーモアというかエロチックな雰囲気もあり、このあたりは作者の遊びを感じるところである。このことからも、この物語は、決して子供向けのおとぎ話の枠に入っているものではないと思うところでもある。

さらに、「燕の子安貝」を得ようとする際には、石上中納言を「荒籠（あらかご）」に乗せて、綱で引き上げる場面があるが、この方法は、なんとなく、七五二年の大仏開眼の際に、開眼のための筆を持った菩提僊那（ぼだいせんな）を「縄籠」に乗せて引き上げたという史実を思いおこさせる。作者はもしかしたら、この大仏開眼の様を少々茶化したかった意図もあったのかもしれない。

かぐや姫の罪と大宝律令の毒

ところで、『竹取物語』には「かぐや姫が犯した罪」という記述が突然にあらわれる。例をあげれば次のように書かれているが、これは何を意味するのだろうかと常々気になっていた。『竹取物語』の中ではこの罪の具体的な内容は何も書かれていないのである。

●かぐや姫は、天上で罪をお造りになつたから、（中河興一訳注、一九五六年、一〇〇頁）
●かぐや姫は、ある罪をお犯しなさったによって、（川端康成他訳、一九七六年、三六頁）
●かぐや姫は、罪をつくり給へりければ、（野口元大校注、二〇一四年、七八頁）

この段は以前から疑問に思っていたところであるが、私は、かぐや姫が藤原一族の女性をモデルとしたものであり、藤原一族がその勢力基盤を築く中でおこなってきたことがら（罪）に直接あるいは間接にこのモデルとなる女性がからんでいたことを示すのではないかと考える。そう考えると納得できる。そして、この段は、月世界ではなく、実は藤原の世でかぐや姫が犯してしまった罪を、作者は書きたかったと理解していいのではなかろうか。

罪とはすなわち、冤罪で人を殺めたり、自分たちの邪魔になる人物を暗殺したりしたことなどである。これらの犯罪の黒幕としてかなりの部分を担ったのは実質的には藤原一族であったが、かぐや姫はこれらの罪を指図するか見過ごすしかなかった運命にあった。たとえば、藤原家が犯した冤罪や暗殺（毒を使用した殺戮）と考えられるものには、主なものでも、七二九年の長屋王の変（トリカブト根の附子または烏頭）、七三七年の藤原四兄弟の暗殺（鴆毒）、七四四年の安積親王の暗殺（鴆毒）、七五七年の橘奈良麻呂の乱後のおそらく大勢の死罪（冶葛）などがあげられる（カッコ内は使われたと思われる毒物）。

私は、これらのことが「かぐや姫」の罪の一部であったのではないかと考えている。また、この物語の末尾の方でかぐや姫を迎えに来た月の使者が、「壺なる御薬たてまつれ。穢（きたな）き所の物きこしめしたれば、御心地悪しからむ物ぞ」[9]とかぐや姫に薬を服用させようとする場面がある。またこの場面では天人が「いざ、かぐや姫。穢きところにいかでか久しくおはせん」ともいう。ここでいう「穢きところ」とは藤原家が台頭した天平の世の中のことをさしていたとすれば、何ら不思議はない。ここのところ、一方では月の世界での罪といいながら、こちらを穢きところと言っているのだから矛盾にも感じるが、月の世界での罪を具体的に示してもいないし、もとよりフィクションであるから、ここに示したように解釈してもいいのではないかと思う。

すでに少し述べたように、この『竹取物語』はまた、毒や薬とも大いに関係の深い物語ではな

9　阪倉篤義校訂、一九七〇年、五二頁

いかと考えている。先に述べた奈良時代における暗殺などには毒が使われた可能性が大きいし、物語の最後には月の世界からもたらされた「不死の薬」なるものも登場し、この薬は帝の命で駿河の国の高い山（富士山／不死の山）の頂上で焼かれてしまうという結末がある。このとき、私たちは月の世界にあったという不死の薬を失ったことになる。しかしながら、もし、不死の薬なるものが実在していたら実に恐ろしいことでもある。いかようなことがあってもいつまでも死ねないということを想像していただきたい。この物語の作者はその恐ろしさも伝えたかったのかもしれない。逆に考えれば、もし、誰かが不死の薬を服用したならば、このかぐや姫の時代の生き証人が現代にまだいて、当時の話をしてくれることにもなろうが……。

大宝元年（七〇一年）は、後述のように、かぐや姫のモデルに関係すると思われる藤原宮子がのちの聖武天皇を産んだ年であり、また、藤原不比等の館において、やはりかぐや姫のモデルに関係すると思われ、のちに聖武天皇の皇后（光明皇后）となる安宿媛（あすかべひめ）が誕生する年でもある。そして、この年は、大宝律令が完成し、藤原不比等が大納言となった年でもあった。その後、大宝律令は、七一八年に完成して七五七年に施行される養老律令に受け継がれるが、その内容は大宝律令を踏襲したものであるという。そして、そこには第1章で述べたように、四つの毒（鴆毒・冶葛・烏頭・附子）の記載があった。

翌年の七〇二年、首皇子の曾祖母にあたる持統天皇が亡くなる。首皇子の父は文武天皇であり、文武天皇の父は持統天皇の子で早逝した草壁皇子であるから、首皇子は持統の直系の曾孫（持統天皇―草壁皇子―文武天皇―首皇子）にあたる。持統天皇は我が子の草壁皇子の立場を守るために自分の甥にあたる（持統の姉の子である）大津皇子に言いがかりをつけて殺害している。しかし、草壁皇子は即位することなく早逝してしまい、文武天皇も首皇子が生まれて間もなくの七〇七年に早逝してしまう。

文武天皇は体が弱かったのではないかとも言われているが、暗殺の可能性も否定できないと思う。ここにはかなり大胆な想像が入るが、もしかしたら、藤原不比等の後ろ盾となる持統天皇が亡くなってしまったことから、藤原家に縁のある首皇子を守るために文武天皇は殺害されたのかもしれない。その動機は、何よりも、実は、首皇子の母親にあたる宮子の素性が確かでなかったためであり、他の、より素性の明らかな後宮女性が文武天皇の皇子を産むことを恐れた（実はすでに二人生まれてもいたがその母はその後、不比等の策により失脚させられた）ためである。奇しくも、この時期にできた大宝律令にはことさらに毒薬に関する条項のあることも気にかかる。

前述の四つの毒のうち、この時期に手に入った毒薬は、我が国にも自生のあるトリカブトの塊茎から調製される附子や烏頭ということになろうか。第1章でもふれたが、トリカブトの塊茎のうち、今年芽の出た母にあたる塊茎を烏頭、次の年に芽の出る子にあたる塊茎の乾燥品を附子という。いずれも猛毒性を有する。

七二九年の長屋王の変では長屋王とその子供たちは自経により亡くなったとされるが、この際、毒を仰いで亡くなった可能性もあるといわれる。この場合にもし毒が使われたとすれば、時期的にまだ冶葛や鴆毒は渡来していないと思われ、やはり我が国に自生するトリカブト由来の附子または烏頭である可能性がある。

一方、七三七年に藤原四兄弟が亡くなったのは、その一部は言われるとおり、疱瘡の犠牲になったのかもしれないが、何人かは結果として毒殺だった可能性が高いと思う。藤原四兄弟が相次いで短期間に亡くなったのは、あまりにもピンポイントで不可解だからである。この時期の少し前には、唐から真備や玄昉らが帰国している。場合によっては、もしかしたら、悪意がないとしても、たとえば、猛毒の砒素化合物を「唐から到来した病気に打ち勝てる高貴薬」とでも言って服用させたらという考えもある。さらに、七四四年の安積親王の死は明らかな毒による暗殺が疑われる事態であった。

これらの段に関しては、前章でも述べたように、七三七年の藤原四兄弟の死の後に留学帰りの僧玄昉と吉備真備が異例のスピード出世を遂げたことも気にかかるところである。七一七年に出発したこの遣唐使派遣の折りには、大宝律令においてすでに記載があったがまだ実物のなかったと思われる鴆毒や冶葛についての調査や実物の確保の使命もあった可能性は大いにあると思うからである。

先に述べたように疱瘡は蔓延しやすいことは確かであるが、それによって命を失う可能性は高くみつもっても三〇パーセント程度である。この確率は確かに高いとはいえ、七三七年の藤原四兄弟の死は、その後政権の中央に入った他の多くの人たちには罹患したという話すらないのに、ピンポイントで時の政権の中枢にいた四人がそろって亡くなっているというのはかなりの不自然な事態といわざるを得ない。全般的に均等に罹患したり、命を落とした人間が均等に存在したりしたのであれば、それは病気への罹患によるものとも理解できようが、この場合にはあまりにも不自然でとうてい首肯できるものではない。

計画的に殺人をおかす場合、犯罪をおかす側に何らかのメリットがあるはずである。とすれば、この藤原四兄弟の死は、彼らの死によって利益をこうむる人間による暗殺ではないかと考えるのが妥当である。具体的に言ってしまえば、藤原仲麻呂が当時の光明皇后たちと組んで藤原四兄弟を殺害した場合に彼らに利益があると考えられる。その詳細は第3章に述べた。

光明子は、そのころは藤原のやり口に嫌気がさしていたときであり、聖武天皇にとっても、自分が理想とする治世のためには、藤原四兄弟によって支配されている状況は不満であった。また、当時、光明子と蜜月時代を過ごしていた藤原仲麻呂にとっては、父や叔父たちにあたる藤原四兄弟の存在は、自分の栄達にとってはまさに目の上のたんこぶ状態であったはずである。さらに、光明子にとっては、藤原四兄弟が抹消されれば、自分と母（県犬養美千代）を同じくする異父兄であり、当時参議となっていた橘諸兄が政治の実権をにぎる可能性が高かったし、もしかしたら、仲麻呂にその旨ささやかれた可能性もあろう。

そして、実際に事はそのように進み、このあと橘諸兄政権ができ上がる。その政権に、橘諸兄は、自分が気に入っていた僧玄昉や吉備真備も登用することができるようになり、実際にその通りになった。一方、藤原仲麻呂にとってはこのことで一時的に藤原家の衰退のようにも見えるが、実際には、目の上のたんこぶがなくなることにより、将来的には自分がのし上がることのできる素地ができ上がることになるわけである。そして、彼はおそらく、橘諸兄が御し易い、すなわち政治的にはあまり高い能力を持ち合わせていないこともすでに見越していたのではないかと思われる。

当時、七三七年の藤原四兄弟の相次ぐ死は、七二九年に長屋王が死に追いやられたことによる長屋王の怨念によるものとされた。この長屋王の変を策略したのは、政権を維持していく上で長屋王の存在が邪魔になった藤原四兄弟であったことは当時から明らかであった。そのため、七二九年の長屋王の無念な死に深く関係した藤原四兄弟が七三七年に長屋王の怨霊に呪われてそろって亡くなったというストーリーはとても都合が良いということになる。

もしこの通りとすれば、実に都合よく怨霊なるものが利用されたものであるといえよう。当たり前のことであるが、怨霊が人間を殺せるわけがない。結局、藤原四兄弟の存在が邪魔になった勢力が怨霊のせいにして彼らを殺害したのである。そして、そのときに利用された怨霊には聖徳太子（厩戸皇子）の霊もあった。そのためであろうか。光明皇后はこの事件後、七三九年に法隆寺に夢殿を寄進したり施薬院や悲田院に関係する慈善活動に邁進しはじめる。

七三七年の藤原四兄弟の死の後の玄昉と真備の昇進はめざましい。政界の中央の人間が次々と亡くなったことや、橘諸兄や光明子のひきがあったことも確かであろうが、このめざましい昇進の影には、この二人が唐からもたらした薬（＝毒）の働きがからんでいたような気がしてならない。ここでいう薬とは、おそらく硫化砒素化合物である雄黄ではなかろうか。第1章で説明したように、雄黄は燃焼することによって猛毒の亜砒酸（当時はおそらく白砒などと呼ばれていた）を産生する。なお、もしかしたら雄黄やそれに点火して得られる亜砒酸は痘瘡の治療薬とされていたふしがあったのかもしれない。その理由としては、唐においては、恐ろしい病に対抗するには強い毒によって打ち勝つことが必要であるという思想があったためである。大陸においてはそのために使用する五毒という思想があったのである。五毒は鉱物薬であり、雄黄はそのうちのひとつであった。

『竹取物語』という表題と不死の薬・富士山について

一方、かぐや姫という名前のみならず、この物語の名称そのものも摩訶不思議である。この物語は、別に「竹取」そのものをテーマにしているわけではない。竹取の翁という名前も、かぐや姫を竹の中から見出したという冒頭に、翁の職業として出てくるだけで、あとは竹取の翁という名前は出てくるものの、このことと物語との関連性は見当たらない。そこにどういう意味があるのかわからない。

これは妄想かもしれないが、ひとつ考えられる事を述べておこう。「藤原」の「藤」は夏を代表する植物である。それに対して、冬に青々と繁る「竹」は冬の代表植物であるとされることがある。この「藤」と対照的な「竹」を取るということで、「反藤原を刈り取って細工（痛めつける）する」の意味はないだろうか。すなわち、「竹」とは、藤原によって痛めつけられた人々を意味しているのではないだろうか。

なお、末尾の「ふじの山」も「不死」や「富士（士に富む）」のみならず「藤」もからんでいるのかもしれない。すなわち「藤の山」である。『万葉集』は、『古事記』や『日本書紀』のような「正史」に対抗しているもので、正史には著せなかったことがらが描かれているという説があるが、ここまでの経緯を考慮にいれると『竹取物語』も単なる文学作品という枠に収まるものではなく、なかなかに含蓄のある奥深い告発の書であると思われてくる。

物語では月の世界からもたらされた「不死の薬」なるものが最後の場面で登場する。

帝は「あふことも涙に浮ぶわが身には死なぬくすりも何にかはせん」と詠み、かぐや姫からもらった「不死の霊薬」を駿河の国の不死の霊峰（不死の山＝富士山）の頂上で焼かせた[10]。この際、もし、不死の薬を焼き捨てずに誰かが手に入れていたらどうなったであろう。よく、不老不死などというが、考えてみれば、もしも実際に地上の人間の誰かが不老不死の薬を服用してしまったらどうなったであろう。これは大変に恐ろしい想像であり、この物語の作者はこのこともいいたかったのかもしれない。人間の四大苦として、「生・老・病・死」が挙げられている。老病死の三つはわかるが、なぜ、「生」が苦のひとつなのか。考えてみれば、「生」あるがゆえに出会わざるを得ないのが、自分と周辺の「老・病・死」なのである。また、人生にはだれにもピリオドがあるがゆえに人生なのであり、全くピリオドが打てない状況であれば、それは大変に苦しいものであることも理解できよう。このことは、もしかしたら、人類が不老不死の薬を得ることがなくてよかったということを暗示しているのかもしれない。

古代の思想として、道教は不老長生をめざすものであった。そして、「金属と鉱物性生薬を不老長生の『仙薬』としていたのは、中国の民族宗教である道教」[11]とある。一方、これに対して吉備

10　川端康成（訳者代表）、一九七六年、三七頁
11　鳥越泰義、二〇〇五年、一三九頁

真備は『私教類聚』において、道教に否定的な見解を示している。もし、吉備真備がこの物語の著者であれば『竹取物語』において不老不死の薬を焼かせてしまうのも、この道教否定と矛盾がない。

なお、帝がかぐや姫にもらった不死の薬の入った壺を富士山頂で焼かせたため、この山はその煙をいまだに雲の中へたち昇らせているという記述がある。富士山が奈良時代末期の七八一年（天応元年）に噴火したという記録が『続日本紀』にあり、七月一日の項に、「駿河国が『富士山の麓に灰が降って、灰のかかったところは木の葉が萎えしおれました』と言上した」とある。なお、この記録により、七八一年当時にはすでに「富士山」という呼称があったことも明らかである。

この『竹取物語』の最後の部分で、不死の薬を焼くときに、士がたくさん、駿河にある高い山を登ったので、この山の名前の由来が「不死の山」、または「士に富む山」として富士山と呼ばれるようになったとされる。しかし、この後者の話には少しばかり無理があるように思われる。実際には、もともとは「不死山」と名付けられたのではなかろうか。または「不二山」であり、これが富士山になったのであろう。そして、この物語では、もしかしたら前述のように藤原の「藤山」の意味も込めたのかもしれない。

なお、富士山の古い大きな噴火の記録としては、前記の他、延暦の噴火（八〇〇〜八〇二年）と貞観の噴火（八六四〜八六六年）が知られているが、富士山は平安時代の初めの三〇〇年間に一〇回も噴火したという。[12]

吉備真備の晩年はこれらの記録の少し前のことになるが、おそらく真備の晩年の時期にも大噴火までは至らなくても少なくとも噴煙はあげていた可能性は十分にあると思われる。いずれにせよ、奈良時代には様々な火山や地震の活発な活動があったようで、とくに、先にもふれたように七四五年（天平一七年）五月には地震が頻発し、五月一日〜五月一〇日の間は一〇日連続の地震だったとの記録も『続日本紀』にあり、これらの頻繁な地震は富士山の火山活動に関係あるものだったのかもしれない。

かぐや姫と他の登場人物の正体

文武天皇のもとに藤原宮子が輿入れし、七〇一年にのちの聖武天皇を産んだことは、間違いなく藤原家大発展のきっかけとなった。

宮子は当時の基準によれば、絶世の美人であったという。だから、この時代を描いていると目される『竹取物語』の主役のかぐや姫のモデルとなっている可能性は高い。ただし、筆者はかぐや姫のモデルは単純に藤原宮子であるとは考えていない。モデルは当時の高貴な女性たちの複合体であると考えている。この項では『竹取物語』にあらわれるかぐや姫や他の人物のモデル、か

12　島村英紀、二〇一七年、一六七頁

ぐや姫の名前の由来などについて考察する。

孝謙天皇と光明皇后と藤原宮子

筆者がまだ藤原宮子についてよく知らなかった頃、山崎容子による「宮子姫」の絵を初めて見て、強く感じるものがあった。そして、この女人がたどった運命を詳しく知りたいと思った。宮子は聖武天皇の生母となり、聖武天皇にはこれまた藤原不比等の娘（すなわち戸籍上は宮子の妹）である光明子が輿入れし、後の孝謙天皇を産む。やがて光明子は皇族以外の出身者としては異例の皇后となる。

この項では、藤原家に関係し、天平の時代に翻弄された女性たちの代表として、藤原宮子と藤原光明子姉妹、そして、光明子と聖武天皇の間に生まれ、やがて孝謙天皇となる女性にとくに着目してみたい。かぐや姫のモデルとしてはこの藤原家の女性たちが間違いなく入っていると思うからである。

とくに私は藤原宮子が藤原不比等の実の娘ではないということが、『竹取物語』の背後にある主たるテーマのひとつではないかと考えている。『竹取物語』の作者は、まず、この重大な事実を暴露したかったのであろう。梅澤は「聖武と宮子を引き離したのは、藤原不比等だったと察しがつく。これは看病のためではなく幽閉であろう。理由は、宮子の『血脈』が問題だったに違いない」[13]としている。さらに、その理由として「葛城の賀茂氏の血を引く宮子は、ヤマトの本当の歴

13　梅澤美恵子、二〇一一年、一五六頁

コラム◉万葉集と大伴家持

万葉集には大伴家持の歌が四七三首（一説には四七九首）あるとされ、とくにその後半の一七～二〇巻（三八九〇～四五一六）は大伴家持の歌日記ともいえる体裁となっている。このような事実もあり、万葉集を最終的に編纂したのは大伴家持と言われる。家持はやはり万葉集の歌人として有名な大伴旅人（六六五～七三一）の長男である。

家持の一生はまさに波乱万丈といえる。彼は、七四五年に正六位上から従五位下に昇叙され、貴族の末端となり、その後、七四九年に従五位上になったので、ここまでは、亡くなったときには従二位で大納言だった大伴旅人の長男として、まずまずの出世であったと思う。しかし、そのひとつ上の正五位下に昇叙されたのはなんとその二一年後の七七〇年のことであった。

昇叙されたり都にいたりということだけが良いことだとは言えないだろうが、この期間、家持は七四六年六月には越中守に遷任されて越中に旅立つ。そして、家持は七五一年に一旦は都に戻るものの、七五七年の橘奈良麻呂の乱に連座しかけた。このときは直接の咎めをうけることなく済んだが、七五八年には今度は因幡守に遷任される。そして、七五九年元日には赴任先の因幡で万葉集最後となる歌「新しき年の始の初春の今日ふる雪のいや重け吉事」（巻二〇—四五一六）を歌った。

さらに七六二年に因幡より帰京するものの、七六三年、今度は時の権力者であった藤原仲麻呂暗殺計画に連座し、現職を解任されてしまう。その後も紆余曲折を経て、七八二年には陸奥に按察使として赴任、この際、多賀城に赴き、一説ではこの地で七八五年に亡くなったといわれる。

ところが、この家持の死後二〇日余りの後、今度は、藤原種継（七三七～七八五）暗殺事件の首謀者として関与していたことが発覚、生前に遡って除名処分を受け、家持の遺骨は家族の手によって隠岐に運ばれた。ただ、この種継暗殺事件の関与者は後に、桓武天皇によって本位に復す詔が発せられ、家持は従三位に復位され、家持の遺族も隠岐からの帰京を許された。かなり途中を端折っているが、それでもなんという波乱万丈ぶりかと驚く。

なお、大伴家は武家であり、その誇りがあったものの、武家としてはだんだんと没落していくことにほぞを咬んでいた時期が長かったともいえそうである。

文武天皇の妃となった宮中の宮子姫（髪長姫）

乙女あり、名を宮といふ／海底に光る黄金の千手観音を持ち帰る

史を知っているわけであるから、生まれた子に『藤原の正体』『藤原のやってきたこと』を吹き込まれることを不比等は恐れたのである」[14]としているが、私は、むしろ不比等やその四人の息子たちは、宮子が不比等の実子でないことの公式な暴露を一番恐れたのではないかと考えている。聖武天皇には藤原の血が入っていないことを公にすることになるからである。

そんなことを感じていた矢先、梅原猛の『海人と天皇』という本に巡り会い、我が意を得た感じがした。この本では藤原宮子に関する紀州（現在の和歌山県）の道成寺の言い伝えに言及しているが、結局、この伝説によれば、藤原宮子は藤原不比等の実の娘ではなく、海人（あま）の娘であるという。

ここに、梅原猛の本に引用されている宮子姫（髪長姫）の図面二点を転載させていただく（『道明寺絵とき本』）。いずれも宮子の願いを聞き入れた文武天皇の勅で建立されたという和歌山県日高郡日高川町にある道成寺蔵の『道成寺宮子姫傳記』に収載されているものである。

七〇一年は宮子が首皇子を産むことによって不比等に富と権力

14　同、一五七頁

をもたらす「かぐや姫」のモデルとなるとともに、その後の「かぐや姫」としての運命を担う光明子も生まれた年なのである。それぞれの両親は、藤原不比等と県犬養三千代、そして、文武天皇と藤原宮子である。後には光明子と首皇子との間に、「かぐや姫」の運命を受け継ぐことになる阿倍内親王が生まれる。

ここで、藤原宮子の父親が藤原不比等とされていることに疑いのあることが、その後の七二九年の長屋王の変や、七三七年の藤原四兄弟の死、七四四年の安積親王の死などの事件に大きく関わりあっている。そして、七三七年に藤原四兄弟が亡くなってから、光明子の甥にあたる藤原仲麻呂が暗躍しだすことがはっきりする。

次の表に光明子と聖武天皇の生まれた七〇一年から、藤原仲麻呂の乱で仲麻呂が惨殺されるまでの、光明子と聖武天皇が関わった事件や周辺の動向、とくに玄昉や真備、仲麻呂に関係する主な出来事をまとめているが、このような目で、各事件を眺めていくと、なかなかにドラマ性がある。

かぐや姫のモデルについて

かぐや姫のモデル候補として、梅澤は、藤原豊成（藤原武智麻呂の長男）の娘であり一七歳で剃髪染衣となって當麻寺（たいまでら）にこもった中将姫をあげておられる。その上で、「『竹取物語』にはこれまでに明かされることのなかった闇の世界が隠されていた」[15]としている。

私はかぐや姫のモデルが奈良時代の高貴な女人であることには頷けるものの、かぐや姫＝中将

15　梅澤恵美子、一九九八年、一頁

光明皇后と藤原仲麻呂、および周辺の人物に関係する年譜

693 年　吉備真備生誕
701 年　安宿媛（藤原光明子）および首皇子（後の聖武天皇／母は藤原宮子）誕生
701 年　文武天皇勅願の寺である道成寺建立（首皇子母の藤原宮子のため？）
702 年　持統天皇の死
706 年　藤原仲麻呂誕生
707 年　文武天皇の死
708 年　県犬養美千代（光明皇后の母）が元正天皇より橘の姓を賜わり県犬養橘美千代に
716 年　安宿媛（藤原光明子）が首皇太子妃に
718 年　阿倍内親王（後の孝謙天皇・称徳天皇／母は光明子）誕生
720 年　藤原不比等死亡
724 年　聖武天皇即位
727 年　聖武・光明子の子である基王誕生
728 年　聖武・県犬養広刀自の子である安積親王誕生
728 年　聖武・光明子の子である基王の死
729 年　長屋王の変（藤原不比等の三男藤原宇合らが包囲／長屋王ら自殺）
729 年　光明子、臣下から皇后に／藤原不比等の息子たち藤原 4 兄弟の台頭
733 年　県犬養橘美千代（光明皇后の母）没する
735 年　遣唐使帰国（717 年に入唐した僧玄昉、下道真備も帰国／このとき雄黄を持参した？）
737 年　藤原 4 兄弟の死（天然痘によるとされるが……／光明皇后と藤原仲麻呂の蜜月時代）
藤原宮子、僧玄昉の治療で快癒し、息子の聖武天皇に会う／光明皇后の決断？
738 年　阿倍内親王（後の孝謙天皇・称徳天皇／下道真備が教育係）、初の女性皇太子に
740 年　橘諸兄政権（僧玄昉、下道真備重用）
744 年　安積親王（聖武天皇の皇子）の 17 歳での急死（藤原仲麻呂のもとで）
745 年　僧玄昉が九州に左遷される（翌年死亡）
藤原仲麻呂が大納言に昇格、紫微中台の長官も兼ね、光明皇后のもと権力を握る
746 年　下道真備が吉備姓をたまわり吉備真備と名乗るようになる
749 年　孝謙天皇即位（764 年、称徳天皇として重祚）
750 年　吉備真備が筑前守次いで肥前守に左遷される
752 年　吉備真備、遣唐副使として再度唐へ
753 年　鑑真来日（多くの薬物も持参した／おそらく冶葛もこのときに将来した／
吉備真備も帰国）
756 年　聖武天皇崩御、七七忌に光明皇后が正倉院に 60 種の薬物奉納
（正倉院薬物／冶葛も）
757 年　養老律令（藤原仲麻呂が施行／毒である鴆毒・冶葛・烏頭・附子
使用についての刑罰規定）
757 年　橘奈良麻呂の乱（443 人処刑／このとき、死刑には冶葛使用か？）
758 年　孝謙天皇譲位、淳仁天皇即位
760 年　光明皇太后崩御
761 年　孝謙太上天皇、道鏡と出会う
764 年　藤原仲麻呂（恵美押勝）の乱にて藤原仲麻呂斬首される／吉備真備の軍が制圧
孝謙太上天皇、称徳天皇として重祚

姫説には首肯しがたい。描かれている行動からしても、かぐや姫は中将姫のようなひそやかな存在ではない。周囲を巻き込むほどの自己主張のある存在である。その点では、かぐや姫のモデルには、光明子や孝謙天皇のイメージの方が合致する。この段、梅澤も後に「中将姫は、数々の苦難に逢い自らを叱責する。一方、かぐや姫は、藤原氏を非難していて、対照的である」[16]と述べている。

一方、富士山には「コノハナサクヤヒメ」が本宮浅間大社に祀られている。漢字では「木花咲耶姫」、「木花開耶姫」、「木花之佐久夜毘売」、あるいは「木華開耶姫」などと書かれる。なんとも魅力的かつ美しい名前であるが、この名前のうち「コノハナ」も「サクヤ」も桜の意味であるという。すなわち、まず、単に「木の花」と言えば桜のことである。一方、「サクヤ」については「ラリルレロ」が「ヤイユエヨ」に転ずることはよくあり、たとえば、「所謂」の二字が「イハルル」であるところ「イハユル」となるような例があり、「サクヤ」はもともとは「サクラ」であったものの変化であるとしている。[17]

そして、このコノハナサクヤヒメがかぐや姫のモデルにもなったのではないかという説もある。なるほど、『竹取物語』の最後には富士山が出てくることもあり、コノハナサクヤヒメのイメージがかぐや姫に入ってくることはいなめないかなとは思う。ただし、かぐや姫の話からコノハナサクヤヒメとの関連が出てきたことは考えられようが、その逆に、かぐや姫のモデルになっ

16 梅澤美恵子、二〇一一年、二〇六頁
17 山田孝雄、一九九〇年、二一一頁

たとは少々考えにくい。

光明子（光明皇后）と孝謙天皇（称徳天皇）親娘には自分の即位や立太子などに関連して親族の殺戮に関わったり、だれかが殺されるのを黙殺せざるを得なかったり、いわば混乱にまぎれて事を執行してしまったと思われる事情が多々ある（前表参照）。これらの混乱を通して、種々のことがらが動いたことがわかる。これらこそ、光明子や孝謙天皇が関わったあるいは黙殺せざるを得なかった事情、すなわち、かぐや姫の負った罪ではなかろうか。

また、孝謙天皇は宮子の孫でもあることから系図の上では藤原不比等の曾孫でもある。ただ、すでに述べたように宮子が藤原不比等の実子ではないと考えられ、この線での不比等との血縁関係はないと考えられる。しかし、孝謙天皇は光明皇后の娘でもあるから、結局はこの線で藤原不比等の血を引き継いだ孫であることは間違いない。光明子の勝ち気とも思われる性格も十分に受け継いでいたと思われる。また、聖武天皇が持統天皇の孫であることから、持統天皇やその父の天智天皇の血も引き継いでいる（天智─持統─文武─聖武─孝謙）ということにもなる。すなわち、光明子にはないが、孝謙天皇には父方の聖武天皇を通して、その執念が恐ろしいともいえる持統天皇の血も流れていることには注意が必要である。

私の推定では、かぐや姫の正体、あるいはモデルは、男たちに翻弄されたこれらの高貴な女性たちであると思う。具体的には、藤原宮子、藤原光明子、そして、光明子の娘である孝謙天皇ではないか。このように推定すれば、かぐや姫の美しさと出生の謎は宮子とした上、賢さと光り輝くところは光明子、自己主張の強いところや結婚を受け入れられない運命は孝謙天皇の性格や立場をよくあらわしていると思う。

先述したように、宮子は七〇一年に首皇子を産むことによりかぐや姫となった。そして、同年に生まれた光明子も不比等に莫大なチャンスを与えたかぐや姫であった。さらに、光明子の産んだ阿倍内親王は初めての間違いなく皇室と藤原家の血を繋げる存在となった。

史実にあるように、藤原宮子は不比等や、おそらく藤原四子体制の野望に利用された女性である。光明子ものちの聖武天皇に嫁することにより藤原四子体制樹立などにいわば利用されたのであるが、その後にも、藤原の男たち、とくに、甥の藤原仲麻呂には利用され尽くされたといってもよかろう。また、聖武天皇との間の娘の孝謙天皇も仲麻呂に利用された。仲麻呂はこの母娘の両者ともと深い関係にあった可能性すらある。さらに、孝謙天皇は、藤原の男以外にも、晩年に道鏡に翻弄されたことが伝えられている。

阿倍内親王（孝謙天皇・称徳天皇）は、当時の女性天皇として、実は、どんなに求婚されても、心を通いあわせる男性がいても結ばれることはできない運命にあった。いつかそのまま昇天しなければならない運命にあったわけである。この段、かぐや姫の立場とよく似ている。かぐや姫が結婚を拒み続けたことは、実は、孝謙（称徳）天皇が結婚できない立場にあったことも暗示していると思われるのである。

また、光明皇后は、長屋王の謀殺や、安積親王や可能性としての藤原四兄弟の暗殺など、おそらく藤原家や藤原仲麻呂、そして母方の橘家の異父兄である橘諸兄や、実の娘の阿倍内親王のために実行されてしまった殺人事件もつぶさに見てきた（看過せざるを得なかった）罪があり、このことは、かぐや姫の犯した罪に通じるような気がしてならない。

一方、宮子には、その出自が藤原不比等の娘でないという公然の秘密があり、このことは、『竹取物語』におけるかぐや姫が翁と媼の実子でないという話に繋がる。このことは宮子には直接の罪はないが、結果としてその後の種々の事件を引き起こすきっかけとなったという点においては大きな罪といえば罪である。これまでに述べてきたことで明らかなように、宮子は藤原家と皇室との縁を初めて結ぶきっかけとなったまさにキーパーソンであった。しかし、実は、この宮子が藤原の血をひいていないということが公とされたら大ごとである。繰り返しになるが、私は『竹取物語』執筆の大きな目的のひとつはこのことの告発（暴露）であると思うのである。

さらに、かぐや姫のモデルとしては、真備が二回目の渡唐の際におそらくまみえることのできた楊貴妃の要素も入っているのではないかと考える。すなわち、唐における楊貴妃は美しかったばかりに玄宗皇帝の寵愛を受けることになり、その後の運命に翻弄され、結局は高力士の手によって首を括られ殺害されることになったからである。そして、楊貴妃も、宮子・光明子・孝謙天皇と同様に、『竹取物語』の作者にはとうてい手の届かない高貴な女性であった。

かぐや姫のモデルはこれらの高貴な女性たちの印象の合体ではないかと思われる。いわば、『竹取物語』は、高貴な彼女たちへの鎮魂歌でもあると思うのである。

かぐや姫の名前の由来

かぐや姫の名前の由来であるが、開化天皇の孫大筒木垂根王（おおつつきたりねのみこと）の娘で景行天皇の妃、迦具夜比売（かぐやひめの）

命が由来とも、奈良県橿原市の香具山（香久山）とも呼ばれる天香具山がであるともいわれる。

持統天皇の『万葉集』に収載された有名な歌「春過ぎて夏来るらし白たえの衣干したり天の香具山」（巻一―二八）は決してのどかな風景を歌っているものではない。いわば、持統天皇が自分を中心とした新たな王家を構築するチャンスが来たという政権交代を暗示した宣戦布告の歌であるという。[18] ここに出てくる香具山が、かぐや姫という名前と関連があるのではないかともいわれているのである。

また、「かぐ」とは、光り輝くように素晴らしいとか、非常に見事だ、華々しいなどの意味を持つ「赫々たる」という言葉から派生したともいわれる。「や」は状態を示すのに使われる接尾語であるから、結局、「かぐや姫」とは「光り輝くすばらしい感じの姫」という意味になるというわけである。『海道記』所載の竹取説話では、「昔、採竹翁と云ふ者ありけり。女を赫奕姫と云ふ」とある。[19] なお、一般に「かぐや姫」と呼ばれているが、本来は「かくや姫」だったものと思われる。「かぐや」とは「太陽や月のように光りかがやくさま」から出た名前で「かくや」と読むべきであるという。[20] たとえば上坂信男全訳註の『竹取物語』でも「かくや姫」説をとり、全編「かくや姫」で通している。

このように、「かぐや」には「かがやく」という意味もある。これは、七四九年の奥州小田郡涌

18　関裕二、二〇一九年、二五〇頁
19　阪倉篤義校訂、一九七〇年、七二頁
20　槇佐知子、一九八九年、二六四頁

谷からの我が国初の金の産出とも関係あるのではないかと思う。驚喜した聖武天皇が同年に年号を天平から天平感宝と変えたほどの大事件であった。この我が国初の金産出の事実は、『竹取物語』にて、かぐや姫との遭遇後、竹取の翁が竹林でしばしば金の入った竹を見つけるようになるエピソードとも関わりがあるのではなかろうか。

また「かくや」は「かくやあらん（斯くや有らん）」の「かくや」にも通じ「事の顚末はこうであった」という意味にもなる。すなわち、かくや姫の「かくや」に「（実態は）このようであった」という意味も持たせた可能性もあるのではないかと思う。

実は、後述するが、カタカナの考案者が吉備真備ではないかという説を考察中、とても興味深いことに気がついてはっとした。ここまでに述べてきたかぐや姫のモデルと考えられる四人の高貴な女人のうち、孝謙天皇と光明皇后、そして、楊貴妃の三人の読みをそれぞれカタカナで書くと、**カ**ウケンテンワウ、**ク**ワウミヤウクワウゴウ（この二件については、中西進編『万葉集事典』を参照した）、そして**ヤ**ウキヒ（歴史的仮名遣い）となる。驚くことに、これらの女性たちの名前の頭文字をとれば「カクヤ」となるのである。これは単なる偶然だろうか。

これらの女性の名前をカタカナで書いてみたことにより『竹取物語』の作者が「カクヤ→かくや姫」の名前を思い付いた可能性がありはしないだろうか。このことは、彼女らの名前をカタカナという表音文字で表示することによって初めて思いつくことである。実際に、孝謙天皇・光明皇后・楊貴妃、そして宮子らの頭文字をいくら孝・光・楊・宮と並べてみても「かくや」はとうてい浮かばない。そのため、もしかしたら、『竹取物語』の原文はこれまで言われてきたような漢文ではなく、カタカナで書かれたのではないかという可能性すら疑われる。

結局、ここまでの考えを総合すると、かくや姫という名前とモデルの成り立ちは、宮子の面影を核として、孝謙天皇・光明皇后・楊貴妃という三人の高貴な女性たちを顕彰した形、あえて図式化してみれば、「かぐや姫＝藤原宮子 ×（孝謙天皇＋光明皇后＋楊貴妃）」となるのではなかろうか。

五人の貴公子のモデル

五人の求婚者には、それぞれにモデルがいるのではないかとされてきた。持統天皇末期から文武天皇初期に朝廷の中心人物であった五人、すなわち、丹治比真人嶋、阿倍朝臣御主人、石上朝臣麻呂、藤原朝臣不比等、大伴宿禰御行にあてる説がある。このうち、当時、阿倍御主人は右大臣、大伴御行は大納言（七〇一年に死去）、石上麻呂が中納言（のち七〇一年に大納言）であるから、この三人については名前と位をそのまま借用したことはまず疑いがないとしている。[21]

一方、このモデルと目される人物たちが太政官として朝廷の中心にいた七〇一年とは、まさに先に述べたように、不比等の娘とされた藤原宮子が首皇子を産んだ年であることは注目しておきたいところである。そして、このことで宮子が「かぐや姫」となり、藤原家と皇室との繋がりができ、藤原不比等の野望が実現しつつあった年といえよう。この年は藤原不比等らによって大宝律令が編纂・施行された年でもある。

前出の野口によれば、モデルを解明すべき人物として残るは石作皇子と車持皇子ということに

21　野口元大、一九二頁

なるという。さらに同著において、石作皇子について『新撰姓氏録』によれば、多治比氏と石作氏は、同祖の親戚関係にあり、丹治比嶋は宣化天皇の曾孫にあたる丹治比王の子である。さらに、嶋の幼時にはまだ皇親の身分だったとも思われ、石作皇子と呼ばれた可能性があるという江戸時代後期の国学者である加納諸平（かのうもろひら）（一八〇六〜一八五七）による推測を「少なからず苦しい憶測の積み重ね」という感想を加えながら紹介している。もちろん、この石作皇子という名前については偽の石の鉢との連想によるものとも思われるとしている。若干の不明点は残るものの、この段はこれにてよしとしよう。

つぎに、大伴大納言のモデルの可能性について述べておきたい。大伴大納言はこれまで主に大伴御行に該当するとされているが、私は、大伴家持のことも入っているのではないかと考える。以下にこのことについて説明する。

物語の中で、龍の頸の玉を所望された大伴大納言は武家の統領らしく、家来たちを引き連れて弓を引いたりしている。大伴家持は『万葉集』の編者とされている人物であるが、橘奈良麻呂の乱に連座しかかったり、藤原仲麻呂暗殺計画に加担したと疑われたり、藤原種継の暗殺の首謀者と看做されたりと、その人生はなかなかに波乱万丈だった人物である。この波乱万丈ぶりについては前節のコラムに述べたが、『竹取物語』の著者を吉備真備と仮定すると、大伴家持は吉備真備とはほぼ同じ時代に活躍したのにお互いの付き合いが感じられない人物である。真備は大伴家持の生き様に共感を覚えなかったのか、あるいはある種の警戒をしていたのかもしれない。

大伴家持が最終的に編纂したといわれる『万葉集』に吉備真備の歌が一首も見られない理由の

一部がこんなところにもあるのではないかと思われる。この点もこの物語の中の大伴大納言のモデル化に若干の皮肉が加わっている気もするのである。他の貴公子のモデルが七〇一年の太政官なのに、大伴家持は時代が異なるとおっしゃられるかもしれないが、物語なのだから、そのようなことは一向にかまわないと思う。

さて、残る車持皇子のモデルの考察である。この『竹取物語』における難題求婚説話の圧巻は、蓬萊の玉の枝を所望された車持皇子の行動であろう。車持皇子は物語の中で最初から「心たばかりある人（深く考え、策略のある人）」として、特に悪党に書かれている。

従来、「くらもちの皇子」のモデルは藤原不比等であるという説が有力であった。「くらもち」は「車持」であり、藤原不比等の母親の名前である車持君与志古娘（くるまもちのきみよしこのいらつめ）の名前から来たというのである。不比等は七〇一年当時の太政官のひとりでもあるから、確かにこのことも念頭にあったかもしれない。しかしながら、私は「くらもちの皇子」のモデルは不比等ではなく、不比等の孫の藤原仲麻呂と考えた方が、種々の事柄の説明が納得できると考えている。

なぜ「くらもちの皇子」のモデルを藤原仲麻呂と考えるのか。私は、『竹取物語』の「くらもち」の「くら」とは、前述のように、車持（くるまもち）も念頭にあったかもしれないが、むしろ、素直に、正倉院という「庫＝（倉）」を意識していたのではなかろうかと考える。

藤原仲麻呂は正倉院を徹底的に利用しようとした人物であった。よって「くらもち」の名前には、その曾祖母の名前にあたる車持もかけていたかもしれないが、作者の気持ちとしては、「車持皇子」ではなく「庫持皇子」であったと思うのである。その項の末尾の方では、玉の枝が作り物であることを訴え出た工匠たちを、皇子は「血の流るゝまで調ぜさせ給（うちこらしめられた）」ともある。この様は、橘奈良麻呂の乱後の仲麻呂らによる関係者への拷問を思い起こさせる。

実際に、藤原仲麻呂は光明皇太后を補佐する役所である紫微中台の長官を務め、このことにより、正倉院を支配する人物でもあった。いわゆる正倉院の宝物のリストである『国家珍宝帳』や『種々薬帳』の末尾にある正倉院管理者たちの筆頭に紫微中台の長官として堂々と名前を挙げ、「正倉院」という庫を牛耳り、正倉院を天下取りのための武器庫とし、また、宝ともいうべき薬物も独り占めして徹底的に利用しようとした仲麻呂を皮肉った名前とも思える。そこで、正倉院を支配していた藤原仲麻呂に関わるとしてこの命名におよんだと考えれば、ごく自然ということになる。実際に専門家の中にも、「クラモチのクラ（庫）に闇をかけ、偽計をもって……」[22]というように、くらもちの「くら」を「庫」と記載している方もおられる。

作者は、この皇子に、おそらく、自分は船で沖に出ることもせずに身を隠しながら、かぐや姫に報告するときには、いかにも荒海を乗り切ってきたようなことを言わせる。ここには、作者の「どうせ、船で蓬萊どころか外洋になど出たことがなかったくせに（遣唐使になったこともないくせに）」というような皮肉が感じられる。すなわち、老齢となった真備を遣唐副使として再度唐に派遣したにもかかわらず、国内にずっととどまっていながら、いかにも唐のことを知っているようなことを言い、国の仕組みに唐風好みを取り入れたりまでした仲麻呂に対する強烈な皮肉も入っていると考えられるのである。

22　上坂信男、一九七八年、三〇頁

なお、『竹取物語』と遣唐使の関係については、小峯和明による次の指摘があり、興味深い。

「『竹取物語』には、「遣唐使」の名はみられないものの、遣唐使の旅の記憶がまざまざと生きており、航海の危難、漂流や漂着への不安や恐れが刻みつけられている。それがくらもちの皇子のごとく偽の話題であっても、大伴の大納言の実際の航海であっても、物語においては差違はないだろう」[23]

また、「庫持の『皇子』」としたのは、中臣（のちの藤原）鎌足が、天智天皇から藤原不比等の母にあたる車持君与志古娘を譲られたとき、彼女はすでに妊娠していたかもしれないとされる[24]からだろうか。そうだとすれば、不比等は天智天皇の御落胤（皇子）ということで、鎌足との血の繋がりはないことになる。そして、仲麻呂は天皇の孫となるから「皇子」としたのではなかろうか。とすれば、これも秘密の暴露と皮肉といえるかもしれない。

翁と媼と帝と中臣房子のモデル

藤原宮子は文武天皇の後宮に入り、首皇子（後の聖武天皇）の生母となって、このことが藤原家隆盛の礎となった。この事実を考慮に入れると、竹取の翁のモデルとしては藤原不比等と考えるのが妥当と思われる。

また、媼は不比等と再婚して光明子の母親となった県犬養三千代にあたるかと思う。藤原不比

---

23 小峯和明、二〇一八年、一三五頁
24 板野博行、二〇一九年、五九頁

等はいわば三千代との企みによって宮子をつくり出したとも思われるからである。

　藤原不比等には表だっては悪事を働いたと思わせる感じがない。たしかに、老獪という感じはあるが、その孫の仲麻呂の悪辣さとは少々異なる気がする。一方では忍ぶべきところは忍んでいる感じもする。

　それに比べると藤原仲麻呂の方は、実際に策謀を爆発させるタイプの人間に思える。このことも、竹取の翁のモデルが藤原不比等である一方、くら持皇子のモデルは藤原不比等ではなく藤原仲麻呂であると思わせるところである。さらに、後述のように、作者が吉備真備とすれば、その中央政界での活躍の年代は不比等とはずれており、藤原不比等を直接恨む筋合いはなさそうである。

　この物語において、ふつうのおとぎ話とは少々異なるものを感じるところがある。おとぎ話ではふつう、翁は善なるもので、好々爺という感じで描かれているものが多いが、この物語では、翁の行動も言葉もそう上品なものではない。『竹取物語』における翁は、貴公子がまさにかぐや姫の求めるものを持参することに成功したと思うと、さっさと婿入りのための寝所の準備をし出すし、天人がかぐや姫を迎えに来るというときには、「よろしいとも迎えの人々がやって来おったなら、わしのこの長い爪でその目玉をひっつかんでつぶしてしまってくれよう。また、その髪の毛をとっつかまえて、ひっかき回してぶちのめしてもくれよう。そいつのお尻をひんむくって、ここにいるたくさんのお役人たちの前で、そいつに恥をかかせてやろう」[25]などとあまり品の良くな

25　川端康成（訳者代表）、一九七六年、三四頁

いことも言わせている。また、翁は、帝がかぐや姫を宮中に差し出すなら「翁に五位の官位（五位以上は貴族になる）を与える」という言葉に喜んだりもしている。結構俗物なのである。このような点からも翁のモデルは藤原不比等ではないかと思う。

一方、物語に出てくる天皇のモデルは早逝した文武天皇が最も合致するように思われる。早逝した点については、おそらく、かぐや姫の不老不死の薬を焼いたことで、その短命を暗示している可能性がある。しかも先に書いたように、その死は毒に結びついていたのかもしれない。天平時代前後には、持統天皇や元明天皇、元正天皇、孝謙天皇（重祚して称徳天皇）のような強い女帝や、光明皇后のような実権を握った女性たちがいたのに対してか弱い男帝たちという印象があることはいなめない。

文武天皇は海人の娘であった宮子を見染めて宮中に召すことになったが、この段、『竹取物語』において、帝が狩に託(かこつ)けてかぐや姫を訪ねるところなどはまさに文武天皇が髪長媛(かみながひめ)の噂を聞きつけて宮子を見出した経緯とそっくりである。そして、先にも述べたが、不死の薬を富士山の山頂で焼くことにより、不死が叶わなくなるどころか、二五歳で早逝してしまうことにも通じる。彼は不死の薬の代わりに毒を口にすることになったのかもしれない。

なお、『竹取物語』には、天皇から翁への勅使として、中臣房子という女性が出てくる。この房子は藤原良房（八〇四～八七二）を暗示するものという説[26]もあるが、私は、これは藤原の旧姓である中臣を使ったという点は同感であるが、藤原良房ではなく、藤原不比等の次男の藤原房前の

26　野口元大、一九七頁

名前から出たのではないかと考えている。房前は当初、元正天皇に気に入られ、兄の藤原武智麻呂をさしおいて出世するなど、なかなかに抜け目ない感じもする。また、吉備真備には、晩年、房前の息子の藤原永手（当時左大臣）らに自分の考えとは異なる天皇候補を押し切られるという不快な経験もある。この一件後、当時右大臣であった吉備真備は政治の第一線から静かに姿を消す。

コラム◉竹取物語の時代背景

かぐや姫の舞台は平安時代ではなく奈良時代であることは確かである。よって、かぐや姫の着ていた衣装は十二単（ひとえ）ではなかったと考えられる。

青森県南津軽郡の田舎館（いなかだて）村においては、このところ、毎年「田圃（たんぼ）アート」と称して、種々の色合いの異なる稲の品種を色彩ごとに分けてうえつけて見事な巨大アートとしているが、東日本大震災の発生した二〇一一年には「かぐや姫」が題材として選ばれた。ここに描かれたかぐや姫の衣装や雰囲気が、天平時代のかぐや姫のイメージにより近いものではないかと思ったのでその写真を掲載する。十二単以前の姿である。

また、五人の貴公子のモデルの一部となっているのは、おそらく間違いなく文武天皇治世のころの太政官たちである。ということは、この時代はまだ平城京への遷都前のことであるからいわば飛鳥時代のことである。よって、かぐや姫の衣装は、より古風な高松塚古墳の壁画にあるようなものに近いかとも思う。

田舎館村田圃アートより(2011年)

私たちは、近年、東日本大震災という大災害を経験したが、日本の黎明期とも言える奈良時代から今日に至るまでも私たちは様々な天災に遭遇しながらも営々と歴史を積み重ねてきた。奈良時代にも『続日本紀』に記録として残っているだけでも、大地震や富士山の大噴火、疱瘡の蔓延などの数多くの災害を経験している。
そして、二〇二〇年を迎える頃から、私たちは「新型コロナウイルス」という未曾有の世界規模のウイルス感染リスクの脅威にさらされている。新型コロナウイルスは現代の科学をもってしても今後どのように変化し、またその感染リスクがどう展開して行くのかの推定も

高松塚古墳の「飛鳥美人」文化庁提供

つかず、大変に不気味な存在である。今後も人類はこのような様々な困難に立ち向かいながらこれらを克服しつつ力強く歩み続けていくのだろうか。

東大寺の法華堂（三月堂）やその本尊の不空羂索観音（ふくうけんさくかんのん）、正倉院、薬師寺東塔や薬師三尊などの、当時から存在する建造物や仏像を前にするとき、おそらく、かぐや姫のモデルとなった女人たちも様々な困難に遭遇しつつそこに立ったことがあるだろうことを思うと、天平時代へのロマンがひしひしと感じられる。

吉備真備と『竹取物語』

ここまでにはおぼろげに述べてきたが、吉備真備こそはこれらの天平時代に起きた事件や人間たちを直接に知る立場にあった当時の代表的な文化人であった。それゆえ、この時代を舞台とすると思われる『竹取物語』の作者は、この時代の事件や人々をよく知った上、藤原仲麻呂に散々煮え湯を飲まされた吉備真備であり、また、かぐや姫のモデルは天平時代の高貴な女性たちであると推定するに至った。

かぐや姫のモデルは、美しくまた高貴な存在であった宮子を軸とし、そこに孝謙天皇や光明子や楊貴妃の要素が加わっていると考えられる。竹取の翁や嫗と血縁関係のないかぐや姫（宮子）は文武天皇の後宮に入り、首皇子を産むことによって翁や嫗に多大な富と益をもたらすかぐや姫となった。そして、戸籍上、宮子の異母妹にあたるのが光明子である。光明子という名前を考慮に入れれば、竹林で輝く竹は光明子も暗示している気がする。そして、強い存在でありながらどこかに寂しさも漂わせる、また、その立場ゆえに決して結婚できないという運命にあった阿倍内親王、さらに、美しいがゆえに過酷な運命に翻弄された楊貴妃、彼女もまた魅力的ではあっても吉備真備にはとうてい手の届かない高貴な女性であった。

吉備真備は後の孝謙天皇が東宮時代(阿倍内親王)に家庭教師をしていたので、この教え子のことがいくつになっても愛おしくてならなかったのではなかろうか。また、家庭教師をまかされたくらいであるから光明皇后の信頼も厚かったと思われる。さらに、真備は宮子の治療にあたった玄昉との付き合いもあったので、あきらかに直接の接触があった玄昉から、年輪は重ねていたものの当時の絶世の美女であった宮子のことは聞かされていたに違いない。そればかりではなく、真備は宮子のために置かれていた中宮職のトップを務めていたこともあるから、宮子については直接に知っていたはずである。

『竹取物語』の著者としてなぜ吉備真備が浮かび上がってきたのかを、さらに様々な考証を加えながら説明していこうと思う。

竹取物語の作者候補

『竹取物語』の作者については、今までに紀長谷雄(きのはせお)、源融(みなもとのとおる)、僧正遍昭、源隆国(みなもとのたかくに)、鳥羽僧正、その他諸説が挙げられており、一説では、土佐に流された紀貫之が作者であるという説が有力とも言われている。この件については、紀貫之が「応天門の変(八六六)の恨みを『竹取物語』の中で晴らしていたのかもしれない」[27]という説も出されている。いずれにせよ、物語の文学性からみても、相当な知識人の作であろうとは言われている。

一方、国文学者の雨海博洋(あまがいひろよし)は、『竹取物語』の作者について、(一)源順、(二)僧正編照、(三)源融、(四)壬申の乱の近江朝に近い筋、(五)斎部氏関係、(六)漆部関係、(七)紀長谷雄、(八)加茂峯雄といった候補をあげている。そして、『竹取物語』は古本系統と流布本系統に分かれ

---

27 梅澤恵美子、二〇一一年、三九頁

るところから、原『竹取物語』と現『竹取物語』の作者という二段階成立論により、これまでの矛盾を埋め「漢文体の原『竹取物語』は弘仁年間の後半に空海の手によって、それを翻案した和文体の現『竹取物語』の基は貞観年間の後半に遍照の手になったと考えられる」とした。なお、弘仁年間とは八一〇〜八二三年、貞観年間とは八五九〜八七六年である。つまり『竹取物語』の漢文体の原本は九世紀の初めに成立し、ほぼ半世紀かけて現在の和文体の歌物語への昇華が行われたというのである。

一般には、これまで『竹取物語』は平安時代初期に作られた可能性が高いのではないかと言われてきた。しかし、先に述べたように、私はこの点には大いに疑問を感じている。文体に漢文読語があるので男性説が多いということは納得できる。しかしながら、もとより、この物語の舞台は完全に奈良時代なのだから、原作も奈良時代に遡る可能性が高いと考えた方が自然である。それも、ここに述べた藤原一族による犯罪行為や正倉院薬物、遣唐使などの当時の主立(おもだ)った生々しい事柄を間近に見聞きした、あるいは関係した人物であるとにらんでいる。

この物語はよく「王朝文学」などといわれるが、私にはとてもそんな優雅な雰囲気の物語とは思えない。奈良時代に成立したリアルな告発書ではないかと思うのである。すなわち、この物語は、決して単なるおとぎ話などではなく、当時の藤原一族への怨念と憎悪の、そして、かぐや姫のモデルとなった女性たちへの恋情と憐れみを吐露した大人の物語であると思う。

筆者は、この物語の時代背景を奈良時代の女帝あるいは女性が権力の中枢にあった時代と仮定すると、これまでに不確定とされていたモデルが次々に浮かんでくることに気がついた。これらの人物のモデルについては先に述べた通りである。そして、これらを総合すると、子供時代から親しんできたこの物語は、実は、どろどろとした愛憎と怨念や権力構造の告発すらも含む、結構おそろしい物語であると見えてきた。

この『竹取物語』の最も古い写本でも室町時代のものといわれる。内容的には相当の書き直しもあるに違いない。よって、この物語の作者ではないかともいわれている紀貫之らがその書き直しにタッチしていたのかもしれないことを否定するものではない。

一方では、月の世界や空飛ぶ車など、この物語はまるでＳＦのような一面も持っている。月からの使者が地上五尺のところに浮いているという表現から浄土思想があるとおっしゃられる方もおられたが、この部分はただ物理的に浮いていると考えても別にかまうまい。物語には当時の最先端の文化を誇った唐からの知識もちりばめられている。おそらく遣唐使として唐における生活を経験し、当時の最先端の科学にふれた人で間違いなかろうと思われる。

すなわち、作者は当時の遣唐船で渡唐の経験があり、その中でも高い学識の人物であると思われる。とすれば、学問僧として長い間、唐に留学し、光明皇后との親しい関係も疑われ、また、藤原宮子を看護僧として治療し、宮子に強く惹かれており、思慕の念と親しい関係もあったのではと思われる僧玄昉は、この物語の作者として大いに可能性のある人物であった。実際に、彼が『竹取物語』の作者であるとした論説[28]もあることは先にも触れた。

しかしながら、玄昉は藤原仲麻呂の企みによって七四五年に大宰府に左遷され、翌年の七四六

28　金谷信之、一九九八年、八頁

年に怪死している。彼には仲麻呂に対する恨みもあったし、藤原の女人たちである光明皇后や宮子との関わりも深かった。玄昉の光明子や宮子に対する思慕と、藤原仲麻呂に対する憎しみは確かであり、『竹取物語』の作者となるいきさつは十分にあったと考えられる。

ただし、もし玄昉によってこの物語が書かれたのであれば、彼が配所にいて亡くなるまでのわずかな期間に書かれたということになる。しかも、彼は、当時、大宰府において観世音寺の別当という重責も背負っていた。さらに、玄昉の亡くなった時期はまだ藤原仲麻呂が全盛期を迎えようとする時期でもあった。仲麻呂を強く警戒しなければならぬ緊張の中にいたはずである。

玄昉は「大仏建立」を建議した人物のひとりと目される人物であるから、金の調達ということもおそらく念頭にあったに違いない。しかし、奥州から金が見つかり、元号を天平感宝と変えられたのは玄昉の死後の七四九年のことである。このように、彼には、藤原のやり口に憤る動機も魅力的な女人にひかれる動機や機会も十分にあったとは思うものの、藤原家の件の三人の女性のその後の運命や、仲麻呂が乱を起こして惨殺されたという顛末も知らずにあっけなくこの世を去っている。そのため、彼は『竹取物語』の著者にはなりえなかったと思う。

すると、自然に表出してくるのは、僧玄昉とともに唐に留学したことのある吉備真備の名前である。以下、吉備真備がこの物語の作者であると仮定して、話を進めていく。吉備真備は玄昉とともに唐への長い留学経験を持ち、七三五年の帰朝後、おそらく光明皇后の信頼により、阿倍内親王の家庭教師も務めた。そして、真備は玄昉と一緒に入唐している仲であり、ともに光明皇后の異父兄の橘諸兄政権の中枢となった。また、その後、藤原仲麻呂によって、七五〇年に九州に左遷されている。さらには、やはりおそらく仲麻呂の企みで、七五二年に遣唐副使として二回目の入唐をしている。彼は、この危険な渡唐から運良く帰朝したのであるが、また、藤原仲麻呂の陰謀により、その後さらに七六四年初めまでの長い間、九州に左遷されている。

このように、彼は藤原仲麻呂には散々煮え湯を飲まされ続けた人物である。そして、親しかったであろう玄昉が仲麻呂の陰謀で大宰府に送られ、まもなく配所で亡くなってしまったことも仲麻呂に対する恨みのひとつとなっていたと思われる。このように、おそらくあまり表にはださなくても、吉備真備には藤原仲麻呂に対する恨みが散々あったに違いない。このような忍従の日々を過ごした後、仲麻呂が七六四年に藤原仲麻呂の乱を引き起こしたときには、かつての教え子の孝謙上皇の命により仲麻呂を討つことになった。脅威となる仲麻呂を自らの手でこの世から抹殺できたことは彼にとってまさに快哉ものであったはずである。

吉備真備は実は大仏の建立には賛成ではなかったのではないかと思われる節がある。このことも関係しているのか、おそらく我が国初の産金のことを匂わせた以外、『竹取物語』には当時の一大イベントだったはずの奈良の大仏建立の影が見えぬことは気になるところである。この件に関しては、やはりこの時代におそらく大伴家持の手によって成立した『万葉集』にも産金のこと以外には大仏建立に関係すると思われる歌が詠われていないことにも注意したい。

なお、真備は大仏開眼時期にはちょうど仲麻呂の企みにより二回目の渡唐に出発させられていて不在であった。この段はもしかしたら、藤原仲麻呂が、大仏建立に対して良い顔をしていなかった真備を大仏開眼(七五二年四月)の日程をにらんで、直前に、わざわざ遣唐副使として追いやったのかもしれない。また、同時に、当時、唐と我が国を往復するということは命がけであったことから、当時としては老境といっていい六〇歳となった真備を「暗い思惑」によって送り出したのかもしれない。一方、まがりなりにも当時中央政権にいたので、真備には、七四九年に奥州で金の見つかったことなどは、十分に手に入れることのできた情報であった。

他の古典的な物語と異なり、『竹取物語』を読むと、一般的な童話にありがちな翁や媼へのあたたかい見方があまりない一方、作者のかぐや姫に対する強い思いが感じられる。これもどこか不思議な点だと思っていたが、かぐや姫に対するあこがれ、あるいは恋心を持っていた人物が作者であれば、十分にうなずけるところである。吉備真備は自分の教え子である孝謙天皇を慈しみ、その母親の光明皇后を敬い、宮子の運命の悲しさと美しさを知り、楊貴妃に憧れを持っていたという思いを強くする。

一方では、社会的地位の高い人物・教育者として、真備は、宮子や光明皇后や孝謙天皇のような高貴な女性に手を出すことは身の破滅であるという教訓をこの物語を通して伝えようとしているところがあるような気もする。光明皇后と宮子に手を出した玄昉も、光明皇后と孝謙天皇に手を出した藤原仲麻呂も、称徳天皇に手を出した道鏡も結局はそれぞれ、そのことを主因として破滅してしまった。

この『竹取物語』でもかぐや姫に夢中になった五人の貴公子たちは、命をなくしたり信頼をなくしたりとそれぞれ種々の形で破滅に向かったし、天皇もせっかくかぐや姫にもらった不老不死の薬の服用を拒み、生きる気力もなくしている。

梅原猛も孝謙天皇についてこう言っている。「つまり孝謙は『聖女人』、神にも等しい人なのである。そう言う『聖女』に触れた者は必ず破滅するのである。宮子や光明子に触れた玄昉も破滅した（中略）くれぐれも『聖女人』に近づいてはいけない」[29]。かように、真備はこれらの「聖女人」に近いところで接し、あるいは手に届くところにいながら、決して手をつけることはなかったようである。儒教的な精神かもしれないが、よほど自制もしていたのだと思う。このことは、真備が著した前出の『私教類聚』にも通じることであり、『竹取物語』で言いたかったことのひとつであることは間違いなかろう。

以上の理由から、孝謙天皇や光明皇后、藤原宮子、楊貴妃のように魅力的ながら、とうてい自分には手にいれることのできないような（あるいは手に入れようとしてはいけない）高貴な女性の存在を知った吉備真備が、この物語を書いた可能性は極めて高いと思われる。

この件に関連しては、中村真一郎も「『竹取物語』は何よりもまず、女性崇拝の物語である」[30]と評している。また、中河與一は『竹取物語』の解説の中で「あまりにも美しい女性に失戀したフェミニストが、その女をあきらめるために、言葉の限りをつくして描いた女性讃美の小説ではないかという氣さえする」[31]としている。たしかに、本当に魅力的な女性が、もし絶対に手の届かない存在であれば、その女人を月の世界の人とでもして誰にも渡したくなくなるのが、純な男の

29　梅原猛『海人と天皇』（下）一一八頁
30　川端康成（訳者代表）、一九七六年、二八四頁
31　中河與一、一九五六年、一〇六頁、

性と思えるような気がする。私はこれらの中村や中河の説に全面的に首肯するところである。

真備は在唐時代には天文学にも興味を持っていたとされる。この『竹取物語』の話に垣間見られるどこかSFを思わせるような内容と展開、場面や考え方は彼の思考にぴったりあう気もする。月の世界というものがあり、そこにこの地球と同じような地面があって人が住んでいるという発想は、花鳥風月だけへの興味や知識だけの発想からは出てくるまい。

なお、『竹取物語』にはかぐや姫が姿を消すという場面がある。すなわち「このかぐや姫、きと影になりぬ（ぱっと見えなくなった）」という場面にも注意したいのである。この段に関しては、吉備真備が「自らの姿を消す術」を心得ていたという話が伝わっており、[32]その共通性もとても気になるところである。

ここで私の結論をまとめておきたい。『竹取物語』の作者は吉備真備である。そして、これまであまり詮索されることのなかったかぐや姫のモデルは、当時の最高権力の周辺にいた藤原光明子母娘と楊貴妃、そして藤原宮子の合体であると思う。すなわち、かぐや姫のモデルは、先にも示したように、藤原宮子を軸とした「かぐや姫＝藤原宮子 ×（孝謙天皇＋光明皇后＋楊貴妃）」の図式として描くことができるのではなかろうか。そして、奇しくも、宮子を除くカッコの中の三人のカタカナ書きの頭文字を（天皇・皇后・妃といわばランク順に）並べるとカクヤとなることも先に述べた。

吉備真備は、当時としてはかなりの長命であり、藤原家にからむ高貴な女人たちの過酷な運命

32　高見茂、四〇頁

や種々の決断の恐ろしさも間近に見てしまった人物でもあった。また、遣唐副使としての二度目の遣唐使の役目も終えて運良く帰国した際には、楊貴妃の美しさ、高貴さを思い出すとともに、あらためて、宿敵の藤原仲麻呂に対する恨みを反芻したに違いない。

さらに、藤原仲麻呂の乱において、自分を長期間にわたって左遷したり、危険な遣唐使として派遣して体よく殺害を企てようとしたりした藤原仲麻呂への、いわば復讐も果たした。もはや恐るべき人物もいない。そして、愛おしい（しかし高飛車で扱いにくいところもあった）教え子の称徳天皇への宮仕えも無事に終えて自由の身である。それぞれ魅力的だった藤原宮子太皇太后（七五四年没）、楊貴妃（七五六年没）、光明皇太后（七六〇年没）、そして称徳天皇（七七〇年没）ももうこの世にはいない。実は、光明皇太后はその晩年、孝謙天皇が藤原仲麻呂と衝突することをおそれていたともいうが、その通りとなってしまった。彼女は仲麻呂の腹黒さをよく知らないままにこの世を去ったのである。

以上のように考えると、やはり『竹取物語』は決して子供向けの童話（メルヘン）などではなく、魅力的な女性への鎮魂を込めた純情な大人の男のロマンスをも秘めた物語であると思う。そして、以上のように考えると、高貴な女性たちの生涯をつぶさに見てきた吉備真備が『竹取物語』を企画し、執筆した意図が実によく理解される。だから、『竹取物語』は女性崇拝の書であり、藤原のやり口への暴露と糾弾の書であり「本当は恐ろしい『竹取物語』」とも言える物語なのである。

吉備真備と関連する人物の生没年

真備の教え子の孝謙上皇は道鏡にのめりこみ、七六四年におそらく最初の男だった藤原仲麻呂を討ち、淳仁天皇（淡路廃帝）を廃して同年に称徳天皇として重祚する。この顚末については、彼女が一旦言い出したり、やり出したりしたら決して他人の忠告を聞くようなことはないという性格であることを知り尽くしている真備にとっては、静観する他なかったものと思われる。江戸時代の頼山陽らはこの吉備真備の行動を「右大臣の地位にありながら、道鏡にのめり込む称徳天皇を諫めることもできなかった」と責めているが、どうしようもなかったのであろう。一方では、江戸時代の国学者たちによって賞賛されている和気清麻呂の行動には、すでに述べたように、真備のアドバイスがあった可能性も大なのである。

それにしても、藤原家の女性たちは男との関係が様々にある系統なのかとも思ってしまう。光明皇后＝藤原仲麻呂・玄昉、藤原宮子＝玄昉、孝謙天皇（称徳天皇）＝藤原仲麻呂・道鏡の関係が見いだされる。そのなかで真備は、これらの女人たちと一定の節度も守った関係を続けていたとみられる。

真備は、東大寺の大仏の建立も成し遂げた天平時代を代表する聖武天皇と光明皇后のカップルの活躍から、それぞれの崩御までを見届けた。また、藤原仲麻呂の栄達と転落もつぶさに見たし、孝謙上皇（称徳天皇）の寵愛によって政界の中央に入り込んで法王の地位を得たものの、後に失脚して左遷された道鏡に関する顚末も間近に見てきた。繰り返しになるが、これらの主要登場人物の光り輝く時代とともに、没落あるいは死没もつぶさに見てきた著名な文化人としては吉備真備以外には見出されない。

吉備真備は決して要領よく立ち回ったようには見えない。しかし、不遇時代を耐え忍び、やがて本来の能力を再度認められて右大臣にまで上りつめたわけである。その生き方には、むしろ痛快と思えるようなところもあり、共感を覚えるところも多い。

グラフとして、吉備真備と関連のある人々の生没年を、生誕の年の順に並べてみた。吉備真備の誕生年（六九三年）と薨去年（七七五年）に縦の青線を引いた他、吉備真備が七三五年に長い唐への留学から僧玄昉らと帰国したすぐあとの七三七年の藤原四兄弟の死のところに縦の線を引いた。

七三五年に真備が唐より帰国してから大仏開眼に至る頃の期間には藤原四兄弟の死（七三七年）や、聖武天皇と宮子の再会（七三七年暮）、橘諸兄政権の樹立（七三七年）、阿倍内親王の立太子（七三八年）、藤原広嗣の乱（七四〇年）、藤原仲麻呂の中央政界への登場（七四三年）、聖武天皇の彷徨（七四〇～七四五年）、安積親王の不可解な死（七四四年）、僧玄昉の左遷とその死（七四五・七四六年）、孝謙天皇の即位・皇后宮職が紫微中台になり仲麻呂が長官に（七四九年）、正倉院の成立（七五六年）、橘奈良麻呂の乱（七五七年）などの事柄が次々と起きている。

同時期、吉備真備自身も橘諸兄政権の中枢に入ったり（七三七年）、藤原仲麻呂により長い間九州に左遷させられたり（七五〇～七六四年）、その途中七五二～七五三年には二度目の遣唐使（遣唐副使）として渡唐させらせられたりという経験もしている。なお、七三七年に境の線を引いたが、藤原四兄弟がこの年にそろって亡くなっているのに対し、その後の橘諸兄政権をささえた

吉備真備と周辺の主要な人々の生没年

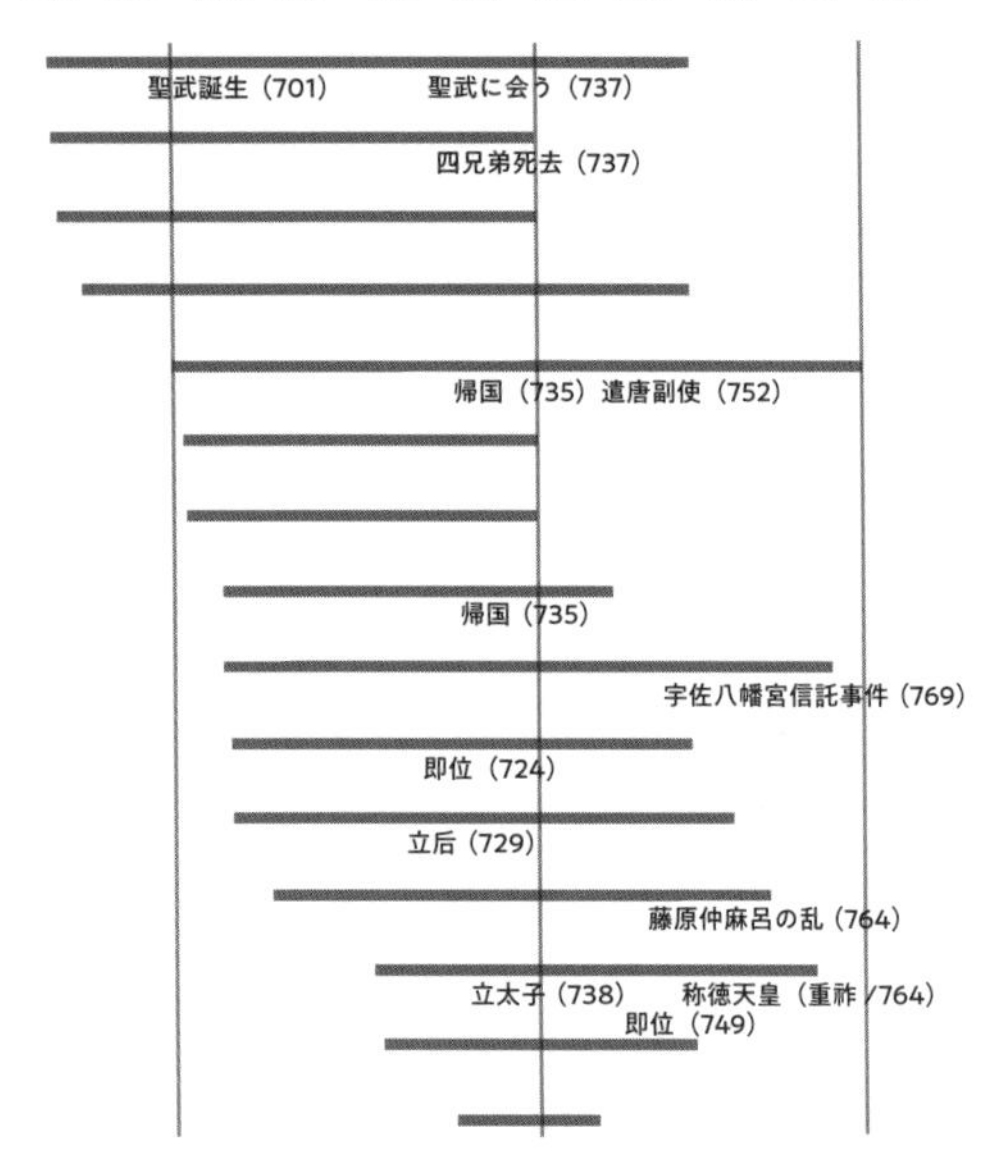

藤原宮子（680頃?~754）
藤原武智麻呂（680~737）
藤原房前（681~737）
橘諸兄（684~757）
吉備真備（693~775）
藤原宇合（694~737）
藤原麻呂（695~737）
玄昉（700頃?~746）
道鏡（700頃?~772）
聖武天皇（701~756）
光明皇后（701~760）
藤原仲麻呂（706~764）
孝謙天皇（718~770）
楊貴妃（719~756）
安積親王（728~744）

あるいは諸兄に近い主要な人々がその後まで生き延びていることがはっきりと見て取れる。これは、たまたま七三七年の危機を乗り越えた人々が中央に迎え入れられたというよりも、明らかに何らかの別の意図が存在したのではないかと考えた方が自然と思う。

吉備真備は当時としてはかなりの長命であったこともあり、同時代の主な関係者の誰よりも長生きしている。そのため、藤原宮子や光明皇太后、そして称徳天皇の最期も知った。それだけではない。彼は、安積親王や、玄昉、聖武天皇の最後はむろんのこと、道鏡の最後すらも超えて長生きしたのである。散々煮え湯を飲まされた藤原仲麻呂も、真備が指揮する孝謙上皇の軍が彼の息の根を止めた。吉備真備こそ、天平時代のこれらの主要な人々の動向をつぶさに知ることができた人物であったといえる。

後の世から見れば、藤原仲麻呂の存在ゆえに、奈良東大寺の盧舎那仏や、薬物を含む正倉院宝物、そして、長く影響を与えるようになった養老律令が残されたのは確かである。これらは彼の大きな功績の一部であろう。しかし、一方、私は天平時代における最も悪辣な人物の一人として名前を残したのも藤原仲麻呂であると思う。この仲麻呂を生み出したのは藤原氏の躍進であり、藤原氏の躍進の礎となったのは、何よりも藤原宮子が文武天皇の後宮に入り皇子である後の聖武天皇を産んだことであった。

一方、藤原仲麻呂によって煮え湯を飲まされた代表的な人物の一人が吉備真備であった。吉備真備に言わせれば、まさに「にっくき藤原仲麻呂め」であろう。仲麻呂の祖父の藤原不比等はなかなかのクセものであったとは思われる。ただし、あまり表だって悪いことはせず、裏に回って様々な仕掛けをしたように思われる。藤原家の繁栄の為に尽くしたといえばそう言えなくもないが、トータルに見れば、その行動はかなり悪辣であったと思う。彼は、藤原家の繁栄を築く礎となったことをたくさんやった一方、藤原に反する者たちは結果として容赦なく葬り去ったところがある。

吉備真備は政権の中枢に入り、当時としては相当な長生きをしたため、天平時代の主要人物であるこれらの人々を身近に知り、また、天平時代に起こったこれらの種々のことがらも見聞きできた。さらには当時の先進国の唐をよく知る立場にあった。吉備真備は右大臣という中央政界の要職も七七一年に去り、七七五年に亡くなるまでの晩年には、おそらくかなり自由と思われる時間も過ごしていたと思われる。この時期には、愛すべき高貴な女人たちも、宿敵であり、最も警戒すべき人物であった藤原仲麻呂もいない。吉備真備が『竹取物語』を執筆したとすれば、この時期ではなかろうか。

吉備真備とカタカナの発明

吉備真備はカタカナとともに、五つの母音と九種の子音を組み合わせた五十音図の創始者ではないかと目されている人物でもある。その根拠として、高見茂は、「南北朝時代の花山院長親（かざんいんながちか）（出家して耕雲散人明魏）が著した『倭片仮名反切義解（やまとかたかなはんせつぎげ）』のなかで『天平宝字年（七五七〜七六四）中、吉備真備公、我が邦に通用する所の仮字四十五字を取りて、偏旁点画を省きて片仮字を作る』と記されていることが根拠になっている」[33]と示している。この段に関しては宮田も支持しており、[34]『阿倍仲麻呂の暗号』の著者である林はカタカナの考案者は吉備真備であると断言している。[35]

一方、吉備真備カタカナ草案説には否定的な意見もあり、築島裕(つきしまひろし)は「吉備真備が片仮名の草案者である根拠は明らかではないが、学問的には認められない」と述べている。[36]もっとも、もともと奈良時代に関する文献資料はそうそろっているわけでもないし、築島の論にも決定的な否定的証拠が示されているわけではない。

このように、彼がカタカナの祖であるということを否定する意見もあるものの、カタカナはもともとは経文の読みを書き入れるために考案されたとも言われ、真備は僧玄昉と親しかったと思われるふしもあり、孝謙天皇の皇太子時代にいわば家庭教師を務めた人物でもある。さらに、当時の大学において教鞭をとっていたこともある。これらの経験中にカタカナ文字を思いついた可能性も大いにあろう。私は、真備がカタカナの考案者であることを否定できないと思っている。

次にカタカナの字母となった漢字の一覧を示す。ただし、カタカナの字母については諸説あり、たとえば、「キ」は「機」ではなく「畿」由来としたり、「ツ」は「川」ではなく「爪」由来としたり、「ユ」は「由」ではなく「遊」、「ヱ」は「恵」ではなく「慧」由来であるというよう

33 高見茂、二〇〇三年、一一三頁
34 宮田俊彦、一九六一年、二三九頁
35 林青梧、一九九七年、八七頁
36 築島裕、一九九七年

な説もあることは含みおきいただきたい。なお、これまでに見てきた中ではいずれも「ナ・ラ」は「奈・良」という漢字のそれぞれの最初の二画を取ったものであることは共通している。このことからも、カタカナを考えだしたのは奈良（奈良には異表記として平城・寧楽などもある）に縁の深い人物であろうと考えても全く不思議はない。

カタカナは芸術性にはやや欠けるものの、実によく工夫して考え出された合理的な文字であると思う。一方、当時使用された万葉仮名は遊び心満載であり、ひとつの音に複数の文字があてられるのも当たり前である。たとえば、唐の書の大家である王羲之のことを「大王」や「義之」と示すことがあったというが、『万葉集』では「大王」や「義之」と書いて「テシ」と読ませた。すなわち、この二字にて「手師」（書の師）と洒落たというが[37]、教養をひけらかしたり、遊びにしたりするにはいいかもしれないが、これでは実用にはとても不便である。一方のカタカナにおいては一音に一文字という一貫性がある。実に合理的であり、おそらく合理性を尊んだと思われる真備なら、このような文字を考案することも十分に考えられると思うのである。

もし彼がカタカナの創始者であれば、外来語の導入などにまことに役にたつ文字を後世にプレゼントしてくれたことになる。たとえば、一八八六年（明治一九年）六月に公布された我が国最初の『日本薬局方』を見ると、「撒里失爾酸」、「安母尼亜水」、「越幾斯」という記載があるが何のことかお分かりだろうか。これらの名前は現在、それぞれ、カタカナを使って、「サリチル酸」、「アンモニア水」、および、「エキス」と書かれる。カタカナの使用が、外来語や外来知識の我が国

37　東野治之、一九八八年、一六一頁

への導入にいかに役立っているかはかりしれない。

ア（阿）	イ（伊）	ウ（宇）	エ（江）	オ（於）
カ（加）	キ（機）	ク（久）	ケ（介）	コ（己）
サ（散）	シ（之）	ス（須）	セ（世）	ソ（曾）
タ（多）	チ（千）	ツ（川）	テ（天）	ト（止）
ナ（奈）	ニ（仁）	ヌ（奴）	ネ（祢）	ノ（乃）
ハ（八）	ヒ（比）	フ（不）	ヘ（部）	ホ（保）
マ（末）	ミ（三）	ム（牟）	メ（女）	モ（毛）
ヤ（也）		ユ（由）		ヨ（與）
ラ（良）	リ（利）	ル（流）	レ（礼）	ロ（呂）
ワ（和）	ヰ（井）		ヱ（恵）	ヲ（乎）
ン（尓）				

先に述べたように、「かぐや姫」の名前の由来としてカタカナの「カクヤ」も考えられることから、私は『竹取物語』の作者こそカタカナの創始者ではないかとも思うようになっている。すなわち、『竹取物語』の作者が吉備真備であるとすれば、カタカナの創始者も吉備真備で間違いないのではないかと考えるのである。

吉備真備のつぶやき

吉備真備は現世の穢いことがらに翻弄され続けた教え子の称徳天皇の七七〇年の崩御に接し、かぐや姫の昇天のイメージを創ったのかもしれない。真備はこの年に政界を去ることを決断する。光明皇后と孝謙（称徳）天皇は藤原仲麻呂に利用され、さらに称徳天皇は道鏡にも翻弄された。真備は光明皇后を眩しく見上げる一方、このかつての自分の教え子が愛おしくてしょうがなかったのであろう。さらには、いわば、藤原仲麻呂に煮え湯を飲まされる感じで二度目の遣唐使となったおりには、楊貴妃にまみえ、自分にはとうてい手の届かぬ高貴な美女が唐にもいることにも思いをいたした可能性が高い。

おそらく真備はつぶやいたに違いない。「げに恐ろしきは女子(おなご)じゃ。鸕野讃良(うののさらら)皇后（のちの持統天皇）様は、実父である天智天皇の死後まもなく、異母弟に当たる大友皇子（弘文天皇）を自害に追いつめることになった壬申の乱を引き起こさせた上、息子である草壁皇子の皇太子としての立場を守るために、自分の甥（姉の息子）にあたる大津皇子を謀反の言いがかりを付けて殺害した。そして、光明皇后様は、異父兄である橘諸兄様の栄達のために、仲麻呂と謀り、自分の異母兄たちである藤原四兄弟を殺害した（あるいは殺害を黙認した）上、さらには、娘の阿倍皇太子（孝謙天皇・称徳天皇）の立場を守るために、仲麻呂による安積親王の暗殺を指示あるいは黙認したりした。そして、称徳天皇様は、自分の誇りや寵愛する道鏡を守るために従兄の藤原仲麻呂を死に追いやった。このように、自分や自分の子供や自分の愛する者を守るためには、血の繋がった者も平気で抹殺する。本当に女子（おなご）とは恐ろしいものよ」と。

しかし、また、こうもつぶやいたかもしれない。「しかし、女子（おなご）とは実にけなげなものよ。我が子や愛する者をいとおしむ気持ちの強さに我々男はかなわない」と。そしてまた回想する。「親友の玄昉は大仏建立を聖武天皇様や光明皇后様に勧めた。しかし、藤原仲麻呂がその手柄を取ってしまったのだ。そして、玄昉は仲麻呂によって大宰府に左遷されまもなくその地で亡くなってしまった。かわいそうなことをした。しかも、なんということだ。私が遣唐副使として唐に出かけていた大仏開眼式の日には、孝謙天皇様は藤原仲麻呂の邸に泊まったというではないか」

さらにまたつぶやく。「私は、藤原仲麻呂の奴（やつ）の企みで長いこと都から遠ざけられたり、年齢を重ねてから遣唐副使として二回目の渡唐をさせられたり、散々な煮え湯を飲まされたが、その後、称徳天皇様の引きでまた中央政権にもどることができた。私は幸いにも無事に二回目の渡唐からも帰国できたが、おそらく、仲麻呂奴（め）は私が彼の地か唐への往復の海上で亡くなることも期待していたのだろう。全く酷い奴だ。ただ、二回目の渡唐においては、彼の地で絶頂期の楊貴妃にまみえることもできた。

藤原宮子様といい、孝謙天皇様といい、光明皇后様といい、さらに楊貴妃様といい、私は、とうてい私の手には届かぬ高貴な美しい女人を見てしまったことになる。これらの女人たちは私の心の中に強い印象として残っているものの、もう皆、この世を去ってしまった。私は置き去りとなってしまったのだ。

これは男の自分本位がなせるものなのだろうか。手の届かぬ女性であるならば、いっそのこと、誰にも手に入れさせるものかと思ってしまう。月の世界の女人にでもなっていただいた方が気持ちも楽になると思うのさ」

吉備真備には間違いなく『竹取物語』を書くだけの材料（経験）と動機と能力、さらに精神的かつ時間的余裕があった。そして、真備は次のことを伝えたかったのであろう。すなわち、これが彼の『竹取物語』執筆のいきさつである。

①藤原家と皇室との最初の繫がりを作った藤原宮子は、実は藤原不比等の実子ではなく、このことが後の種々の事件のもととなった
②かぐや姫の罪とは、光明子母娘の関係する、七二九年の長屋王一族の誣告による死や七三七年の藤原四兄弟の死、七四四年の安積親王の死、そして、七五七年の橘奈良麻呂の乱後におそらく多数の死罪を出したこと、さらには二人にとって甥であり従兄である藤原仲麻呂を惨殺するに至ったことなどを指示したか傍観したことなどである
③藤原仲麻呂の傲慢・悪辣さと、とくに毒を使っての悪行の実行は特徴的であり、許せぬ人間である
④世の中には、たとえ身近にいたとしても、決して手を出してはいけない高貴で魅力的な女性の存在があることを知るべきである

コラム◉竹の花の開花

普段何気なく『かぐや姫の物語』を『竹取物語』とも言っているが、なぜ『竹取物語』という題となったのであろうか。考えてみれば、とても不思議である。『竹の世界part2』の著者の室井綽(ひろし)によれば、「古代人は植物を草と木に区別し、竹はそのいずれにも属さない神がかりの植物と考えた。それは、竹の姿に神意を感じ、竹は神に所属する植物とした」とし、また、「『竹取物語』に出てくる翁は高い身分の人で、神秘化された竹は、年中切ることがゆるされなかったが、翁だけは、必要に応じていつでも竹を切ることが出来た」[1]という。

タケには、マダケやハチク(淡竹)、モウソウチクなどがあるが、このうちマダケは我が国や中国に自生し、筍は苦味が強いといわれる。しかし、その稈(さお)は美しくて強靭かつ粘着力に富むことから、古くより工芸品や弓の材料などに賞用された。弓の材料とするマダケと、矢の材料とするヤダケ(屋久島を原産地とする)を多く入手してきたものが天下を治めるとまで言われたこともあったほどである。また、ハチクも我が国に自生し、その筍はアクが少

1　室井綽、一九九四年、二四八頁

なく茹でずにそのまま食べることもできるという。ハチクの棹はごく細く割れることから茶筅にも細工される。

一方、材質が粗であるために繊細な工芸品などには向かないが、筍に苦味が少ないために食用とされることの多いモウソウチク（孟宗竹）の我が国への伝来は一八世紀のことである。島津藩主第二一代吉貴公が一七三六年（元文元年）に、中国から取り寄せて現在の鹿児島市の旧島津別邸に植えたのが最初であり、これが我が国のモウソウチク発祥の地という。[2]

江戸時代に我が国に伝来したモウソウチクとは異なり、マダケやハチクは我が国に古くから自生している竹であるから、『竹取物語』にでてくる竹とはおそらくマダケかハチクであろう。

なお、本文でも少し触れたが、この物語において竹を物語の表題と冒頭に出した理由は、夏に繁茂する藤に対して冬に青々としている対照的な植物として竹を出した可能性はなかろうか。夏の藤に対する冬の竹。この場合、藤は藤原家を示し、竹は藤に反するものとなろうか。すなわち、この藤に対抗する竹が、切られ、細工されることをもじって表題とした可能性があるのかもしれない。

一方、竹はなかなか開花しない植物としても知られている。竹の花の開花の周期の段に関

2　室井綽、一九九四年、七六頁

しては諸説あるので断言は避けるが、竹林の開花の年について、前出の室井は同書で、一定の周期があるのではないかと述べている。そして、竹の開花は六〇年に一度、あるいは一二〇年に一度ともいわれているとしている。

実は、私は、一九六三年に竹の花を見たことを覚えている。それは、著者がまだ小学校六年生のときのことであった。授業時間中に他のクラスの児童が「竹の花が咲いたので持ってきました」と言って、竹の花を手に入ってきた。後にも先にも小学校の授業時間中にそのように他の教室の子が入ってくるなどということはおこったことはなかったのでこの「事件」のことははっきりと覚えている。担任の先生はとがめ立てすることもなく「珍しいから皆に回しましょう」と私たちに回覧してくれた。

そして、奇しくも、それから約六〇年後の二〇一九年には我が国のあちこちでタケの花が咲いたというニュースがあった。著者も二〇一九年一一月に、池袋のデパートの園芸店で展示していた竹の盆栽（ヒメハチク）に花が咲いたというので見に行き、写真を撮ってきた。以前に種類は不明だがタケの花をみたのが一九六三年であるから、それから五六年ぶりである。

竹の花（筆者写す）

ここに約六〇年という開花間隔の信憑性がでてきた感じがしたが、室井の説によれば、たとえば氏は一九四七年七月にマダケの開花を神戸市にて見た後、日本中で一九五五年頃をピークとして開花し、一九八二年に至るまで少数ながら開花が続いていたという。とすれば、けっこう長期間にわたって開花期が続いていたことになり、竹の開花は周期というよりも突発的な要素を多分にもっている証拠ではないかとも述べている。[3]

ところで、もし、先に述べた竹の周期開花説が正しければ、ある興味深いことに気づく。一九六三年の一二〇〇年前は七六三年にあたる。一二〇〇年というのは六〇年の二〇倍であり、一二〇年の一〇倍である。そして、なんと七六三年というのは、淳仁天皇が孝謙上皇に追われて窮地においこまれた年であった。また、翌年の七六四年には藤原仲麻呂の乱が起き、藤原仲麻呂は、吉備真備が指揮する孝謙女帝の軍に敗れてその一族とともに殺害されたという大きな動きのあった年である。

タケは花が咲くと全面的に枯れるという。これは単なる偶然のことと言われることかもしれないが、もしかしたら、『竹取物語』の作者はこの印象的な出来事のあった年の直前か直後にタケの開花と枯死に遭遇し、その経験が記憶に強く残ったのではなかろうか。もしそうならば、その印象も含めてこの物語の表題を決めた可能性もあろう。

3　室井綽、一九九四年、七九頁

ところで、『竹取物語』の舞台となる天平時代前後には、天変地異が大いにあった時期である。七四五年（天平一七年）の五月には地震が頻発し、『続日本紀』には、なんとこの年の五月一日から一〇日までの連続一〇日間の間、毎日の地震の記録がある。さらに、その数日前の四月二七日には一晩中地震があったといい、五月一六日と一八日にも地震があったとしている。これはもしかしたら、富士山などの活動による火山性地震だったのかもしれない。いずれにせよこのずっと前の西暦五〇〇年頃にはすでに富士山（当時の山名は不明）噴火の記録があるようなので、『竹取物語』の最後に富士山の噴煙の描写が原作にもあるとすれば、原作者は、富士山が噴煙を上げていたことを知っていたのであろう。『竹取物語』にはこのような今でいう各種の自然科学的な興味も散りばめられているように思えてならない。

おわりに

あるものに生物にとってなんらかの働きかけをする性質があって、そのものが結果として人間にとって有益な働きをする場合、私たちはこのものを「薬」と称する。そして、逆に不利な働きをする場合、私たちはこのものを「毒」と称している。しかし、毒や薬という評価はその結果について称しているだけで、毒や薬といわれたそのものについている符牒ではない。毒や薬は、いわば、そのものを使う人間の側の責任によって毒や薬となるのである。

本書の著者の専門は薬学であり、その中でも、主にこの世界に存在する動植物や微生物の産生する、人々に毒や薬と呼ばれるようになる天然由来の化合物の化学成分研究に携わってきた。この研究分野を「天然物化学」という。そして、この研究を通して、毒や薬の歴史や文化的側面にも大いに興味を持ち始めることになった。この方面への興味から、『毒と薬の世界史』(中公新書)や『〈麻薬〉のすべて』(講談社現代新書)、『毒の科学』(ナツメ社)、『毒と薬の文化史』(慶應義塾大学出版会)、『毒』(PHP文庫) などの本が生まれた。

一方、本文にも書いたが、「正倉院の薬物」についての英文総説をまとめるプロジェクトに関与する機会に恵まれ、その際に、正倉院関連の資料を種々逍遥していくうちに、天平時代の毒や薬に興味を抱くとともに、やがて正倉院に収蔵されている薬物が、私たちが子供の頃から『かぐや姫の物語』としても馴染んできた『竹取物語』に関係があることに気がついた。すなわち、『竹取物語』は、実は毒や薬とも大いに関係の深い物語ではないかと思うようになったのである。たとえば、この観点からこの物語を見ると、物語には月の世界からもたらされた「不死の薬」なるものも登場し、この薬は帝の命で駿河の国の高い山（富士山）の頂上で焼いてしまうという結末がある。

さらには、この物語自体にも改めて興味を持つようになり、子供の頃から「かぐや姫の犯した罪」が何を意味するのだろうかということが気になっていたことなど、種々の疑問も再び湧いてきた。今度は、この観点から種々の資料を逍遥していくと、かぐや姫が天平時代の藤原一族の女性をモデルとしたものであり、藤原一族がその勢力基盤を築く中でおこなってきたことがらに直接あるいは間接にこのモデルとなる女性たちがからんでいたのではないかと考えると納得できることに気がついた。その中には毒殺事件（暗殺）と考えられるものもある。そして、一連のこれらの犯罪の主たる黒幕には常に当時の藤原家の人間が関与していたのではないかと思われたのである。もしかしたら「かぐや姫の犯した罪」の中には毒を使った暗殺事件も関係あるのではないかということに気がついた時にははっとした。こうして「天平の毒の正体」を解明しようとしていくうちに、「かぐや姫の正体」、さらには「『竹取物語』の作者」も推定するに至った。

天皇の要請によって編成された『古事記』や『日本書紀』に対して、『万葉集』が時の政権に対する告発の書であるという説があるが、この本をまとめる過程で、『竹取物語』も告発の書、あるいは恨みに満ちあふれた書ではないかと思うようになった。

この物語の骨子のひとつは、藤原不比等の娘という触れ込みで文武天皇の後宮に入り聖武天皇を産んだ藤原宮子が実は藤原不比等の実子ではないということの告発にあると思われる。そして、もうひとつ作者がどうしても描いておきたかったのは、藤原家の人間、とくに藤原仲麻呂の悪辣さであろう。さらには、間近に見ながらとても手の届く存在ではない、美しくまた高貴な女性たちの罪と数奇な運命である。すなわち、この物語は、作者の、藤原宮子、孝謙・称徳天皇（阿倍内親王）、光明皇后（光明子）、さらには楊貴妃に対するあこがれと鎮魂の書でもあると考えるに至った。うがった見方をすれば、これらの高貴で魅力的な女人たちは存在自体が罪だったのかもしれない。

吉備真備は孝謙天皇がまだ阿倍皇太子と呼ばれていた時代にいわば家庭教師として仕えた。これは、当然ながら当時の光明皇后の信任あればこそである。一方、光明子と孝謙天皇母娘は藤原仲麻呂によって徹底的に利用された。光明皇太后は七六〇年におそらく仲麻呂の腹黒さもよく知らないままに世を去る。娘の孝謙天皇は重祚して称徳天皇となってから、一時は親密な関係を持ち、厚い信頼感を持っていた藤原仲麻呂を師の吉備真備の助けを得て討たざるを得なくなった。その後、称徳天皇は弓削道鏡とともに仏教国家を作ろうとするが果たせず、後継者も決められないままに世を去った。称徳天皇の死とともに道鏡も左遷される。吉備真備は当時としてはかなりの長命だったこともあり、これらのことを全て身近で見聞きすることができたと思われるただ一人の著名な文化人であった。

家柄が特に良かったわけでもない。いわばたたき上げから最後には右大臣にまで昇任した吉備真備は驚くべき傑物といえよう。

本文に書いたように、真備は悪辣な藤原仲麻呂といかに折り合いをつけていくかという点では、仲麻呂の差し金による大宰府への二回にわたる左遷も乗り切ったし、また、これも藤原仲麻呂の陰謀であったと思われるが、当時としてはかなりの高齢になってからの二回目の唐への派遣も乗り切った。そしてついには真備自らの手で仲麻呂の息の根を止めることになる。

また、若い時にはおきゃんな性格と看做せば済むが、年齢を重ねてからも、気にくわない相手に穢い渾名を付けてしりぞけてしまうような、いわばいつまでも世間知らずの童女のような性向を持つ孝謙天皇（称徳天皇）となんとか渡りあうことができたのは吉備真備だったからこそであろう。なお、称徳天皇は最晩年にはあれほど信頼を寄せた道鏡もよせつけず、真備の娘の吉備由利だけをそばにおいていたという。吉備由利も、真備の性格を引き継いだ、信頼のおける我慢強い女性だったのであろうか。

吉備真備は唐においてもその優秀さはめだち、その薨去にあたり、『続日本紀』には「わが本朝の学生（がくしょう）で、唐国で名をあげた者は、大臣（真備）と朝衡（ちょうこう）（阿倍仲麻呂）の二人だけである」と記されている。

吉備真備は、我が国の形を作っていく黎明期において大活躍した人物であることは間違いない。この本の執筆にあたって吉備真備のことを知るにつけ、この人物の生き方や人物そのものにも改めて惹かれるようになったことも事実である。

ところが、彼は江戸時代には当時の国学者たちにより、「右大臣という重要な地位にありながら、道鏡に夢中になる称徳天皇を諫めることもできなかった」などとして、かなりひどい評価をうけることとなった。彼は称徳天皇が道鏡に法王の位を授けたのと同時期の七六六年に右大臣に昇任されたためもあってか、不当におとしめられた人物のように思われる。吉備真備については古代に遡(さかのぼ)って今後もっと注目され再評価されても良いのではなかろうかと思っている。

天平の毒と薬について調べているうちに『竹取物語』の謎に引き込まれ、今、かぐや姫の犯した罪や、かぐや姫の正体、さらには『竹取物語』の作者にまで言及することができ、大変に満足している。そして、子供のころから、とても気にかかっていた疑問もここに明らかにすることができたのではないかと喜んでいる。まさか当初は「正倉院薬物」が『竹取物語』に関係するなどとは思ってもみなかった。

二〇一九年五月一日に改元が行われ、この日から平成三一年は令和元年と改められた。この新元号「令和」の由来は、『万葉集』巻五―八一四の冒頭にある天平二年（七三〇年）正月十三日に詠まれたという「初春の令(よ)き月、気淑(よ)く風和(なご)み、梅は鏡の前の粉を披(ひら)き、蘭(らに)は珮(はい)後の後の香を薫らす」をもとにするとされる。

実は、私はこの「令和」という文言をどこかで見ていたような気がしていたが、最近、そのわけを「発見」した。なんと、この新しい元号に使われた令和という文言は「なぐし」とも読み、令和(なぐし)には、病を癒す「くすり」の意味もあるという記載を見ていたのである。

著者の専門のひとつである薬学史の分野にて、その泰斗である清水藤太郎が一九四九年に著した『日本薬学史』（南山堂、一九四九）という名著がある。私は大学院生時代の一九七〇年代にこの本を入手し、何回か通読しているが、最近、またこの本を繙（ひもと）くことにより、その冒頭[38]近くに薬の語源のことが書いてあり、そこに「令和」の語句が記されていたことに気がついた。

すなわち、一八三一年に佐藤方定によって著された『奇魂（くしみたま）』からの引用として、「病をいやす動植物をクスリという。原義は令和（なぐし）の意なり」とあり、まさにここに令和という文言が出ていたのであった。下に一八三一年（天保二年）に刊行された『奇魂』の該当部分のコピーを示す。

このような「薬」をも意味する元号となってまもなく、「薬」にも関係することがわかった「竹取物語」の謎を解明するこの本をまとめることができたことは大きな喜びとするところである。

この本をまとめるにあたっては、かなり大胆な

38　清水藤太郎、一九四九年、二頁

推定をしたところもある。正倉院収蔵の「雄黄」が鴆の卵をイメージしたものではないかとか、七三七年の藤原四兄弟の死が実はクーデターではなかったかということ、七五七年の橘奈良麻呂の乱後の死刑に正倉院収蔵の冶葛を大量に使用したのではないかということ、さらには、かぐや姫の名前の由来が「孝謙天皇（カ）＋光明皇后（ク）＋楊貴妃（ヤ）」ではなかろうかということなどである。かなり思い切り過ぎたかもしれないが、一方では、吉備真備がやはりカタカナの創始者ではないかということと、この件を念頭に入れると、そう矛盾のない結論（推論）を出すことができたとも思っている。ただ、もしかしたら、これらの予想に影響する思い違いのあるところがあることを怖れる。もしそのようなことに気がつかれたら是非論証を添えて御指摘・御指導いただきたい。筆者はそのような御指摘を大いに歓迎する。

今、世界では、「新型コロナウイルス」が猛威をふるっていて、緊急事態宣言すら出される状況にもなった。人類はこれまでにも、ハンセン病、黒死病（ペスト）、コレラ、結核、天然痘などの人類の存亡にも関わるような伝染病を体験してきた。疱瘡（天然痘）ウイルスも長い間、我が国の人々を苦しめ、まさに『竹取物語』の時代にも疱瘡のために多くの人々が命を失ったと伝わっている。しかし、多くの伝染病の中で、この天然痘ウイルスについては一九八〇年に根絶宣言が出た。このウイルスとの長い闘いに人類は完全勝利したのである。人類はワクチンによって天然痘に対抗する手段を得たが、新型コロナウイルスについても、やがて十分なワクチンが用意でき、もしかしたら経口投与で有効な医薬品も開発されるかもしれない。根絶させるのには時間がかかろうが、いずれ、何とか人類がこの新型コロナウイルスと折り合いをつけて共生できるようになることを祈念している。

この本の初校ゲラ完成直前となった昨年一二月に、著者の一〇歳違いの関西在住の兄が急逝した。もう三〇年以上前のことになろうか、古代史に興味を持っていた兄に久しぶりに神戸で会ったとき、「聖武天皇という方は自分の叔母と結婚しており、その叔母というのが光明皇后」という話をしてくれたことがあった。それまでにも古代史には何となく興味を持っていたが、あの兄の話は、間違いなくこの本の執筆に至る動機となった。完成した本を真っ先に見せたかった。それが叶わぬ夢となったことが残念で仕方がない。この本を謹んで健一郎兄の霊に捧げたい。

この本をまとめるにあたり、提案の段階から完成まで、終始お世話になった原書房編集部長の石毛力哉氏、佐藤方定によって著された『奇魂』のデジタルデータを御提供くださった「内藤記念くすり博物館」館長の森田宏氏、『禮記』についての情報を御提供たまわり資料を御貸与くださった足利市教育委員会足利学校事務所の石川維（たもつ）氏に御礼申し上げる。また、このような考究と執筆の機会を与えてくださっている日本薬科大学に深謝する。さらに、いつも著者の執筆活動を静かに見守ってくれている家族にも感謝したい。

令和三年春　著者識

参考文献

青木和夫、奈良の都、中公文庫（二〇〇四）
青木生子、万葉集の美と心、講談社学術文庫（一九七九）
秋元吉德、常陸国風土記、講談社学術文庫（二〇〇一）
朝比奈泰彦編、正倉院薬物、植物文獻刊行會、大阪（一九五五）
梓澤要（あずさわかなめ）、正倉院の秘宝、廣済堂出版（一九九九）
荒木栄悦、吉備真備物語、善本社（一九七八）
安藤更生、鑑真、吉川弘文館（一九六七）
李寧熙（いよんひ）、もう一つの万葉集、文藝春秋（一九八九）
石坂哲夫、くすりの歴史、日本評論社（一九七九）
石田行雄、不老不死と薬―薬を求めた人間の歴史、築地書館（一九九二）
石橋長英、小川鼎三、木村康一監修、薬と人間、（株）スズケン（一九八二）
磯田道史、感染症の日本史、文春新書（二〇二〇）
板野博行、眠れないほどおもしろい万葉集、三笠書房（二〇一九）
市大樹（いちひろき）、飛鳥の木簡―古代史の新たな解明、中公新書（二〇一二）
一戸良行、古代がみえてくる本―毒からの発想、研成社（一九九三）
伊藤清司、かぐや姫の誕生、講談社現代新書（一九七三）
伊東信雄、天平産金遺跡、涌谷町（一九九四）
井上靖、天平の甍、中央公論社（一九五七）〔井上靖、天平の甍、新潮文庫（一九六四）〕
今村啓爾、日本古代貨幣の創出―無文銀銭・富本銭・和銅銭、講談社学術文庫（二〇一五）
岩本忍、シルクロード―東西文化の溶炉、ＮＨＫブックス（一九六六）
上坂信男全訳注、竹取物語、講談社学術文庫（一九七八）
上田正昭、大仏開眼、文英堂（一九六八）
上野洋三、櫻井武次郎編、芭蕉自筆 奥の細道、岩波書店（一九九七）
上野誠、万葉びとの宴、講談社現代新書（二〇一四）
上野誠、天平グレートジャーニー、講談社文庫（二〇一五）
上野誠、万葉集から古代を読みとく、ちくま新書（二〇一七）
上原和（かず）、法隆寺を歩く、岩波新書（二〇〇九）
マイケル・ウォルターズ（丸武志訳・山岸哲監修）、世界「鳥の卵」図鑑、新樹社（二〇〇六）
宇治谷孟（うじたにつとむ／全現代語訳）、日本書紀（上）、講談社

現代文庫（一九八八）
宇治谷孟（全現代語訳）、日本書紀（下）、講談社現代文庫（一九八八）
宇治谷孟（全現代語訳）、続日本紀（上）、講談社現代文庫（一九九二）
宇治谷孟（全現代語訳）、続日本紀（中）、講談社現代文庫（一九九二）
宇治谷孟（全現代語訳）、続日本紀（下）、講談社現代文庫（一九九五）
梅澤恵美子、竹取物語と中将姫伝説、三一書房（一九八八）
梅澤恵美子、額田王の謎、ＰＨＰ文庫（二〇〇三）
梅澤恵美子、不比等を操った女 県犬養三千代、反藤原の野望、河出書房新社（二〇一一）
梅原猛、隠された十字架—法隆寺論、新潮文庫（一九八一）
梅原猛、海人と天皇（上）—日本とは何か、新潮社（一九九五）
梅原猛、海人と天皇（下）—日本とは何か、新潮社（一九九五）
梅原猛、葬られた王朝—古代出雲の謎を解く、新潮社（二〇一〇）
梅山秀幸、かぐや姫の光と影—物語の初めに隠されたこと、人文書院（一九九一）
榎本秋、徹底図解 飛鳥・奈良、新星出版社（二〇〇八）
Emsley, John（渡辺正・久村典子訳）、毒性元素—謎の死を追う、丸善株式会社（二〇〇八）
遠藤耕太郎、万葉集の起源、中公新書（二〇二〇）
大形徹（おおがたとおる）、不老不死—仙人の誕生と神仙術、講談社現代新書（一九九二）
大角修（おおかどおさむ）、平城京全史解説、学研新書（二〇〇九）
大口裕美編、奈良・大和路—歩いて楽しむ、ＪＴＢパブリッシング（二〇一一）
大津透、律令国家と隋唐文明、岩波新書（二〇二〇）
大西修也、国宝第一号広隆寺の弥勒菩薩はどこから来たのか?、静山社文庫（二〇一一）
大平聡、留学生・僧による典籍・仏書の日本将来、専修大学東アジア世界史研究センター年報第二号、一二九〜一四八頁（二〇〇九）
大山誠一、天孫降臨の夢—藤原不比等のプロジェクト、ＮＨＫブックス（二〇〇九）
岡崎寛蔵、くすりの歴史、講談社（一九七六）
岡西為人訂補・解題、本草経集注、ヒサヤ大黒堂（一九七二）
岡村青、毒殺で読む日本史、現代書館（二〇〇五）
小川三夫、宮大工と歩く奈良の古寺、文春新書（二〇一〇）
沖浦和光、竹の民俗誌、岩波新書（一九九一）
荻原千鶴全訳注、出雲国風土記、講談社学術文庫（一九九九）
奥田潤・伊東史朗、薬師如来像の薬器（壺）、薬史学雑誌、三三巻（二）、二三五頁（一九九七）
奥田潤、正倉院薬壺の形状についての史的考察、薬史学雑誌、三三巻（二）、一三一頁、（一九九八）
長部（おさべ）日出雄、「阿修羅像」の真実、文春新書（二〇〇九）
小田部（おたべ）雄次、歴代天皇一二五代、角川新書（二〇一七）
小野克正、加藤満宏、中山薫、真備町歩けば、岡山文庫（二〇一六）
小野克正、実像吉備真備、（株）22世紀アート（二〇二〇）
大日向克己（おびなたかつみ）、古代国家と年中行事、講談社学術文庫（二〇〇八）
朧谷寿（おぼろやひさし）、藤原氏千年、講談社現代新書（一九九六）
笠原英彦、歴代天皇総覧—皇位はどう継承されたか、中公新書（二〇〇一）
梶川信行、創られた万葉の歌人額田王、はなわ新書（二〇〇〇）
片桐洋一他校注・訳、竹取物語・伊勢物語・大和物語・平中物語（日本古典文学全集八）、小学館（一九七二）
角川書店編、竹取物語（全）、角川ソフィア文庫（二〇〇一）

金谷信之、「かぐや姫」藤原宮子説、関西外国語大学研究論集六八号（一九九八）
亀井勝一郎、大和古寺風物詩、新潮文庫（一九五三）
河上麻由子、古代日中関係史、中公新書（二〇一九）
川尻秋生、平安京遷都、岩波新書（二〇一一）
河添房江、唐物の文化史、岩波新書（二〇一四）
川端康成（訳者代表）、日本古典文庫七 竹取物語・伊勢物語・落窪物語、河出書房新社（一九七六）
川原一之、口伝亜砒焼き谷、岩波新書（一九八〇）
Kitajima M, Arai Y, Takayama H, Aimi N, A chemical study on "Yakatsu（冶葛）" stored in Shosoin repository Isolation and characterization of four indole alkaloids from a 1250 year -old sample of the Chinese toxic medicine *Proceedings of the Japan Academy,* **74B**(7), 159-163 (1998)
岸俊男、藤原仲麻呂、吉川弘文館（一九六九）
北村敬、天然痘が消えた、中公新書（一九八二）
北山茂夫、女帝と道鏡、講談社学術文庫（二〇〇八）
木下正史、藤原京―よみがえる日本最初の都城、中公新書（二〇〇三）
木本好信、藤原仲麻呂、ミネルヴァ書房（二〇一一）
木本好信、藤原四子、ミネルヴァ書房（二〇一三）
宮内庁正倉院事務所編、正倉院、（財）菊葉文化協会、一九九三年四月一日発行
邦光史郎、謎の正倉院、祥伝社（一九九〇）
倉田文作解説、天平の甍 唐招提寺、唐招提寺発行（二〇一一）
倉本一宏、壬申の乱、吉川弘文館（二〇〇七）
倉本一宏、藤原氏―権力中枢の一族、中公新書（二〇一七）
黒岩重吾、古代史の真相、ＰＨＰ文庫（一九九六）
黒岩重吾、「日出づる処の天子」は謀略か―東アジアと聖徳太子、集英社新書（二〇〇〇）
興福寺監修、阿修羅像のひみつ、朝日新聞社（二〇一八）
小嶋菜温子、かぐや姫幻想、森話社（二〇〇二）
（財）古都大宰府保存協会編、史跡・観世音寺、古都大宰府保存協会（二〇一〇）
小林泰三、日本の国宝、最初はこんな色だった、光文社新書（二〇〇八）
小林恵子（やすこ）、本当は恐ろしい万葉集、祥伝社黄金文庫（二〇〇七）
小林よしのり、女性天皇の時代、ベスト新書（二〇一三）
小峯和明、遣唐使と外交神話―『吉備大臣入唐絵巻』を読む、集英社新書（二〇一八）
紺野敏文、奈良の仏像、アスキー新書（二〇〇一）
西郷信綱、古事記の世界、岩波新書（一九六七）
西大寺編、西大寺の文化（発行年不明／二〇一九年七月入手）
坂上康俊、平城京の時代、岩波新書（二〇一一）
阪倉篤義校訂、竹取物語、岩波文庫（一九七〇）
坂本勝、地図とあらすじでわかる！万葉集〈新版〉、青春出版社（二〇一九）
桜井弘、元素一一一の新知識、講談社ブルーバックス（一九九七）
桜田常久、山上憶良、東邦出版社（一九七四）
佐々木邦世、中尊寺千二百年の真実、祥伝社黄金文庫（二〇〇五）
佐佐木信綱編、新訓万葉集上・下、岩波文庫（一九九一）
佐藤信編、古代史講義（宮都編）、ちくま新書（二〇二〇）
澤田ふじ子、天平大仏記、講談社文庫（一九八五）

澤田瞳子、火定、PHP研究所（二〇一七）
史跡足利学校企画展〈二〇一九年一〇月二五日～一二月八日、栃木県足利市〉「元号」資料展示リストパンフレット
篠田達明、病気が変えた日本の歴史、生活人新書（日本放送出版協会）（二〇〇四）
柴田承二、植物学雑誌、九六巻、一～六頁、正倉院薬物調査研究補遺Ⅰ「人参について」（一九九一）／同、七〇～七五頁、同Ⅱ「大黄について」（一九九一）／同、一二七～一三〇頁、同Ⅲ「甘草について」（一九九一）
Shibata, Shoji, *International Journal of Pharmacognosy*, 32, 75 (1994)
柴田承二監修、図説正倉院薬物、中央公論社（二〇〇〇）
島村英紀、日本の火山噴火、秀和システム（二〇一七年）
清水藤太郎、日本藥學史、南山堂、（一九四九）
志村史夫、古代日本の超技術、講談社ブルーバックス（一九九七）
新村拓、古代医療官人制の研究、法政大学出版局（一九八三）
杉本一樹、正倉院、中公新書（二〇〇八）
杉山二郎・山崎幹夫、毒の文化史、学生社（一九九〇）
鈴木昶、日本医家列伝—鑑真から多田富雄まで、大修館書店（二〇一三）
関裕二、謀略の女帝持統天皇、フットワーク出版社（一九九二）
関裕二、鬼の王権・聖徳太子の謎、日本文芸社（一九九八）
関裕二、聖徳太子は蘇我入鹿である、ワニ文庫（一九九九）
関裕二、天武天皇隠された正体、ワニ文庫（二〇〇〇）
関裕二、古代史の秘密を握る人たち、PHP文庫（二〇〇一）
関裕二、藤原氏の正体、東京書籍（二〇〇二）
関裕二、壬申の乱の謎、PHP文庫（二〇〇三）
関裕二、古代史9つの謎を掘り起こす、PHP文庫（二〇〇六）
関裕二、おとぎ話に隠された古代史の謎、PHP文庫（二〇〇八）
関裕二、執念の女帝・持統、ポプラ社（二〇〇九）
関裕二、なぜ『万葉集』は古代史の真相を封印したのか、じっぴコンパクト新書（二〇一〇）
関裕二、日本を不幸にした藤原一族の正体、PHP文庫（二〇一一）
関裕二、日本古代史謎と真説、学研M文庫（二〇一三）
関裕二、天智と天武 日本書紀の真相、小学館新書（二〇一五）
関裕二、古代史不都合な真実、じっぴコンパクト新書（二〇一八）
関裕二、万葉集に隠された古代史の真実、PHP文庫（二〇一九）
千田稔（せんだみのる）、飛鳥—水の王朝、中公新書（二〇〇一）
千田稔、平城京遷都—女帝・皇后と「ヤマトの時代」、中公新書（二〇〇八）
千田稔、古代飛鳥を歩く、中公新書（二〇一六）
高島正人、藤原不比等、吉川弘文館（一九九七）
高畑勲、坂口理子、かぐや姫の物語、角川文庫（二〇一三）
高見茂、天平に輝く吉備真備公、吉備人選書（二〇〇三）
高森明勅（あきのり）、歴代天皇事典、PHP文庫（二〇〇六）
瀧浪貞子、帝王聖武——天平の勁き皇帝、講談社選書メチエ（二〇〇〇）
瀧浪貞子、光明皇后——平城京にかけた夢と祈り、中公新書（二〇一七）
瀧浪貞子、持統天皇——壬申の乱の「真の勝者」、中公新書（二〇一九）
武澤秀一、法隆寺の謎を解く、ちくま新書（二〇〇六）
武光誠、図解雑学古事記と日本書紀、ナツメ社（二〇〇八）
武光誠、蘇我氏の古代史—謎の一族はなぜ滅びたのか、平凡社新書（二〇〇八）

武光誠、一冊でつかむ日本史、平凡社新書（二〇〇六）
武光誠、一冊でつかむ古代日本、平凡社新書（二〇一一）
武光誠、藤原氏の正体、ＰＨＰ文庫（二〇一三）
舘野和己、古代都市平城京の世界、山川出版社（二〇〇一）
Dambacker, J.P., Beehler, B.M., Spande, T.F., Garraffo, H.M., Daly, J.W., Homobatrachotoxin in the genus *Pitohui*: Chemical defense in birds?, *Science*, 258, 799-801 (1992)
千田稔、飛鳥―水の王朝、中公新書（二〇〇一）
千田稔、古代飛鳥を歩く、中公新書（二〇一六）
築島裕、片仮名の歴史的研究、日本學士院紀要、五一巻、二二一～二五一（一九九七）
土橋寛（つちはしゆたか）、持統天皇と藤原不比等、中公新書（一九九四）
寺崎保広、藤原京の形成、山川出版社（二〇〇二）
寺島良安（島田勇雄他訳注）、和漢三才図会一五、二六三頁、平凡社（一九九〇）
都出比呂志（つでひろし）、古代国家はいつ成立したか、岩波新書（二〇一一）
天平ろまん館、わくや万葉の里 天平ろまん館ガイドブック、天平ろまん館（二〇一二）
東野治之（とおのはるゆき）、正倉院、岩波新書（一九八八）
東野治之、遣唐使、岩波新書（二〇〇七）
東野治之、鑑真、岩波新書（二〇〇九）
遠野治之、遣唐使、岩波新書（二〇〇七）
遠山美都男、大化改新―六四五年六月の宮廷革命、中公新書（一九九三）
遠山美都男、天平の三姉妹―聖武皇女の矜持と悲劇、中公新書（二〇一〇）
遠山美都男、天智と持統、講談社現代新書（二〇一〇）
遠山美都男、日本書紀の虚構と史実、歴史新書（洋泉社）（二〇一〇）
土井実、入江泰吉（久我高照序）、光明皇后と法華寺（発行年不明／二〇一三年一一月二八日法華寺にて入手）、総国分尼寺法華寺門跡
土門拳、古寺を訪ねて―斑鳩から奈良へ、小学館文庫（二〇〇一）
鳥越泰義、正倉院薬物の世界、平凡社新書（二〇〇五）
直木孝次郎、奈良、岩波新書（一九七一）
直木孝次郎他訳注、続日本紀1（一九八六）平凡社
直木孝次郎他訳注、2（一九八八）、平凡社
直木孝次郎他訳注、3（一九九〇）、平凡社
直木孝次郎他訳注、4（一九九二）、平凡社
直木孝次郎、日本神話と古代国家、講談社学術文庫（一九九〇）
直木孝次郎、日本古代国家の成立、講談社学術文庫（一九九六）
中井泉、元素図鑑、ベスト新書（二〇一三）
永井路子、美貌の女帝、文春文庫（二〇一二）
中江克己、奥州藤原氏の謎、歴史春秋社（二〇一四）
長岡龍作、日本の仏像―飛鳥・白鳳・天平の祈りと美、中公新書（二〇〇九）
中河與一訳注、竹取物語、角川文庫ソフィア（一九五六）
長澤和俊、正倉院の至宝―宝物殿に眠る歴史の謎、青春出版社（二〇〇三）
中西進、万葉集事典、講談社文庫（一九八五）
中西進、古代往還―文化の普遍に出会う、中公新書（二〇〇八）
中西進、古代史で楽しむ万葉集、角川ソフィア文庫（二〇一〇）
奈良文化財研究所編、奈良の寺―世界遺産を歩く、岩波新書

（二〇〇二）
成清（なりきよ）弘和、女帝の古代史、講談社現代新書（二〇〇五）
難波恒雄、原色和漢薬図鑑（上）・（下）、保育社（一九八〇）
西宮秀紀、奈良の都と天平文化、吉川弘文館（二〇一三）
西村亨、知られざる源氏物語、講談社学術文庫（二〇〇五）
仁藤敦史、女帝の世紀 皇位継承と政争、角川選書（二〇〇六）
日本薬局方解説書編集委員会編、第十七改正日本薬局方解説書、C一九六、廣川書店（二〇一六）
野口元大（もとひろ）校注、竹取物語、新潮社（二〇一四）
野間静六、飛鳥・白鳳・天平の美術、至文堂（一九五八）
橋本治、日本の女帝の物語―あまりにも現代的な古代の六人の女帝達、集英社新書（二〇〇九）
馬場基、平城京に暮らす、吉川弘文館（二〇一〇）
葉室麟、緋の天空、集英社文庫（二〇一七）
早川庄八、続日本紀、岩波セミナーブックス（一九九三）
早川庄八、天皇と古代国家、講談社学術文庫（二〇〇〇）
林青梧、阿倍仲麻呂の暗号、ＰＨＰ研究所（一九九七）
林陸朗、光明皇后、吉川弘文館（一九六一）
廣野卓、食の万葉集、中央公論社（一九九八）
藤村由加、額田王の暗号、新潮社（一九九四）
船山信次、ファルマシア第二八巻一一三一頁、正倉院薬物、日本薬学会（一九九二）
船山信次、ファルマシア第二九巻、一一四四頁（鴆毒）、ニューギニアの鳥類よりバトラコトキシン類の有毒アルカロイド発見―鴆毒も実在した?、日本薬学会（一九九三）
船山信次、毒と薬の科学―毒から見た薬、薬から見た毒、朝倉書店（二〇〇七）
船山信次、毒と薬の世界史―ソクラテス、錬金術、ドーピング、中公新書（二〇〇八）
船山信次、毒―青酸カリからギンナンまで、ＰＨＰサイエンス・ワールド新書（二〇一二）
船山信次、毒草・薬草事典、サイエンス・アイ新書（二〇一二）
船山信次、カラー図解 毒の科学、ナツメ社（二〇一三）
船山信次、正倉院「雄黄」は謎の毒鳥「鴆」の卵か?、日本薬学会第一三五年会（神戸、二〇一五年三月二六日、No.三四二九）
船山信次監修、カラー図鑑 謎の植物、宝島社（二〇一五）
船山信次、毒！生と死を惑乱、さくら舎（二〇一六）
船山信次、正倉院「雄黄」と鴆毒との関係について―その形状は鴆の卵の暗示か?、日本薬科大学教育紀要 第Ⅲ巻、一頁（二〇一七）
船山信次、毒と薬の文化史、慶應義塾大学出版会（二〇一七）
船山信次日本語版監修、世界毒草百科図鑑、原書房（二〇一八）
船山信次、毒、ＰＨＰ文庫（二〇一九）
古橋信孝、誤読された万葉集、新潮新書（二〇〇四）
星新一訳、竹取物語、角川書店（一九八七）
法華寺門跡（総国分尼寺）、光明皇后と法華寺（二〇一三年一一月二八日、法華寺にて入手）
保立道久、かぐや姫と王権神話、『竹取物語』・天皇・火山神話、洋泉社（二〇一〇）
槇佐知子、日本昔話と古代医術、東京書籍（一九八九）
ウィリアム・Ｈ・マクニール（佐々木昭夫訳）、疾病と世界史（上）、中公文庫（二〇〇七）
町田甲一、大和古寺巡歴、講談社学術文庫（一九八九）
松尾聰・永井和子校注・訳、日本古典文学全集 枕草子、小学館（一九七四）

松田壽男、古代の朱、ちくま学芸文庫（二〇〇五）
松本清張、眩人（げんじん）、中央公論社（一九八三）
丸山裕美子、正倉院文書の世界―よみがえる天平の時代、中公新書（二〇一〇）
三上喜孝、學士會会報No.九三〇、九四頁、〈大宰府と多賀城〉古代国家のフロンティア（二〇一八）
水谷千秋、女帝と譲位の古代史、文春新書（二〇〇三）
三谷茉沙夫、徐福伝説の謎、三一書房（一九九二）
三橋健（みつはしたけし）、かぐや姫の罪、新人物文庫（二〇一三）
三宅久雄、「正倉院に見る鑑真和上の足跡」、国宝鑑真和上展、一六六～一六八頁（二〇〇四）
宮崎荘平全訳注、紫式部日記（上）、講談社学術文庫（二〇〇二）
宮崎荘平全訳注、紫式部日記（下）、講談社学術文庫（二〇〇二）
宮崎正夫、鴆毒について、薬史学雑誌一八巻（二）、一〇一～一〇六（一九八三）
宮田俊彦、吉備真備、吉川弘文館（一九六一）
宮脇俊三、古代史紀行、講談社文庫（一九九四）
向井毬夫、額田王の実像―紫のにほへる妹、集英社（一九九七）
室井綽（むろいひろし）、竹・笹の話、図鑑の北隆館（一九六九）
室井綽、竹の世界（Ｐａｒｔ１）、地人書館（一九九三）
室井綽、竹の世界（Ｐａｒｔ２）、地人書館（一九九四）
森浩一、万葉集に歴史を読む、ちくま学芸文庫（二〇一一）
森博達、日本書紀の謎を解く―述作者は誰か、中公新書（一九九九）
森本公誠（こうせい）、東大寺のなりたち、岩波新書（二〇一八）
八木書店刊、古書目録、一〇頁（一九八四）
矢澤高太郎、天皇陵の謎、文春新書（二〇一一）
八幡和郎、本当は謎がない「古代史」、ソフトバンク新書（二〇一〇）
藪内佐斗司、仏像礼賛、ビジュアルだいわ文庫（二〇一五）
山岸良二・松尾光、争乱の日本古代史、新人物文庫（二〇一〇）
山崎光夫、我に秘薬あり―家康の天下取りと正倉院の名薬「紫雪」、講談社（二〇一三）
山田卓三・中嶋信太郎、万葉植物事典「万葉植物を読む」、北隆館（一九九五）
山田孝雄（よしお）、櫻史、講談社学術文庫（一九九〇）
由良弥生、原典 日本昔ばなし―毒消しされてきた残忍と性虐と狂気、王様文庫（二〇〇二）
由良弥生、眠れないほど面白い『古事記』、王様文庫（二〇一三）
義江明子、県犬養橘三千代、吉川弘文館（二〇〇九）
吉川真司、聖武天皇と仏都平城京、講談社（二〇一一）
吉川真司、飛鳥の都、岩波新書（二〇一一）
吉川翠風、萬葉草木譜、丸井図書出版（一九八七）
吉田孝、日本の誕生、岩波新書（一九九七）
吉田孝、古代国家の歩み（大系日本の歴史三）、小学館（一九八八）
吉野正美、川本武司、万葉集の植物、偕成社（一九八八）
由水（よしみず）常雄、正倉院の謎、徳間書店（一九七七）
由水常雄、正倉院ガラスは何を語るか―白瑠璃碗に古代世界が見える、中公新書（二〇〇九）
吉村武彦、女帝の古代日本、岩波新書（二〇一二）
吉村武彦、蘇我氏の古代、岩波新書（二〇一五）
四柳嘉章、漆の文化史、岩波新書（二〇〇九）
米田雄介、正倉院と日本文化、吉川弘文館（一九九八）
米田雄介、奇蹟の正倉院宝物、角川書店（二〇一〇）
李時珍、本草綱目四 図鑑下、商務印書館（香港）、八七頁（一九三〇）
涌谷町、黄金山産金遺跡―関連資料集、宮城県涌谷町（一九九四）

和田英松校訂、水鏡、岩波文庫（一九三〇）
渡辺晃宏、平城京と木簡の世紀、講談社学術文庫（二〇〇九）
渡邉泉、重金属のはなし―鉄、水銀、レアメタル、中公新書（二〇一二）
和辻哲郎、古寺巡礼、岩波書店（一九一九）
王敏（わん・みん）、花が語る中国の心、中公新書（一九九八）

【表紙図版「光明皇后像」提供】
日本赤十字秋田看護大学・日本赤十字秋田短期大学

【著者】船山信次（ふなやま・しんじ）

1951年、仙台市生まれ。日本薬科大学特任教授。東北大学薬学部卒業、同大学大学院薬学研究科博士課程修了、薬剤師・薬学博士。イリノイ大学薬学部博士研究員、北里研究所微生物薬品化学部室長補佐、東北大学薬学部専任講師、青森大学工学部教授、弘前大学客員教授（兼任）、日本薬科大学教授などを歴任。主な著書に、『毒と薬の世界史』、『〈麻薬〉のすべて』、『アルカロイド―毒と薬の宝庫』、『毒と薬の科学』、『カラー図解 毒の科学』、『毒と薬の文化史』など。

毒が変えた天平時代

藤原氏とかぐや姫の謎

●

2021年4月30日　第1刷

著者…………船山信次

装幀…………伊藤滋章

発行者…………成瀬雅人
発行所…………株式会社原書房

〒160-0022 東京都新宿区新宿 1-25-13
電話・代表 03（3354）0685
http://www.harashobo.co.jp
振替・00150-6-151594

印刷…………新灯印刷株式会社
製本…………東京美術紙工協業組合

ISBN978-4-562-05929-4, Printed in Japan